# 漢文講讀

## 한문강독

오길용 지음

신아사

**This book was supported by research funds of Kunsan National University.**

漢文講讀
# 머리말

현대중국어는 B.C. 1500년부터 오늘날까지 한자로 기록한 문헌자료가 전해져 사용하고 있는 언어이다. 고전중국어는 춘추시대 말부터 B.C. 221년 진나라가 통일할 때까지 약 350년 동안 사용되었던 언어이다. 한나라 이후 편찬된 유교 경전, 역사철학서 등 대부분의 서적은 춘추시대의 역사적 사건 내용을 후대 학자들이 이를 규범으로 모방하여 기록한 것이다. 주, 진, 한의 어휘와 문장을 기초로 고대 언어를 기록한 것이 문언, 고문이다. 한국, 일본, 베트남 등 한자문화권은 이러한 고전중국어를 기초로 형성되있으냐, 한국과 일본은 이를 한문이라 지칭한다. 한문은 고전중국어에 뿌리를 두고 있으며, 이를 바탕으로 모방해서 기록한 문장이라 할 수 있다.

고전중국이 이후 중국의 문어는 문언과 백화로 구분된다. 문언이 고전중국어를 기초로 표준화되었다면, 백화는 한나라 이후 구어를 기초로 형성된 문장이다. 따라서 한문과 문언문은 같은 의미이지만, 백화문은 한문의 영역에 넣지 않는다. 한문은 백화문을 제외한 문언문으로 기록된 문장이다. 한나라 이후 문언문이 한자와 같이 한국, 일본에 유입되면서 한문이라 하였다. 한문은 현대중국어(백화문)에 대응하여 옛글 즉 고문이다. 이러한 고문에는 고대의 문화유산이 기록되어 있어 문화유산을 계승 · 발전시키는 데 귀중한 자료라 할 수 있다.

이 책은 한자와 한문의 기초를 다룬 총론과 중급 이상의 한문 독해 부분으로 나누었다. 총론은 한문을 공부하는데 필요한 기초 부분을 서술했다. 처음 한문을 시작하는 학생들에게 '무엇을 가르칠 것인가?', '어떻게 가르칠 것인가?' '더 재미있게 배울 수 있는 방법은 없을까?', 하는 문제를 지니고 이를 해결하고자 하는 노력을 해왔다. 그러나 대학이 급변하는 시기에 교과과정의 변화, 학생들의 고전에 대한 무관심 등으로 개인적인 의욕만 있을 뿐, 궁극적인 해결점은 찾지 못하고 한문의 기초와 문장을 함께 담았다. 이 한문강독은 부족함이 많으나 전공자들의 학습보조 교재로 활성화되기를 바라는 마음 간절하다.

아울러 출판업의 어려운 시기에 쾌히 발간에 응해주신 신아사에 감사를 드린다.

2016년 8월

연구실에서

오길용

漢文講讀

# 목 차

## Ⅰ. 총 론

## Ⅱ. 한문독해

# I. 총 론

# 제 1장 한 자

## 제 1절 한자의 기원과 발전

### 1. 문자의 출발과 발전

언어는 청각적인 부호체계이며, 문자는 시각적인 부호체계이다. 문자는 언어를 기록하는 부호, 즉 음성언어 정보를 전달하여 시각적으로 고착화하는데 쓰이는 그림부호이다.

인류가 존재한 수만 년 동안 기호, 그림 등 간단한 의사소통의 수단은 많이 있었다. 그러나 문자는 인류역사가 계급사회에 진입한 이후에 발전해오면서 만들어졌다. 현재까지 세계에서 가장 오래된 문자인 고대 이집트 및 성서문자, 앗시리아인의 설형문자, 한자 등은 대부분 인류사회가 출현한 이후에 형성된 부호체계이다.

진정한 의미의 문자부호가 형성되려면 일정한 사회 조건이 필요하다. 가장 기본적인 사회조건은 첫째, 문자를 사용하는 집단의 생각을 재현할 수 있는 공식적인 기호나 상징체계가 필요하다. 이 체계는 여러 사람들 사이에 합의된 것이어야 한다. 둘째, 사회 발전에 따라 역사적 사건을 보존하려는 구체적인 필요 때문에 문자가 만들어 졌다. 즉, 전문적으로 어떤 일을 문자로 정리하고 집필하면서 인류사회는 문자를 만들기 시작하는 것이다. 이 문자부호가 음성언어와 연결되어

음절이나 소리를 기록할 수 있는 서사기호의 기능을 한다. 문자기호는 대개 사물의 모양을 도식화하는 상형단계와 그림으로 나타낼 수 없는 현상을 해결하기 위해 표의단계, 그리고 사물이나 현상에 일정한 소리를 나타내는 표음단계로 발전하였다.

## 2. 한자의 기원

한자가 언제 어떻게 만들어졌는지는 확실하지 않다. 다만 지금까지 연구된 문헌의 기록, 고고학 자료와 갑골문을 통해 한자의 기원을 추정하고 있다. 한자는 중국에서 발생하여 수천년 동안에 그 자형(字形)을 바꾸고, 발음과 뜻이 변하여 오늘날에 이른 것이다. 한자는 사물의 모양을 그린 그림문자나 사건의 뜻을 나타낸 부호에서 유래된 표의문자(表意文字)이다.

한자의 기원에 관한 문헌기록은 후한시대 허신(許愼)이 편찬한《說文解字》의 서문에 기록되어 있다. 하나는 약 5천년 전 복희씨(伏犧氏)가 역(易)의 팔괘(八卦)를 만들어 문자를 만들었으며, 신농씨(神農氏)가 결승(結繩)에 의해 대소사(大小事)를 기억하는 일이 행해졌다는 전설이 있다. 다른 하나는 중국 고대 전설시대에 황제의 사관인 창힐이 새의 발자국을 보고 만들었다고 한다. 이처럼 한자의 기원에 대해서는 의견이 분분하다. 다만 한 가지 공통적인 것은 복희에서 황제에 이르는 어떤 시기에 인간의 의사를 말이 아닌 기록으로 표시하는 방법이 있었으며, 그 초기 형태는 결승이고 발전된 형태는 서계(書契)라고 할 수 있다.

중국은 4천여 년 전 하(夏)나라 때 노예제의 계급 사회에 진입한 이후, 대략 상(商)나라 전기 혹은 중기에 한자의 부호 체계가 형성되었다. 이 시기에 출토된 고고학 자료는 한자 부호 가운데 가장 오래된 문자가 상나라의 갑골 문자와 청동기에 새긴 금문(銘文)이다. 상나라 때 갑골문자와 청동기에 새긴 명문은 상당히 완전하며, 성숙한 문자 부호 체계이다. 이 한자의 부호 체계는 하나라와 상나라 이전 원시 씨족사회에서부터 오랜 동안 천천히 진행되며 끊임없이 창조된 것이다. 다만 그 때의 그림 모형이나 부호는 아직 언어와 긴밀하게 결합되지 못하여, 완전한 부호 체계를 형성하지 못했다.

한자 부호 체계가 형성되기 이전의 그림도형, 부호, 기호의 조합에 의해 만들어진 문자자료는 아직 풍부하지 못하다. 이미 출토된 문자 자료를 통해 이러한 그림도형, 부호, 기호조합의 존재와 한자 부호의 기원 등을 설명할 수 있을 뿐이다. 예를 들면, 근대에 계속 출토된 앙소(仰韶)문화와 용산(龍山)문화의 도기에 나타난 그림도형, 부호, 기호는 많은 부분이 갑골문, 금문의 문형과 비슷하여, 그들 사이의 발전관계를 추정할 수 있다. 이미 부호 체계를 형성한 갑골문, 금문은 그림도형, 부호, 기호 등을 조합하여 만든 문자로 직선화, 부호화, 정형화 되었으며, 금문에는 명확한 그림 도형 흔적이 혼합되어 있다.

이와 같이 한자는 그림도형, 부호, 기호를 반복적으로 사용하면서 끊임없이 언어와 결합하여 발전하였다. 이 문자부호를 전문가가 수집, 정리하여 완전하게 언어를 기록할 수 있었으며, 최후에는 원시의 그림도형, 부호, 기호를 조합하여 문자에 적용하는 과정을 거쳐 완성하였다.

## 3. 한자체의 변화

한자의 형체는 오랜 역사의 흐름 속에서 일찍이 여러 차례의 변화를 가져왔다. 은허의 갑골문에서 오늘날의 간체자에 이르기까지 3천년의 시간이 흐르는 과정에 한자의 형체는 胛骨文, 鐘鼎文(金文), 篆書, 隸書, 草書, 楷書, 行書 등 여러 단계를 거쳐 발전하였다.

### 1) 甲骨文

고대 중국에서는 거북의 껍질(龜甲)이나, 짐승의 뼈(獸骨)에 홈을 파서 불로 지져 그 갈라지는 형태에 따라 일의 吉凶禍福을 판단하는 습관이 있었다. 점을 친 다음 그 결과를 귀갑이나 수골에 새겨 두었다. 이러한 문자가 갑골문이다.

갑골문은 칼로 새긴 것으로 契文이라고도 하며, 거의 전부가 殷代 말기(B.C. 1300-1100) 왕실에서 점을 친 결과를 기록하였다 해서 卜辭라고도 한다. 또한 殷나라 옛 도읍(지금의 河南省 安陽縣)의 폐허에서 발굴되었다 하여 殷墟文字라고도 한다.

그 특징은 형상성이 강하고 필체가 가늘고 길다. 형체구조가 아직 고정되지 않아 한 글자가 여러 가지 형체를 가지고 있다.

### 2) 金 文

금문의 내용은 갑골문보다 다양하다. 금문은 殷商 · 西周를 거쳐 전국시대까지 청동기 안쪽에 주조하였거나 조각한 글이다. 전국시대 이전에는 銅을 가리켜 金으로 불렀으므로 이러한 글자를 金文이라 한다. 또한 고대인들은 銅器를 총칭하여 鍾鼎이라 불렀기 때문에 金文을 종정문이라 한다.

많은 부분이 당시 노예 소유자 귀족들의 제사, 전쟁, 명령, 계약 등에 관한 기록으로 고문자학과 周나라 당시의 사회를 연구하는데, 중요한 사료가 되고 있다.

갑골문자는 동물의 뼈나 거북의 껍질에 칼 모양의 날로 새겨 날카롭고 가는 직선을 조합하여 상형성이 강하다. 반하여 금문의 절대다수는 청동기와 함께 주조하여 낸 것이므로 사전에 글자 모양을 가공하고 미화할 수 있었다. 때문에 자획이 굵으며 부드러운 곡선이 많고 선이 굵어 정연하여 균형이 잡혔다.

결국 갑골문과 금문의 글자체에서 받는 느낌의 차이는 소재와 도구가 다르기 때문이며, 문자의 구조는 거의 같다.

### 3) 篆 文

춘추전국시대 진나라 문자의 字形과 결구는 대체로 西周의 寫法을 보존하면서 서주보다 균형 잡힌 모양으로 변화되었다. 이를 篆文이라 한다.

진시황은 중국을 통일한 후 여러 방면의 개혁을 단행하였는데, 그 가운데 하나가 문자의 통일이었다. 전국이 통일되어 관료가 나라를 다스릴 때 실제 행정에 많은 문서가 필요하였다. 그런데 각 지방에서 사용하는 글자체가 서로 달라 여러 가지 장애가 생겼다. 그래서 진시황은 온나라가 표준으로 할 수 있는 글자체를 만들도록 李斯에게 명했다. 이때 李斯가 제정한 것이 小篆인데, 소전은 원래 진나라에서 사용된 大篆(또는 籒文이라 한다)이 복잡하고 불편하여 이사의 주도하에 대전을 개혁하였다. 이것이 소전이다.

소전은 고문자의 마지막 단계로 금문에 비해 상형성이 사라지고, 둥글고 균형 잡힌 선으로 형체를 정연하게 정리하여 한자의 부호성이 더욱 강하게 나타났다. 또한 이체자가 줄어들고 형체가 고정되어 하나의 글자에 한 가지 형태만이 있으며, 한자의 각 부분의 편방의 위치를 고정하여 임의로 바꿀 수 없게 하였다.

#### 4) 隸書

秦代에 소전과 함께 예서도 사용되었지만, 漢代의 정식 글자체이다. 이 자체는 전서를 보다 간략하게 변화시켜 사용하였으나, 초기의 예서에는 전서의 형태가 아직 남아 있다.

문자는 언어를 기록하는 부호이므로 사람들은 문자를 사용할 때 의미 전달에 영향이 없게 하는 원칙아래에서 늘 보다 간편하게 쓸 것을 요구하였다. 이는 지금의 사람들도 공문을 쓸 때에 글자를 정자로 쓰지만 평상시에는 어느 정도 날려 쓰는 것과 같다. 예서가 바로 이렇게 생긴 글자체이다.

예서의 특징은 소전 이전의 상형적인 원칙을 버리고 원래 꾸불꾸불하고 쓰기 힘들던 획들을 곧은 획으로 고쳤으며, 문자를 간편화하였다.

#### 5) 楷書

해서는 예서를 바탕으로 하여 발전된 글자체인데, 당대 이전에는 正書 또는 眞書라고 불렀다. 이 글자체는 현대에도 통용되는 자체이다.

楷字는 법칙, 규범, 본보기 란 뜻으로 해서라는 의미는 사람들이 본뜰만한 표준적인 글자체라는 말이다. 이 자체는 필획을 예서보다 직선화하였으며, 위진시대 이후부터 현재까지 표준서체로 통용되고 있다.

### 6) 草 書

초서란 흘려 쓴 글씨를 말한다. 일반적으로 초서에는 章草, 今草, 狂草의 세 종류가 있다. 초서는 한대에 만들어진 글자체로 東漢代에 章帝가 이 필체를 즐겼다하여 章草라고도 한다. 금초는 장초를 계승하여 해서를 빠르게 쓴 글자체이며, 광초는 금초를 기초로 임의로 필획을 증감하고 자의적으로 쓴 것으로 당대에 성행하였다. 글씨를 빠르게 쓸 수 있는 필기 방식이지만 판독이 어렵다. 현재까지 서예가들은 예술적인 서체로 많이 쓰고 있다.

### 7) 行 書

해서와 초서의 중간 위치에 처한 글자체로 三國時代에 형성되어 지금까지 유행하고 있다. 그 특징은 해서에 가까우나 변화의 신축성이 있고, 초서에 가까우나 규범성을 갖는다. 또한 한 글자의 필획이 이어져 있으나 각 글자와 글자 사이가 분명하여 이해하기 쉽다.

### 8) 이체자와 간체자

한자의 자형은 고문자에서 금문자에 이르기까지 많은 변화가 있다.

### (1) 이체자

갑골문과 금문의 구조는 정형화되지 않아 이체자가 많다. 이체자는 음과 뜻(音義)은 같지만 자형이 서로 다른 글자이다. 글자를 서로 바꾸어 사용할 수 있다. 고대 갑골문과 육국문자에도 이체자가 많다. 소전의 자체도 기본적으로 정형화되었으나 〈설문해자〉에 1163개의 이체자가 있다. 字書에 正字, 通用字, 俗體, 或體를 구분하였다. 俗體, 혹체가 바로 이체자이다. 이체자는 고대부터 있어 항상 正體와 俗體로 구분하였다. 〈강희자전〉에 수록된 4만여 자 가운데 2만여 자의 이체자가 있다고 한다. 예를 들어 '囱, 窓, 牎, 牕'자는 모두 窗의 이체자이다.

### (2) 간체자

한자는 고대부터 지금까지 자형, 자음, 자의가 변하였다. 끊임없이 간화, 번화, 규범화를 통해 한자를 개혁한 것이다. 고대 갑골문자를 보면 도화성이 약해지고 기호성이 강해졌다. 예를 들면 牛자의 경우 소의 전체 모양을 그리지 않고 머리 부분으로 뜻을 나타냈다. 한나라 예서에 이르러서는 필획으로 변하였다.

근현대에 이르러 〈漢字簡化方案〉의 간화 방법은 대략 다음 7가지로 귀납하였다.

- **생략 : 원래 번체자를 부분적으로 삭제한다.**

錄 - 录　務 - 务　競 - 竞　隸 - 隶

號 - 号　雖 - 虽　類 - 类　畝 - 亩

雲 - 云　電 - 电　鬍 - 胡　窪 - 洼

塗 - 涂　築 - 筑

里 - 里　術 - 术

奪 - 夺　寧 - 宁　齒 - 齿　慮 - 虑

際 - 际　陽 - 阳　墾 - 垦　啓 - 启

開 - 开　廣 - 广　奮 - 奋　閤 - 合

隱 - 隐　縣 - 县　傘 - 伞　鑿 - 凿(삭제 후 변형)

■ **편방의 교체**

癥 - 症　醞 - 酝　態 - 态　郵 - 邮

慶 - 庆　聯 - 联　邊 - 边　屬 - 属

樹 - 树　歡 - 欢　僅 - 仅　對 - 对

聽 - 听　灶 - 灶　衛 - 卫　體 - 体

■ **고자의 사용**

禮 - 礼　從 - 从　衆 - 众　爾 - 尔

■ **초서체를 해서체화**

書 - 书　爲 - 为　東 - 东　專 - 专

■ **동음의 교체**

幾 - 几　只 - 只　穀 - 谷　鬱 - 郁

■ **신조어**

義 - 义　蘭 - 兰　叢 - 丛　鬮 - 龹

위의 7가지 방법은 모두 기존 속자의 형성 과정을 분석해서 얻은 것이다. 또한 필요시에는 이러한 방법에 따라 새로 간체자를 만들어 내기도 했다.

## 4. 한자의 수량과 자전

漢字의 增殖에 따라 數量도 필연적으로 많아지고 계속 발전하였다. 이러한 발전에 따라 漢字는 漢字를 記錄해 놓은 기록부인 字典을 거쳐야만 뜻이 명확해 질 수 있었다.

현재까지 발견된 가장 초기의 한자체인 갑골문을 기록한 字典으로 대표적인 것으로 《甲骨文編》이 있다. 이 책은 孫海波가 편집한 것으로 세 부분으로 나누어져 있다. 하나는 「正編」으로 현재 대체적으로 판독된 한자 1,723字가 수록되어 있다. 두 번째는 「合文」으로 371條의 합문이 수록되어 있다. 세 번째는 「附錄」으로 현재 판독이 안 되었거나 판독이 되었어도 아직 정설로 인정받지 못하고 있는 자가 모두 2,949字가 수록되어 있다. 상나라 甲骨에 기록된 총 수는 약 4,672에 이르고 있다.

금문 자전으로는 殷商, 西周, 春秋, 戰國의 각 시기의 금문의 자형을 수록한 것으로 《金文編》이 있다. 容庚이 편집한 이 책은 「正編」과 「附錄」 두 부분으로 되어 있다. 「正編」은 2,420자를, 「附錄」은 1,352자를 수록하고 있어 모두 3,772자가 실려 있다. 이는 지금까지 발굴된 기원전 2,500년 경의 수치이다.

현재는 일반적으로 모두 6만 자 정도 있다고 한다. 이 숫자는 문헌 기록과 한자를 설명하는 참고 서적에 기록된 것이다. 한자에 대한 첫

번째 통계는 허신이 편찬한《說文解字》이다.《說文解字》는 한나라 허신(許愼)이 公元 100년(漢和帝 永元 12년)에 편찬한 자전으로《說文解字 · 叙》에 모두 9,353개 자가 수록되어 있다. 許愼은 먼저 漢字를 形體와 意味에 따라 분류하여 배열하였는데 모두 540部로 나누고 매 部의 첫째 자를 部首라고 불렀다. 漢語 字典은 현재까지 이 부수배열법을 따르고 있다. 다만 오늘날 일반적인 字典에 使用되는 部首는 모두《說文解字》의 기초 위에서 병합하여 214개로 줄였다.

《說文解字》이후 南朝 梁陳시기 고야왕(顧野王)이 편찬한《玉篇》에 수록된 자는 16,917자이다. 隋나라에 이르러 陸法言이 편찬한《切韻》은《韻書》로 漢字를 讀音에 따라 배열하였는데 주로 사람들이 시를 짓고 압운을 검사할 때 활용했다. 운서도 漢字 形體와 意味에 대한 설명을 하고 있기 때문에 一種의 자전이라 할 수 있다.《切韻》은 후세에 이미 失傳되어 버렸지만 北宋 初期까지는 존재하고 있었다. 현재 우리가 볼 수 있는 자전과 운서는 많이 남아 있다. 그 중《大廣益會玉篇》은 孫强이 글자 수를 늘린 것으로 송나라 진팽년(陳彭年)이 편찬한 것이다.《大廣益會玉篇》에 수록된 자는 원본의 글자 수를 초과하여 22,726자이다. 그 뒤 자전을 계속 편찬하면서 자수를 늘렸다. 송나라 王洙 · 司馬光의《類篇》에는 31,319자, 송나라 정도(丁度) 등이《광운》을 수정하여 편찬한《集韻》은 53,525자로 수록된 자가 가장 많은 책이다. 송나라 때 권위 있는 책 한 권이 있는데 바로 남송(南宋)시기 정초(鄭樵)가 편집한《通志》이다.《通志》에는 24,235자를 "六書"에 따라 분별해서 수록했다, 그 중 象形 608자, 指事 107자, 會意 740자, 諧聲(形聲字) 21,810자, 假借 590자, 轉注 372자다.

명나라에는 한자를 설명한 대표적인 두 권의 공구서가 있다. 이 공구서를 보면 매응조(梅膺祚)가 저술한《字彙》에 33,179자와 張自烈이 편집한《正字通》에 33,000여 자가 수록되어 있다. 청나라에 이르러 장옥서(張玉書) 등이 고대 자서를 집대성하여 편찬한《康熙字典》이 있는데, 현재까지 보편적으로 사용하고 있는 가장 영향력 있는 자전이다.《康熙字典》은《字彙》와《正字通》을 기초로 편집된 것으로 부수도 214개에 47,035자가 수록되어 있다. 현대에 편찬된 자전 중 가장 많은 자를 수록한《中華大字典》의 48,000여 자이다. 이 자전은 歐陽溥 등이《康熙字典》을 기초로 1915년 12월에 中華書局에서 출판하였다.

**○ 고전에 수록된 한자수와 상용한자**

- 논어 13,700자 1,355자
- 맹자 35,000자 1,889자
- 논어, 맹자, 대학, 중용 2,317자
- 시경 39,000자 2,839자
- 서경 25,800자 2,924자
- 노자 5,000자 802자

**○ 문 학**

- 이백시 994수 77,000자 3,560자
- 두보시 1,500수 4,350자
- 한유시 400수 4,350자
- 백낙천 3,000수 186,000자 4,600자

**○ 중국과학원 보급한자**

- 3,200자 : 상용 1급 2,067자 2급 3,004자

# 제 2절 한자와 소학

## 1. 한자의 특징

한자는 사물의 모양을 그린 그림문자나 사건의 뜻을 나타낸 부호에서 유래된 表意文字이며, 1자가 1음절로 성립된 단음절어이다. 모든 한자는 개성이 있다. 한자의 구조를 학습하면 쉽게 자형을 이해할 수 있다. 표음문자인 한글이나 영어와 달리 접두사, 접미사를 붙여 발음을 변화시키는 형태의 변화나 어미의 변화 없이 句의 낱말이 완전히 고립되어 있다. 그래서 문장의 어순에 의하여 문법적인 관계가 결정되는 孤立語이다.

漢字는 각기 그 짜임의 특징에 따라 독립된 글자를 형성했지만 모든 글자는 形(모양), 音(소리), 義(뜻)의 세 요소를 지니고 있다. 한자의 세 가지 요소인 자형 · 자음 · 자의의 관계를 학습하고 그 변천을 과학적으로 연구하는 것이 중요하다.

세계의 모든 문자는 形, 音, 意의 세 요소를 가지고 있지만, 크게 表意的 문자와 表音的 문자로 구별된다. 일반적으로 중국 한자학은 표의적인 문자의 字形과 字意의 관계를 연구한다. 그래서 文字學 · 聲韻學(音韻學) · 訓詁學(字意學) 등의 학문적 명칭이 생겼다.

## 2. 한자와 소학

중국은 독특한 방법으로 자기 민족의 어문(漢語와 漢字)을 연구해 왔다. 그리고 중국의 언어 문자를 연구하는 학문에 특이한 명칭을 붙여 소학(小學)이라 하였다. 소학의 연구핵심은 한자의 형음의(形音義)를 주요 대상으로 하여 다시 분야별로 문자학, 성운학, 훈고학으로 구분된다.

처음 소학의 개념은 주(周)나라 때 중국 언어 문자를 연구하는 학문이 아니라, 대학(大學)과 상대되는 것으로 귀족자제를 위해 설치한 초급학교의 의미였다. 아동들에게 글자를 익히기 위해 중요한 한자를 모아 《사주편》(周代), 《창힐편》(晉代), 《급취편》(漢代) 등을 만든 책을 소학이라 불렀다. 이 소학의 명칭이 뒤에 학술적인 명칭으로 바뀌었다. 서한(西漢)시기에 유향(劉向)이 《七略》에 소학을 문자학으로 지칭하였으며, 동한(東漢)시기에는 《수서 · 경적지(隋書 · 經籍志)》〈小學類〉에 음운(音義) · 훈고(訓詁) · 성운(聲韻) · 체세(體勢) 등 네 가지를 서술하였다. 송대에 이르러 처음으로 소학을 문자, 음운, 훈고의 학문으로 정하면서 청말 장태염(章太炎)은 《論語言文字之學》에 소학의 명칭을 언어문자학으로 대체할 것을 제기하면서 전통소학이 종결되고 현대 언어학이 시작되었다. 오늘날 사용하는 소학은 중국 봉건사회의 언어문자학을 가리킨다.

소학 연구 범위는 협의의 자형에서 광의의 문자 연구로 발전하였으며, 자음에서 음운을 자의에서 훈고를 연구하고 있다.

## 문자학

문자학은 한자의 세 가지 요소인 자형, 자음, 자의 관계와 그 변천을 과학적으로 연구하는 학문이다. 세계의 모든 문자는 형, 음, 의 세 요소를 가지고 있지만, 크게 표의적 문자와 표음적 문자로 구별된다. 일반적으로 중국 문자학은 표의적인 문자의 자형과 자의의 관계를 연구한다.

중국의 한자 연구는 기원전 1-2세기 한나라 때부터 시작되었으며, 그 당시 한자를 연구하는 학문을 소학이라 불렀다. 소학은 과거 유교를 국교로 하였던 중국에서 경학을 연구하면서 시작되었다. 경학은 한자로 쓰인 경서의 내용을 이해하기 위해 언어학적, 문헌학적 연구에서 출발해야 한다. 그렇기 때문에 소학은 경학을 연구하는 기초 학문이었다. 서한시기 이후 소학의 범위는 문자 · 음운 · 훈고로 확대되면서 광의의 문자학에 부합하게 되었다.

문자학은 주로 고적문헌에 사용된 한자를 연구대상으로 한다. 고서에 쓰인 한자 자형의 구조분석을 통해 자의를 이해하고, 형 · 음 · 의의 관계를 통해 한자의 특징을 파악하여 현대한어를 연구하는데 도움을 주기 위한 것이다.

## 성운학

문자는 형 · 음 · 의에 의해서 언어를 표시하는 것이다. 문자가 만들어지기 전에 언어가 있었으며, 언어가 생기기 전에 소리가 있었다. 언어는 소리를 빌려 의사를 표현하는 것이다. 문자는 언어를 근본으로 창제된 의미부호이며, 언어는 듣기 위한 의미부호이다. 이 두 가지는 개인의 사상을 표현하여 서로 교제하는 수단이다. 따라서 형 · 음 · 의는 밀접한 관계가 있으며, 이를 연구하는 학문을 옛사람은 소학이라 불렀다. 책을 읽으려면 반드시 글자를 먼저 알아야 하기 때문에 소학은 모든 학문을 하는 기초이다.

성운학은 소학에서 소리를 전문적으로 연구하는 학문이다. 일찍이 장태염은「音以表言, 言以達意, 舍聲音而爲語言文字者, 天下無有」라고 하면서 성운학의 중요성을 강조하였다. 전통적인 성운학은 서양의 어음학 · 음운학과 달리 성운학의 명칭 앞에 중국 또는 한어를 붙였는데, 이는 중국의 언어 문자가 한 종류만이 아니기 때문이다. 음운학은 음소를 단위로 하여 생리적 · 물리적 측면에서 음운의 모든 현상을 분석하는 것이다. 성운학 역시 음운학의 범주에 속하지만, 중국 한족의 언어는 단음절어이기 때문에 각 글자를 단위로 하여 한 글자가 한 음을 나타낸다. 따라서 각 글자의 소리를 분석할 때 발성(發聲)과 수성(收音)부분으로 나눌 수 있다. 즉 聲은 發聲부분이며, 韻은 收音부분이다. 이 밖에 각 글자마다 성조의 차이가 있어 중국 자음을 만드는 중요한 부분이다. 성조는 의미를 분별하는 작용을 하는데, 동일한 소리도 성조의 높낮이에 의해 서로 다른 의미를 나타낸다.

한어는 한 글자가 하나의 음절로 이루어진 단음절 언어이다. 음절의 앞부분을 성(聲 Initial), 뒷부분을 운(韻 Final)이라 부른다. 성과 운이 결합된 단음절 언어이므로 성운이라 부르고, 이를 연구하는 학문을 성운학이라 한다. 즉 중국의 성운을 연구하므로 중국성운학이라고 부르는 것이다.

### 훈고학

훈고학은 중국의 전통언어학을 구성하는 중요한 부분으로 고대 문헌의 훈고 이론을 연구한다. 훈고는 이해하기 쉬운 언어로 이해하기 어려운 단어를 해석하거나, 현대어로 고어를 표준어로 방언을 해석하는 것이다. 특히 한위(漢魏)시대 이전의 서적에 나오는 단어의 의미를 연구한다. 훈고는 또 '故訓, 解故' 등으로 불린다. 훈고는 노(魯)나라 모형(毛亨)이 주석(註釋)한《시경(詩經)》을《시고훈전(詩故訓傳)》이라고 이어 쓴 것에서 비롯되었다.

훈고학의 의미는 협의와 광의의 의미로 나눌 수 있다. 협의의 훈고학은 음운, 문자와 상대적인 의미로 중국 전통적인 단어의 뜻을 연구하는 학문이다. 광의의 훈고학은 음운, 문자를 훈고에 포함시킨 전통 어문학의 한 분야이다. 예를 들면《爾雅》〈釋水〉'大波爲瀾(큰물결), 小波爲淪(잔물결)'에서처럼 당시에 통용되는 말로써 단어의 의미를 해석하는 것이다.

훈고학의 연구대상은 고대 문헌에 쓰인 언어의 단어의 의미(고대 서면어)이며, 연구재료로는 고대 문헌의 언어 및 언어로 언어를 해석하는 주석서 등이 있다. 훈고학은 이러한 자료를 가지고 고대 한어사의 형식(형, 음)과 내용(의)이 결합하는 규율 및 사의 자체의 규율을 고대 문헌의 사의를 정확히 탐구하고 해석하는 것을 목적으로 한다.

훈고의 형식에는 두 종류가 있다. 하나는 전적의 문장에 의거해 순서대로 해석하는 주소(注疏)이다. 이를 주석(註釋)이라고 부르기도 한다. 예를 들면《좌씨전해고(左氏傳解詁)》(賈逵),《논어주(論語注)》(馬融),《주역주(周易注)》(鄭玄),《좌씨전해의(左氏傳解義)》(服虔),《맹자정의(孟子正義)》(焦循),《장자집주(莊子集釋)》등이 있다. 다른 하나는 전적의 문장에서 벗어나 전적의 동의어를 모아서 해석한 전문서이다. 예를 들면《이아(爾雅)》,《광아(廣雅)》,《방언(方言)》,《설문해자(說文解字)》등이 있다.

# 제 3절 한자의 표기법과 구성원리

## 1. 漢字의 3요소 : 形 · 音 · 義

漢字는 音節마다 形 · 音 · 義 세 가지 요소를 지닌다. 漢字는 字形에 따라 뜻이 구별된다. 즉, 字形은 筆劃과 偏旁의 결합에 의해 각 글자의 의미를 표현하는 언어표기이다. 자음은 인간의 의사를 전달하는 음성언어와 서사언어를 연결시키는 언어소리이다. 한자에는 자음을 나타내는 형성자와 전주자의 편방이 있지만, 정확하게 자음을 읽을 수 없다. 한자는 표음편방이 없는 약 10%의 상형, 지사, 회의 등의 방법으로 만들어진 문자가 있으며, 고금 한자의 음운변화로 음을 정확하게 나타낼 수 없기 때문이다. 자의는 한자의 의미를 전달하는 작용을 한다. 한자의 이 세 요소는 서로 밀접한 관계를 이루고 있다.

## 2. 고대의 주음방법

### 반절법 이전

중국은 한자의 수가 너무 많아 학자들이 공부할 때 모르는 글자에 부딪치면 글자에 소리를 매기고(注音), 뜻을 해석하면서 注音부호의 필요성을 생각해 왔다.

중국은 한대(B.C. 206 ~ A.D. 220)부터 한자음을 표기하기 위해 몇 가지 방법을 구상해왔다. 표음과 표의의 양면성을 지닌 한자음을 표현하기는 쉽지 않았다. 중국인은 한자음을 표기할 때 처음에는 어느 자의 음을 그와 같거나 비슷한 다른 音을 통해 그 音을 표기하였다. 즉, 표의문자인 중국어에 한자의 음을 표기하기 위해 한자를 사용해 표음을 해왔다.

중국 최초의 표기방법은 비황(譬況)이었다. 이 방법은 한대와 위진시대 이전에 사용되었다. 비황이란 어떤 한 글자의 발음상황을 묘사하여 비유한다는 뜻이다. 예를 들면 ≪公羊傳 · 宣公八年≫ 何休注에서 「乃」와 「而」의 음을 다음과 같이 표시하였다. 「言『乃 』者, 內而深 ; 言『而』者, 外而淺.」(乃를 발음할 때에는 속에서 氣가 나오고, 而를 발음할 때는 얕은 바깥에서 나온다) 이러한 묘사 · 서술형식의 표음방법이 사용되었으나, 글자의 음을 정확히 表記할 수 없었다.

다른 표기방법으로 「讀若」, 「讀如」, 「讀爲」, 「讀曰」로 漢나라 때 비교적 널리 쓰였다. 이 방법은 일반적으로 經을 注解하거나, 字書를 만드는 사람들이 많이 이용되었다. 「讀若」은 「○○音과 같이 읽는다」의 형식으로 표음한 것이다. 이 방법도 본질적으로 볼 때 위의 「譬況」이라고도 볼 수 있다. 예를 들면, 《說文解字》의 玉部璁字에는 注曰 : 「璁 讀若葱」 등과 같은 방법이 사용되었는데, 「葱」과 「璁」은 다 같은 소리(同音)이다.

이 밖에 「直音法」을 사용한 표음방법이 있었다. 「直音」 형식은 직접 한 개의 同音字를 사용하여 또 다른 한 개의 字音을 표음하는 방법이다. 《周易》에서는 「拔茅茹」句를 鄭玄이 注를 달기를 : 「茅音苗」라고 하거나, 또는 《爾雅》 釋音의 「塡田」 같이 표기한 것이 直音法이다.

본질적으로 「讀若」과 「直音」의 표음방법은 한 개의 글자로서 또 다른 글자의 음을 표기하는 것이다. 그러므로 넓은 의미에서 直音法도 讀若을 포괄하고 있다.

직음(直音)은 간편한 방법이기 때문에 漢代때부터 시작하여 오랫동안 널리 쓰였고, 後代의 표음에도 직음의 형식을 많이 사용하고 있다. 《康熙字典》에 보면, 각 韻書의 反切들을 인용한 뒤에 또 直音을 매겨 주고 있는 것들이 바로 그렇다. 보기로서, 「壕 」字下注云 : 「《廣韻》·《集韻》·《正韻》幷胡刀切, 音豪.」 여기서 「音豪」라고 되어 있는 매김이, 바로 「直音」법을 쓴 것이다.

## 반절법

「直音」이나 「讀若」의 표음방법은 同音字가 없는 경우에 사용할 수 없고, 비록 同音字가 있다 하더라도 벽자(僻字)이면 사용하기 어렵다. 그래서 한대와 위진 이후 더욱 쉽고 알맞은 반절법이라는 표음방법을 찾아 낸 것이다.

반절법이라는 특이한 표기법을 고안해 내어 성모(聲母 initial)와 성조(聲調 tone)를 포함한 운모(韻母 final)를 표기한 것이다.

중국에서 한자음에 대하여 관심을 갖게 된 것은 양한시기부터이다. 한대 학자들이 한자음을 표시하기 위해 「讀若法」, 「直音法」 등을 썼으나, 이는 원래 많은 漢字의 音을 알고 있는 사람들 사이에서 통용되었다. 그래서 보다 간편하고 정확하게 한자음을 표시할 수 있는 방안을 고안한 것이 반절법이다. 반절법은 어떤 자음을 표시할 때, 음 표시를 받은 자와 쌍성(雙聲)이 되는 字를 앞에 놓고, 음 표시를 받는 字와 첩운(疊韻)이 되는 字를 뒤에 놓는다. 그 앞의 자(반절 上字)에서 성모를 취하고, 뒤의 자(반절 下字)에서 운모와 성조를 취한다. 그리고 서로 이어서 어떤 음절(音節)의 음을 표시하는 표음방법이다.

반절은 일종의 병음식 표음방법으로 두 한자음을 가지고 병음(拼音)하는 것이다. 이 방법은 「直音」과 「讀若」에 비해서 크게 발전한 방법이다. 반절법은 두 개의 字를 겹쳐서 다른 한 개 자의 음을 나타내는 것이다. 반절을 이루는 두 개의 자 가운데, 앞에 있는 것을 반절 상자라 하고, 뒤의 것을 반절하자라 부른다.

예를 들면 「東」자의 표음을 덕홍절(德紅切)로 나타내는데, 東과 德(反切上字)의 聲母는 서로 같고(d), 東과 紅(反切下字)의 韻母는 서로 같다(ong). 德의 聲母(d)와 紅의 韻母(ong)를 겹쳐 읽으면 바로 東字의 讀音(dong)이 나온다. 표시해 보면 다음과 같다.

德 + 紅 → 東

d(e) h(ong) → dong

여기에서 상자(上字)의 운모(e)와 하자(下字)의 성모(h)는 모두 남는다. 東(dong)자의 음을 표시하는 데는 德의 성모(d) 와 紅의 운모(ong)이 필요하다(上字取聲, 下字取韻).

反切法은 다음 세 가지의 원칙을 갖추어야 한다.

(1) 音 표시 받는 字와 反切語의 上字는 반드시 同聲母의 字임을 요했다.
(2) 音 표시 받는 字와 反切語의 下字는 반드시 같은 韻母의 字임을 요했다.
(3) 音 표시 받는 字와 反切語의 下字는 반드시 같은 聲調의 字임을 요했다.

## 3. 한자의 구성원리 - 六書

육서(六書)는 중국 고대의 문자 학자들이 한자의 생성원리에 따라 귀납 정리한 여섯 가지 조자방법을 말한다. 육서라는 말은 주나라의 제도를 기록한 《주례(周禮)》라는 책에서 처음 보인다. 주례는 주나라 초기 周公이 제정한 것으로 이미 주나라 이전에 육서가 있었음을 알 수 있다. 여기에서 육서라는 말을 처음 언급하였지만, 주례는 이 육서가 정확히 무엇을 의미하는지 설명하고 있지 않다. 그래서 주례에서 나타나는 육서라는 말이 문자학에서 말하는 육서를 뜻하는 것인지, 아니면 다른 의미를 나타내는지에 대해서는 알 수 없다. 육서에 대해 보다 구체적으로 언급한 것은 서한 말엽 유흠(劉歆)의 《칠략(七略)》에 육서를 "상형(象形), 상사(象事), 상의(象意), 상성(象聲), 전주(轉注), 가차(假借)"으로 처음 설명했다. 그 후 동한의 정현(鄭玄)은 《주관해고(周官解詁)》에서 "상형(象形), 회의(會意), 전주(轉注), 처사(處事), 가차(假借), 해성(諧聲)"이라 설명했다. 동한의 허신(許愼)은 이 두 사람의 명칭을 수정하여 《설문해자》에 "周禮八歲入小學, 保氏敎國子, 先以六書. 一曰指事, 二曰象形, 三曰形聲, 四曰會意, 五曰轉注, 六曰假借."라고 정의했다. 이처럼 자료마다 육서의 명칭과 순서가 조금씩 다르게 표현되어 있다. 그러나 후세 사람들은 육서의 명칭은 조자의 특징상 허신이 정한 명칭이 가장 합리적이라 여기고 있다.

### 1) 象形文字

구체적인 사물의 모양을 본떠서 만든 글자이다. 즉 객관적으로 존재하는 사물의 외적특징을 일반화하고 부호화하는 방법으로 만든 문자를 말한다.

日 月 雨 水 禾 木 川 人 母 子 魚 鳥

### 2) 指事文字

상징적인 부호를 쓰거나 원래의 상형자에 사물의 특징을 지적하는 방법으로써 그리기 힘든 객관적 사물이나 추상적 개념을 표시하는 방법을 말한다. 상형문자는 사물의 외적인 특징을 일반화 할 수는 있었으나, 구체적인 부분까지 일반화 할 수는 없다. 사물의 세부적인 부분에 대한 개념도 필요하게 되자 지사는 상형문자를 토대로 하여 어떤 획이나 점을 더하거나 빼는 방법으로 만들어진 글자이다.

上(윗 상) → 기준선을 긋고 위에 점을 찍어 표시
下(아래 하) → 기준선을 긋고 그 아래에 점을 찍어 표시
末(끝 말) → 나무(木)의 끝 줄기에 선으로 표시해 끝이라는 뜻을 표현
本(밑 본) → 나무(木)의 뿌리 부분에 선으로 표시해 근본이란 뜻을 표현
旦(아침 단) → 해(日) 아래 지평선(一)을 그어 해가 떠오르는 아침의 뜻을 표현

### 3) 會意文字

둘 혹은 셋 이상의 부호(편방)를 조합하여 만든 문자이다. 예를 들면

林은 木 두 자가 겹쳐져서 '숲'이란 의미를 나타내고, 磊은 石 세 자가 겹쳐 '돌무더기'라는 새로운 뜻을 나타내고, 焚은 林(숲)과 火(불)이 합쳐져서 '숲에 불이 탄다'는 새로운 뜻을 이루었다. 이처럼 모양이 같은 문자가 두 번 내지 세 번 반복하여 다른 문자를 만들거나, 서로 다른 문자가 결합하여 새로운 뜻을 나타내는 것이다.

林(수풀 림) → 木과 木을 합하여 만든 글자
明(밝을 명) → 日과 月을 합하여 만든 글자
看(볼 간) → 手과 目을 합하여 만든 글자
轟(시끄러울 굉) → 車 세 개를 합하여 만든 글자
磊(돌무더기 뢰) → 石 세 개를 합하여 만든 글자

#### 4) 形聲文字

음을 나타내는 부분과 뜻을 나타내는 부분이 결합해서 이루어진 글자이다. 즉 두 개 이상의 문자가 합쳐져서 새로운 문자를 이루되 합쳐지는 한 문자는 뜻을 다른 한 문자는 音을 나타낸다. 대다수가 이 원리에 기초하여 만들었다.

功(공 공) → 工+力(工은 음, 力은 뜻)
刊(새길 간) → 干+刂(干은 음, 刂는 뜻)
汎(뜰 범) → 水+凡(水는 뜻, 凡은 음)
精(세밀하다 정) → 米+靑(米는 뜻, 靑은 음)

#### 5) 轉注文字

이미 있는 글자의 본래의 뜻을 확대하여 다른 뜻으로 전용해서 쓰는 글자이다. 뜻에 따라 글자의 음이 달라지는 이음이의자와 음이 변하지 않는 동음이이자가 있다.

樂 : 풍류 악 → 즐겁다 락 → 좋아하다 요
度 : 자 도 → 헤아리다 탁
惡 : 악하다 악 → 미워하다 오
命 : 목숨 명 → 명령 명

### 6) 假借文字

글자의 본래의 뜻과는 상관없이 나타내려는 사물의 모양이나 음이 비슷한 글자를 빌려서 표현하는 응용방법이다. 주로 의성어, 의태어, 외래어 표기에 쓰인다.

아시아(Asia) → 亞細亞
$(dollar) → 弗(불)
의젓하고 당당한 모양 → 堂堂
Roma → 羅馬

# 제 2장 한자어

## 제 1절 한자어의 특징

### 1. 우리말과 한자어

한자어란 한자로서 이루어진 낱말을 말한다. 한자어는 생활영역이 넓어지고 지식의 양이 확대됨에 따라 늘어난 사물이나 생각을 표현하기 위하여 필연적으로 증가되어 왔다.

실생활에서 한자어를 버리지 못하는 이유는 우리말과 글의 특수한 구조 때문이다. 우리의 말과 글은 청각성 어휘와 시각성 어휘로 나뉜다. 아버지, 하늘과 같은 청각성 어휘는 귀로 듣는 즉시 뜻이 이해된다. 그러나 사기, 신수, 점표 같은 단어는 고등교육을 받은 사람도 듣는 것만으로는 뜻을 이해하기 힘들다. 이러한 시각성 어휘는 한자로 써놓으면 그 뜻이 명료해진다.

이러한 시각성 어휘를 한글로만 표기해도 개념을 이해할 수 있다고 하는 것이 한글전용의 모순이다. 문제는 우리말과 글에서 한자로 써야 이해가 쉬운 시각성 어휘가 전체의 80% 정도라는 점이다. 한자는 비록 우리 글자는 아니지만 우리 조상들이 오랜 세월 동안 우리 문자처럼 써 내려왔고, 지금도 한글과 함께 널리 쓰고 있으며 우리의 언어가 한자어로 이루어진 것이 70% 정도 되어 한자를 모르면 그 낱말의 뜻을 이해할 수가 없으며 한자는 글자를 만드는 능력이 뛰어나서 언어생활에 윤활유 역할을 하며, 이해력이 높아지며 원활한 언어생활을 바르게 유지하게 하는 지름길이라 할 수 있다.

한자어(漢字語) 영역을 한자(漢字) 영역과 구분하는 것은 한자가 모여서 한자어를 이룰 때, 한자의 차원을 벗어나는 문제가 발생하기 때문이다. 예컨대, '樂'자는 풍류 악, 즐거울 락, 좋아할 요 등의 음과 뜻을 가지고 있다. '음악' 등의 뜻으로 인하여 '音樂'의 음은 '음악'으로 변화한다. 같은 방법으로 '娛樂'의 음은 '오락'이고 '樂山'의 음은 '요산'이 된다. 이러한 경우 한자의 차원에서는 설명할 수 없고 한자와 다른 한자의 결합인 한자어에서 설명될 수 있는 것이다.

한자가 글자 하나하나를 가리킨다면, 한자어는 한자가 모여서 일정한 응결된 의미를 갖고 있어 하나의 덩어리처럼 느껴지는 단위이다. 따라서 한자어에 대한 학습은 그 한자어를 구성하고 있는 개별적인 단어들의 의미에 얽매이지 말고 그것들이 모여 새롭게 형성된 의미를 정확히 이해하고 활용할 줄 알아야 한다.

예컨대, '문호(門戶)'는 개개의 단어로서 '문'과 '집'이지만, 이것이 숙어가 되면 '출입하는 장소'라는 뜻으로부터 '중요한 장소 또는 지위' 등으로 전의(轉義)되어 '좋은 집안'을 의미하게도 된다.

자전(字典)의 자음 색인(字音索引)을 보면, 음이 같은 한자가 수십여자에 달하는 것도 많다. 문맥이나 뜻을 고려하지 않고 음(音) 중심으로 한자어를 구성하게 되면, 의도했던 것과는 전혀 다른 말이 되거나 사전의 표제어에도 없는 억지 한자어가 되고 만다. 예컨대, 환자를 치료하는 '의사'를 한자어로 표기하면 '醫師'이다. 이것을 '議事', '意思', '義士', '義死' 등으로 쓴다면 엉뚱한 뜻이 되고 만다. 또한 '醫師'로 써야 할 것을 잘못하여 글자의 한 부분을 잘못 쓴다든지 획을 빠뜨려 '醫師' 등으로 써도 엉뚱한 음과 뜻이 되고 만다.

따라서 한자어를 표기할 때는 문맥과 뜻에 맞는 적절한 한자를 가리어 사용하고 한자어를 구성하고 있는 한자의 획이나 필순, 글자의 모양에 맞게 써야 한다.

단어(單語)는 음절상으로는 단음절어(單音節語)와 복음절어(複音節語)로, 의미상으로는 단순어(單純語)와 합성어(合成語)로 나누어지고, 또 합성어는 그 짜임새에 따라 융합어(融合語)와 숙어(熟語)로 구분된다.

한자어는 원칙적으로 '人, 日, 山, 鳥'와 같이 모두 단음절 단순어이다. 그러나 한자어에는 동음자(同音字)가 많아 말의 뜻을 혼동하기 쉬우므로 이를 명확히 하기 위하여 복음절어를 만들어 써 왔는데, 이 복음절어에는 단순어도 있고 둘 이상의 단순어가 결합된 합성어도 있다.

또한, 합성어에는 '身體, 春秋, 白眉, 秋毫'와 같이 단순어로 그 의미가 더 이상 쪼개질 수 없이 뭉뚱그려진 융합어와 '日出, 幸運, 入學, 讀書'와 같이 그 의미가 쪼개질 수 있는 숙어가 있다.

숙어는 둘 이상의 단어가 결합되어 하나의 단어처럼 관용(慣用)되는 말로서, 우리 국어의 한자어는 대부분이 이 숙어에 해당된다.

한자 숙어에는 일반적인 한자 이외에도 성어(成語), 고사(故事), 속담(俗談), 격언(格言) 등이 포함된다.

## 2. 한자와 한자어의 관계

한자는 중국어를 기록하는 표기부호이다. 한자는 서사 단위이지 독립적으로 운용할 수 있는 의미 단위는 아니다. 의미 단위는 한자어, 어휘, 단어의 개념으로 한자와 다르다. 물론 한자가 글자이기 때문에 문언문에서 서사 단위와 의미 단위가 일치하는 경우가 많다. 그러나 두 개 이상의 한자가 모여 하나의 의미 단위를 만드는 경우도 있어 항상 일치하는 것은 아니다.

한문의 구조를 이해하려면 반드시 한자어에 대한 이해가 필요하다. 두 개 이상의 음절이 결합하여 복음절이 될 때에는 한자어의 의미가 달라지는 단어가 많다. 즉 한자어의 의미를 그대로 반영하지 않기 때문에 한자어의 구조를 분석하여 의미를 파악해야 한다. 뿐만 아니라 두 개 이상의 한자어가 결합하여 만들어진 구의 구조도 마찬가지이다. 예를 들면 張袂成陰, 揮汗如雨(소매를 펼치면 하늘을 만들고, 땀을 뿌리면 비가 내리는 것과 같다)에서처럼 술목구조의 구는 합성어와 다르다. 합성어는 의미가 고정되어 있어 다른 문장성분이 끼어들면 의미가 변하지만, 구는 다른 성분이 끼어들어도 의미변화가 일어나지 않는다. 不習水土, 必生疾病(자연환경에 익숙하지 않으면, 반드시 질병이 생긴다.)에서 합성어 水土 사이에 허사 '與'를 넣으면 본래 의미와 다르지만, '張袂成陰' 문장에 '張其袂而成陰'처럼 사이에 허사를 넣어도 뜻이 통한다.

## 3. 단음절어

한자는 일정한 형체[形]와 독음[音]을 가지며 대부분 일정한 의미[義]를 갖는 표의성이 강한 文字로서 形 · 音 · 義가 결합된 표기부호이다. 중국어는 이 부호를 가지고 단어를 만든다. 한자는 어떻게 중국어 단어를 기록했는가? 고대에는 한 글자로 한 음절을 만들어 단음절로 나타낸 것이다. 대부분의 字는 "人, 見, 冷, 甚, 汝, 於, 而, 也, 噫" 등과 같이 실질적 또는 기능적(어법적)인 의의를 가지고 문장 안에서 단독으로 운용되는 단어가 된다. 고대한어 어휘에서는 이러한 단음절어의 수가 절대적으로 많고, 이음절 이상의 단어는 비교적 적다. 그래서 문언문을 해석하는데 고전에 나타난 단음절어의 특징을 이해하는 것은 중요하다.

현대 중국어의 어휘는 대부분이 합성어이다. 합성어는 두 개 이상의 음절로 구성된 것이다. 이는 단음절어가 적어졌음을 반영하고 있다. 현대 중국어의 단음절 어휘는 약 10% 정도이다. 상용 동사의 대부분은 단음절어이고, 구어에서 더욱 두드러진다. 대부분이 고대 중국어의 단음절어에서 발전해 온 것이다. 단음절어는 사용 빈도가 높고 역사적으로 오랜 과정을 거쳐 새로운 의미가 추가되었다. 고대 단음절어의 의미가 파생되면서 현대 중국어의 다의어를 만들었다. 단음절의 특징은 다음과 같다.

첫째, 단음절어의 다의성이다. 한 개의 단어가 여러 가지 뜻을 가지고 있다. 복음절어에 비하면 단음절어는 훨씬 많은 의미를 가지고 있다. 이러한 특징이 고문을 해석하는데 많은 어려움이 있다. 한자는 본래 사물과 현상을 대응시켜 상형의 방법으로 만들어진 뜻글자이다. 하지만 고대인은 객관적인 사물이 다양한 특징을 지니거나 다른 사물과 관계를 맺는다. 하나의 단어를 가지고 관련이 있어 적절하게 표현할 수 있는 서너 개의 뜻을 표시했다. 예를 들면 兵자에 병기, 병사, 군대, 전쟁 등의 의미를 첨가하거나, 書자가 본래 붓을 잡고 글을 쓰는 형상에서 다시 글자의 의미를 첨가한 것이다. 고문어휘의 다의성을 알지 못하면 문언문의 내용을 잘못 해석할 수밖에 없다. 이러한 현상을 숙지하고 자세히 분석하여 단어에 적합한 의미를 찾아야 한다.

둘째는 활동성이다. 단음절어는 여러 가지 뜻을 가지고 있기 때문에 나타내는 의미가 풍부하여 정확하지 못하다. 예를 들면 市자는 본래 매매교역을 가리킨다. 그런데 때로는 물건을 사기도하고 팔기도하기 때문에 두 가지 해석이 가능하다. 문언문 학습은 상당히 복잡하여 반드시 주석과 공구서(사전)를 이용하여 해석하는 습관이 필요한 것이다. 문언문은 단어의 상용 의미를 파악하고 있어야 본의를 가지고 해석이 되지 않으면, 인신의나 가차의를 활용해 해석해야 한다.

## 4. 복음절어

복음절어는 두 개 이상의 음절로 구성된 단어이다. 음절의 수에 따라 이음절, 삼음절, 사음절로 구성된 단어도 있다. 복음절은 현대 중국어 어휘의 기본 형식으로 전체 어휘의 85% 정도를 차지한다. 고대 중국어의 단음절 어휘가 현대중국어로 발전하면서 복음절어가 늘어난 것이다. 고대 중국어는 거의 모든 형태소가 단음절어이다. 대다수가 하나의 음절로 이루어진 것이다. 서양 언어학처럼 문법적인 형태론이 전체적으로 성립할 수 없다. 고대 중국어는 고립어적 성격이 강하므로 음절수가 일정한 면이 있다. 사회가 발전하면서 점차 두 글자로 구성된 복음절어가 늘어나 다음절어를 만들었다. "文天祥, 諸葛孔明, 資政殿學士, 悻悻然, 於是乎, 以至於" 등과 같이 세 글자 이상으로 구성된 다음절어도 있다. "才能, 禽獸, 動靜, 干戈, 先生, 將軍, 撲

滅, 童子, 忽然, 悠悠" 등과 같은 복음절어 중의 각각의 字들은 특정의 뜻을 갖는 이들 단어를 구성함에 있어서 실질적 또는 어법적 의미를 갖는 최소의 단위가 된다. 이 최소의 어법 단위를 어소(형태소)라고 한다. 한편 복음절 즉, 두 字로 표현되는 단어라 하더라고 "參差, 逍遙, 輾轉, 鸚鵡, 猶豫" 중의 각각의 字들은 단독으로 의미를 갖지 못하고 음절의 단위, 즉 표음부호가 될 따름이며 두 글자가 합쳐져서야 비로소 최소의 의미 단위인 어소가 되는 경우이다. 단음절어와 이것들은 단어가 하나의 형태소로 이루어진 경우로서 단순어(單純形態素詞)라 이르고, 둘 이상의 어소로 구성된 복음절어 및 다음절어는 합성어(合成形態素詞)라 한다. 따라서 모든 字가 어느 경우에나 다 단어 되는 것도 아니며 어소가 되는 것도 아님을 알 수 있다. 다시 말해서 字를 기준하여 보면 표음부호(音節의 단위)일 따름인 경우와 어소를 겸한 경우 그리고 표음부호이자 어소 겸 단어인 경우로 나눌 수 있다.

복음절어는 구성 방식에 따라 다음과 같이 나눌 수 있다.

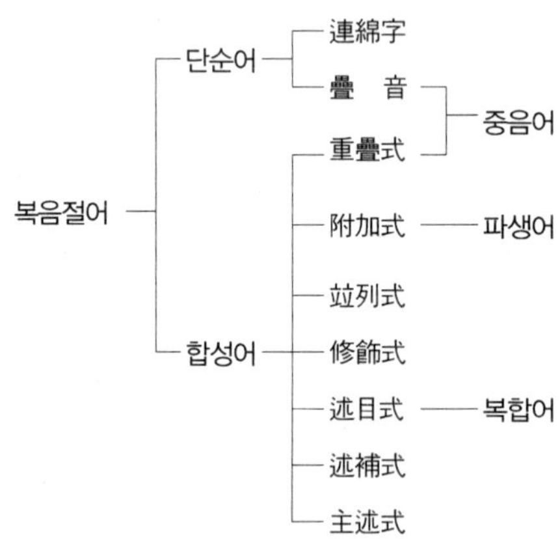

## 5. 합음자

일반적으로 한자는 한 글자가 한 개의 음절로 되어 있으나, 어떤 글자는 두 개의 음절이 한 음절로 단축되어 하나의 음절로 표기되기도 한다. 두 개의 음절을 겸하고 있는 이 음절은 본래 서로 다른 두 개의 품사이다. 두 개의 품사는 대명사와 전치사를 겸한 것, 대명사와 어기조사를 겸한 것, 대명사와 부사를 겸한 것, 부사와 조동사를 겸한 것 등이 있다. 이처럼 두 글자의 音이 합쳐져서 이루어진 합음자라고 한다. 한문에서 而와 已, 何와 不, 之와 于(乎, 於)자는 연이어 사용했다.

앞 음절과 뒷 음절을 이어 읽을 때 두 음절의 음이 한 개 음절로 발음되는 현상이 일어나게 된다. 이러한 한자를 음이 비슷하거나 같은 한자를 찾아 대체한 것이다. 이 단어는 품사에 분류하여 넣기가 어려워 겸사라고도 한다. 예를 들면 之(zhi)음과 於(yu)음을 빠른 속도로 읽으면 諸(zhu)음으로 음이 합쳐진다. 합음자의 독음은 之(zhi)음에서 성모, 於(yu)음에서 운모를 취하는 방법으로 얻어진 것이다. 합음자는 두 음절의 독음을 합해서 새로운 음절을 만든 것이기 때문에 합음자 자체의 본뜻과는 관계가 없다. 자주 쓰이는 합음자는 다음과 같다.

① 耳 = 而已(~일 뿐이다)

虎因喜計之曰 "技止此耳"

범이 기뻐하며 "네 재주가 이것 뿐이구나"라고 생각했다.

② 叵 = 不可(부사+조동사)

布目備曰 : “大耳兒最叵信.”
여포가 유비를 주시하며 “귀가 큰 아이는 가장 믿을 수 없다”고 말했다.

③ 諸 = 之於(대명사+전치사)

投諸渤海之尾殷土之北.
발해의 끝과 은토의 북쪽으로 그것들(흙과 돌)을 던진다.

= 之乎(대명사+어기조사)

文王之囿方七十里, 有諸?
문왕의 동산은 사방 70리라고 하는데 그렇습니까?

雖有粟, 吾得而食諸? (≪論語 · 顔淵≫)

④ 旃 = 之焉(대명사+어기조사)

願勉旃! 毋多談!
그것에(나랏일) 힘쓰기 바랍니다. 더 이상 말하지 마십시오.

⑤ 曷 = 何不(대명사+부사) 왜 하지 않는가?

時日曷喪? 予及汝偕亡.
이 해는 어찌 없어지지 않는가? 나는 그대와 함께 죽으련다.

⑥ 盍 = 何不(대명사+부사)

王欲行之則盍反其本矣?
왕께서 이를 행하려면 무엇 때문에 근본으로 돌아가지 않습니까?

⑦ 焉 = 於是, 於之(전치사+대명사) 그 곳에서

虢叔死焉. 괵숙이 그곳에서 죽었다.

합음자의 판별은 형체로 분별할 수 없다. 반드시 구체적인 언어 환경에서만 판단할 수 있다. 앞뒤 문맥과 음절의 여러 가지 의미를 파악하여 이해해야 한다. 합성자의 수가 많지 않기 때문에 숙지하면 어렵지 않게 습득할 수 있다.

## 제 2절 한자어의 구성

漢語 語法 분석의 단위는 형태소 · 단어 · 구 · 문장 등으로 나눈다.

단어(單語)란 고정된 독음과 특정한 의미를 가진 최소의 문장 구성 단위이다. 바꾸어 말하면 하나하나의 문장을 단위로 하여 표현되는 말 중에서 독립적으로 운용될 수 있는 意味 전달의 최소 단위인 것이다.

### 1. 단순어의 구성

#### 1) 連綿字

• 雙聲

參差(참차), 鴛鴦(원앙), 蟋蟀(실솔), 邂逅(해후), 躊躇(주저), 憔悴(초췌), 繽紛(빈분), 猶豫.

• 疊韻

逍遙(소요), 崔嵬(최외), 窈窕(요조), 偃蹇(언건), 芣苢(부이),

蜉蝣(부유), 慇懃(은근).

• 雙聲과 疊韻

輾轉(전전), 蔽芾(폐불), 燕婉(연완), 繾綣(견권).

• 非雙聲 非疊韻

鸚鵡(앵무), 雎鳩(관저), 梧桐(오동), 滂沱(방타), 噫嘻(희희), 吁嗟(우차)

### 2) 疊 音

疊音으로 된 단순어를 중음이라 한다. 중음의 특징은 두 개의 단음절이 중첩되어 하나의 복음절을 만들어 새로운 뜻을 나타낸다. 關關은 저구새의 울음소리, 依依는 하느작거림, 正正은 정제함, 堂堂은 강대함을 나타내어, 하나의 글자가 단독으로 형태소가 되지 못하는 경우이다. 이 중첩어들은 단음절어인 關, 依, 正, 堂과는 그 뜻이 다르다. 疊音은 같은 중음어 이면서도 한 글자가 단독으로 형태소가 되어 독립된 단어로도 쓰이는 字가 동일한 의미를 갖는 형태소로서 重疊되어 이루어진 합성어의 重疊式과는 구별된다.

交交(교교), 湯湯(탕탕), 夭夭(요요) 등

## 2. 합성어의 구성

### 1) 주술 관계

주어와 서술어의 관계로 결합된 한자어의 짜임. 주어는 행위의 주체가 되고 서술어는 행위, 동작, 상태 등을 나타낸다. 문장의 조건을 갖추었으면서도 한자어 역할을 한다.

A가 B이다. A가 B하다.

- 國立 : 나라가 서다
- 夜深 : 밤이 깊다
- 人造 : 사람이 만들다
- 日出 : 해가 뜨다
- 年少 : 나이가 어리다
- 品貴 : 물건이 귀하다
- 山高 : 산이 높다
- 水明 : 물이 맑다
- 月明 : 달이 밝다
- 春來 : 봄이 오다
- 花開 : 꽃이 피다
- 鳥飛 : 새가 날다
- 日沒 : 해가 지다
- 天高 : 하늘이 높다
- 心弱 : 마음이 약하다
- 地震 : 땅이 흔들리다
- 春去夏來 : 봄이 가고 여름이 오다
- 雲流雨止 : 구름이 흐르고 비가 그치다

### 2) 술목 관계

술어와 목적어의 관계로 결합된 한자어의 짜임. 이때의 서술어는 행위나 동작을 나타내고 목적어는 그 대상이 된다.

B를 A하다.

- 交友 : 벗을 사귀다
- 修身 : 몸을 닦다
- 愛國 : 나라를 사랑하다
- 成功 : 공을 이루다
- 作文 : 글을 짓다
- 採石 : 돌을 모으다
- 讀書 : 책을 읽다
- 修學 : 학문을 닦다
- 耕田 : 밭을 갈다
- 樂山 : 산을 좋아하다

- 受業 : 학업을 받다
- 求職 : 직장을 구하다
- 失望 : 희망을 잃다

### 3) 술보 관계

述語+補語의 관계로 구성된 단어도 역시 補語가 나중에 온다는 점에서 국어의 어순과는 다르고 영어의 어순과는 같다.

B에 A하다.

- 登山 : 산에 오르다
- 報國 : 나라에 보답하다
- 入學 : 학교에 들어가다
- 出戰 : 전쟁터에 나가다
- 歸家 : 집으로 돌아가다
- 難解 : 풀기 어렵다
- 多情 : 정이 많다
- 無情 : 정이 없다
- 有力 : 힘이 있다

### 4) 수식 관계

꾸미는 말과 꾸밈을 받는 말로 결합된 한자어의 짜임. 修飾關係로 구성된 단어는 國語의 어순과 같다. 중심어가 명사이면 수식어는 관형어이고, 중심어가 동사, 형용사이면 수식어는 부사어가 된다.

■ **관형어(冠形語) + 체언(體言) ~하는(~한) 무엇**

* 名詞+名詞

- 家事 : 집안의 일
- 城門 : 성의 문
- 秋月 : 가을 달
- 外貨 : 외국의 돈

* 形容詞+名詞

- 高山 : 높은 산
- 明月 : 밝은 달
- 幼兒 : 어린 아이
- 賢人 : 어진 사람
- 淸風 : 맑은 바람
- 恩師 : 은혜로운 스승
- 吉夢 : 좋은 꿈

* 動詞+名詞

- 流水 : 흐르는 물
- 飛鳥 : 나는 새
- 鬪犬 : 싸우는 개
- 走馬 : 달리는 말

**■ 부사어(副詞語)+용언(用言) ~하게 ~하다**

* 名詞+動詞

- 廣告 : 널리 알림
- 雲集 : 구름처럼 모임
- 力行 : 힘써 행함
- 力走 : 힘껏 달리다

* 副詞+形容詞

- 至當 : 지극히 당연하다
- 極大 : 매우 큼
- 非常 : 보통이 아님
- 不利 : 이롭지 못함
- 至高 : 지극히 높다
- 極甚 : 극히 심하다

* 副詞+動詞

- 自生 : 저절로 생기다.
- 復言 : 다시 말하다
- 直行 : 바로 가다, 바로 행하다
- 漸進 : 점차로 나아가다

• 必勝 : 반드시 이김 • 徐行 : 천천히 감
• 疾走 : 빨리 달림

* 특수한 용법 : 修飾關係의 단어 중에는 名詞+動詞의 형태도 있다. 예를 들면, 石造(돌로 짓다), 毒殺(독약으로 죽이다)과 같은 것이 그러한 경우이다.

### 5) 병렬 관계

병렬관계로 구성된 단어는 서로 대립되는 개념이 합쳐진 것과 유사한 개념이 합쳐진 것으로 나누어볼 수 있다. 특히 대립되는 개념이 합쳐졌을 경우에는 그것을 병렬의 뜻으로 해석할 수도 있고 선택의 뜻으로 해석할 수도 있다.

A와(하고) B(竝列)
A 혹은 B(選擇)

같은 품사를 가진 한자끼리 연이어 결합된 한자어의 짜임을 병렬관계라고 하는데 글자의 의미 관계에 따라 여섯 종류로 나뉜다.

* 유사 관계 : 뜻이 같거나 비슷한 한자끼리 연이어 결합된 한자어의 구조(짜임).

■ **명사+명사**

• 家屋 : 집 • 群衆 : 무리 • 星辰 : 별
• 土地 : 땅 • 海洋 : 바다 • 繪畵 : 그림
• 樹木 : 나무

■ **동사 + 동사**

- 到達 : 다다름
- 變革 : 바꿈
- 援助 : 도움
- 存在 : 있음
- 引導 : 이끎
- 販賣 : 팖
- 希望 : 바람

■ **형용사 + 형용사**

- 巨大 : 큼
- 明朗 : 밝음
- 美麗 : 아름다움
- 溫暖 : 따뜻함
- 淸淨 : 맑음
- 寒冷 : 참
- 永久 : 오램

* 대립 관계 : 뜻이 서로 반대 또는 상대되는 한자끼리 연이어 결합된 한자어의 짜임.

■ **명사 + 명사**

- 賞罰 : 상과 벌
- 上下 : 위와 아래
- 善惡 : 선과 악
- 因果 : 원인과 결과
- 陰陽 : 음과 양
- 天地 : 하늘과 땅

■ **동사 + 동사**

- 加減 : 더함과 뺌
- 開閉 : 엶과 닫음
- 勝敗 : 이김과 짐
- 往來 : 감과 옴
- 贊反 : 찬성과 반대
- 出入 : 나감과 들어옴

■ **형용사 + 형용사**

- 强弱 : 강함과 약함
- 高低 : 높음과 낮음
- 多少 : 많음과 적음
- 深淺 : 깊음과 얕음

• 愚劣 : 나음과 못함 • 黑白 : 검음과 흼

### 6) 중첩 관계

중첩은 일반적으로 동일한 字가 중복되어 단어를 형성하는 관계이다. 일차적으로 派生語나 合成語의 結合 형식으로 構成되어 單語들이 형성된다. 이차적으로 다시 단음절을 중첩하여(疊字) 단순어와 중첩관계로 구성되어 합성어를 만든다.

悠悠, 凄凄, 惴惴, 肅肅, 遲遲, 怛怛, 皎皎

## 3. 파생어의 구성(附加 關係)

한자어에서 파생어(派生語)란 자립형태소(自立形態素)에 의존형태소(依存形態素)가 결합하여 하나의 단어를 형성하는 구조이다. 자립형태소(自立形態素)란 단독으로 문장에 출현할 수도 있고, 독립된 의미를 지니고 있으나, 의존 형태소(形態素)와 결합하여 파생어(派生語)를 형성할 때는 파생어(派生語)의 실질적(實質的)인 의미부분(意味部分)이 된다. 의존(依存) 파생어(派生語)란 다른 형태소(形態素)와 결합하여 하나의 단어를 구성(構成)하는 형태소(形態素)이다. 이 의존형태소(依存形態素)는 접사로 쓰일 때는 본래의 의미가 상실되는 경우가 있다. 파생어(派生語)에서 실질적인 의미를 가지는 자립형태소(自立形態素)를 어근(語根)이라 하고, 자립형태소(自立形態素)에 배합되어 더 큰 단위를 이루는 의존형태소(依存形態素)를 접사(接辭)라 한다. 접사(接辭)는 그 단어를 한

정(限定), 수식(修飾)하거나 語氣를 고르게 하기도 하며 品詞를 轉成시키는 문법적 기능을 지니기도 한다. 파생어는 다시 "접사(接辭)+어근(語根)"의 배합 유형을 지닌 接頭派生語와 "어근(語根)+접사(接辭)"의 배합유형을 지닌 접미파생어(接尾派生語)로 나눌 수 있다.

童子, 男子, 忽然, 喟然, 率爾, 有政, 有方, 阿母, 疇昔 昔者

# 제 3장 품 사

## 제 1절 품사의 분류

### 1. 實 辭

#### (1) 名 詞

사람이나 사물(시간 · 장소를 포함)의 이름을 나타내는 품사를 명사라 한다.

**1)** 보통명사

天, 地, 山, 川, 草, 木, 水, 人, 男, 女, 牛, 馬, 鳥, 星

民惟邦本. 백성은 오직 나라의 근본이다.

**2)** 추상명사

神, 夢, 心, 意, 忠, 孝, 鬼, 魂, 風, 理想, 歷史

博我以文. 나를 학문으로 넓혀주셨다.

### 3) 고유명사

項羽, 荊州, 三國史記, 大韓民國, 白頭山, 楊子江(有形名詞)

秋夕, 正月, 丙子胡亂, 三一運動 등 (無形名詞)

孔子聖人也. 공자는 성인이다.

正月一年之初也. 정월은 일년의 처음(시작)이다.

## (2) 代名詞

다른 詞나 詞組를 대신하여 사물, 행위, 성질, 수량 등을 나타내는 품사를 대명사라 한다.

### 1) 人稱代名詞

① 1인칭 : 吾, 我, 余, 予 등

吾日三省吾身.
나는 날마다 여러 번 나 자신을 반성한다.

吾妻之美我者, 私我也.
내 처가 나를 잘생겼다고 하는 것은 나를 편애하기 때문이다.

② 2인칭 : 女, 你, 而, 乃, 若, 汝, 爾, 子, 君 등

吾翁卽若翁. 나의 아버지가 곧 너의 아버지이다.

不能更鳴, 東徙, 猶惡子之聲.
우는 것을 바꿀 수 없다면, 동쪽으로 이사 가더라도 여전히 너의 울음 소리를 싫어할 것이다.

③ 3 인칭 : 彼, 其, 之, 渠, 夫, 其 등

彼丈夫也, 我丈夫也, 吾何畏彼哉.

그도 대장부이고 나도 대장부인데, 내가 어찌 그를 두려워 하겠는가.

愛公叔段, 欲立之.

공숙단을 사랑하여 그를 태자로 세우려고 하였다.

**2)** 指示代名詞

① 近稱대명사 : 此, 玆, 是, 斯, 之, 寔 등

何故至于斯也. 왜 여기에 오셨습니까?

② 遠稱대명사 : 夫, 彼, 其, 他, 厥 등

彼一時, 此一時也. 저것도 한때이고 이것도 한때이다.

③ 不定稱 : 之, 諸, 夫, 或, 皆, 者

宋人或得玉. 송나라 사람인 어떤 이가 옥을 얻었다.

**3)** 疑問代名詞 **:** 誰**,** 孰**,** 何**,** 奚**,** 焉**,** 安**,** 惡**,** 胡**,** 曷 등

① 人稱대명사 : 誰, 孰

且行千里, 其誰不知. 또 천리를 가는데 그 누가 모르겠는가?

子爲誰. 그대는 누구인가?

② 物稱대명사 : 何, 奚

天之所欲者何也. 천하가 원하는 것이 무엇인가.

③ 場所대명사 : 焉, 安, 惡

沛公安在? 패공은 어디에 있는가?

4) 特殊指示代名詞는 者와 所가 있다. 이것들은 사람이나 사물을 가리킬 수 있지만, "者, 所"는 단독으로 문장성분이 될 수 없으며, 반드시 기타 단어 또는 구와 결합하여 문장성분이 될 수 있다.

知者不惑, 仁者不懷, 勇者不懼.
지혜로운 사람은 미혹되지 않으며 어진 사람은 근심하지 않고 용감한 사람은 두려워하지 않는다.

所와 者가 타동사와 결합하여 '. . . 所+타동사+者'의 형식을 이루었을 때에는 者가 행위의 대상을 가리키게 되며, 역시 명사성 구조이다.

吾所欲者土地也. 내가 요구하는 것은 토지이다

(3) 動 詞

動詞는 동작, 존재, 변화, 활동(심리활동을 포함)을 나타내는 품사이다.

**1) 동작, 행위, 有形의 활동을 동반하는 동사**

① '坐, 起, 生, 死, 去, 行, 亡' 등

② '攻, 伐, 殺, 斬, 見, 知, 聞' 등

**2) 생각을 나타내는 동사**

심리활동을 나타내는 동사로 '愛, 惡, 懼, 畏, 恐, 思, 念, 嫉 등

**3)** 존재를 나타내는 동사 '有, 無, 在'가 있다.

**4)** 判斷詞 '是, 爲' 등은 동사 자체에는 동작의 의미가 없이, 다만 主語와 賓語를 연계하고 판단하는 작용을 한다.

鷄鳴. 닭이 울다. (完全自動詞)
桑田爲碧海. 뽕나무 밭이 푸른 바다가 되다. (不完全自動詞)

### (4) 形容詞

형용사는 사람이나 사물의 성질과 상태를 나타내는 품사이다.

**1)** 성질을 나타내는 형용사

善, 良, 美, 智, 愚, 惡, 邪, 强, 弱, 奇, 巧, 賢, 好 등

**2)** 상태를 나타내는 형용사

① 單音節 · 多音節 형용사
長, 短, 窄, 寬, 廣, 狹, 薄, 厚, 高, 低, 濃, 淡, 輕, 重, 明, 暗. 大, 小, 衆, 寡, 多, 少 등

② 疊音 형용사 : 疊字를 사용하여 만든 형용사
區區, 眇眇, 堂堂, 元元, 蕭蕭, 滄滄, 皦皦 등

靑山, 黃土, 長川, 短杖. 푸른 산, 누런 흙, 긴 냇물, 짧은 지팡이
淸風明月, 赫赫武功. 맑은 바람, 밝은 달, 혁혁한 무공

### (5) 助動詞

助動詞는 動詞의 일종이지만, 동작을 표시하는 動詞와는 다르다. 動詞만으로는 서술이 완전하지 못할 때에 이에 부수되어 그 뜻을 완전하게 해주는 품사를 助動詞라고 한다. 조동사는 동사, 부사, 형용사, 또는 기타의 품사를 도와서 그 서술을 완전하게 만들어 주는 역할을 한다. 그러므로 조동사를 별개의 품사로 분리하기도 한다. 助動詞는 動詞 앞에 위치하여 가능 · 의지 · 당연 등을 나타낸다.

1) 可能 : 能 · 可 · 可以 · 可用 · 可而 · 可得 · 得 · 足 · 足以 · 克 · 得 · 會 등

水深可知, 人心難知. 물 깊이는 알아도 사람 마음은 알기 어렵다.

不足與言. 함께 이야기 할 수 없다.

汝能察之. 그대는 그것을 살필 수 있다.

田爲王田, 買賣不得. 밭은 왕의 밭이므로 매매할 수 없다.

可, 能, 足, 得은 뒤에 以를 덧붙여 可以, 能以, 足以, 得以의 형태로 쓰일 수 있다.

學不可以已. 학문이란 멈출 수 없다.

2) 의지 희망 : 肯 · 欲 · 敢 · 願 · 要 · 要須 · 忍 · 屑' 등

我欲育人材. 나는 인재를 기르고자 한다.

吾欲之南海, 何如. 나는 남해로 가려고 하는데 어떻소?

3) 당연 : 當 · 應 · 宜 · 須 · 合 · 會須 · 會當 · 庸 등

君自故鄕來, 應知故鄕事.
그대는 고향에서 왔으니 마땅히 고향의 일을 알아야 한다.

大丈夫, 不惜千金, 當斬吾馬, 佐酒.
대장부는 천금을 아끼지 아니하니 당연히 내 말의 목을 베어 술안주로 삼으리라.

4) 피동 : 被 · 見 · 爲, 爲 所, 於(乎) 등

盜爲盜所殺. 도둑이 도둑에게 죽은 바 되다.

季子之見侮於其嫂. 계자가 그 형수님에게 업신여김을 당하였다.

信而見疑, 忠而被謗.
신실한데도 의심을 당하고, 진실을 다하는데도 비방을 받는다.

5) 사동 : 使 · 令 · 教 · 俾 · 遣 등

使牛聞之. 소로 하여금 그것을 듣게 하다.

俾民不迷. 백성들이 미혹되지 않게 하다.

令學生鍛鍊心身. 학생에게 몸과 마음을 단련하게 하다.

### (6) 副詞

부사는 행위나 상태를 나타내는 것으로 기본적인 기능은 동사나 형용사, 부사를 수식하며, 문장에서 부사는 狀語, 補語가 된다.

1) 정도부사 : 最 · 極 · 絶 · 偏 · 太 · 已 · 甚 · 皆 · 漸 · 更加 至 · 殊 · 頗 · 良 · 尤 · 稍 · 益愈 · 差 등

楚最無罪. 초나라는 가장 죄가 없다.

水至淸則無魚. 물이 지극히 맑으면 고기가 없다.

2) 시간부사 : 昔 · 嘗 · 曾 · 日 · 往 · 初 · 故 · 早 · 已 · 旣 · 今 · 將 · 先 · 遂 · 方 등

陽春方來. 따뜻한 봄이 바야흐로 온다.

嘗映雪讀書. 일찍이 눈에 비추어 책을 읽었다.

今而分金. 지금 금을 나누다.

3) 상태부사 : 實 · 陰 · 暗 · 私 · 明 · 公 · 固 · 自 · 空 · 易 · 好 · 更 · 故 · 剛 · 果 · 幸 등

小人實不才. 나는 사실 재주가 없다.

一日行善, 福雖未至, 禍自遠矣.
하루 선을 행함에 복은 비록 이르지 아니하지만 재앙은 자연히 멀어진다.

4) 범위부사 : 周 · 奉 · 咸 · 畢 · 備 · 鈞(均) · 方 · 悉 · 皆 · 凡 · 總 · 都 등

人皆以我爲不肖. 사람들은 모두 나를 불초하다고 생각한다.

群賢畢至, 少長咸集.
여러 현인들이 모두 도착하고, 젊은이 늙은이가 모두 모였다.

5) 수량부사 : 屢 · 數 · 頻 · 又 · 復 · 更 · 約 · 率 · 可 등

遂去, 不復與言. 마침내 가버리고, 다시는 말을 하지 않았다.

6) 부정부사 : 不 · 非 · 匪 · 弗 · 靡 · 莫 · 未 · 亡 · 無 · 蔑 · 釜 · 沒得 · 毋 · 勿 · 別 등

己所不欲, 勿施於人. 자기가 하고 싶지 않은 것을 남에게 시키지 말라.

子非魚, 安知魚之樂.
자네는 물고기도 아니면서 어떻게 물고기의 즐거움을 아는가?

7) 의문부사 : 何 · 曷 · 胡 · 奚 · 惡 · 安 · 焉 · 豈 · 何以 · 何如 · 奈何 등

此何遽不爲福乎? 이것이 어찌 뜻밖에 복이 되지 않겠는가?

惡能治國家? 어떻게 나라를 다스릴 수 있겠는가?

8) 판단부사 : 必 · 卽 · 皆 · 誠 등

古之學者必有師.
옛날에 배우는 사람은 반드시 스승이 있었다.

확실히 서공처럼 잘생기지 못하다는 것을 알았다.

**※ 여러 가지 副詞**

아마 : 蓋 · 恐　　감히 : 敢

진실로 : 固 · 眞 · 誠 · 良 · 苟 · 信

오직 : 惟 · 唯 · 維　　다만 : 但 · 只 · 徒 · 直

마침내 : 遂 · 竟 · 終　　본디 : 本 · 素

때마침 : 時 · 適 · 會　　일찍이 : 嘗 · 曾

이미 : 已 · 旣　　장아 : 將 · 且
지난번에 : 向 · 嚮　　옛날에 : 昔者
요즈음 : 近者　　잠시 : 暫
몰래 : 竊 · 潛　　도리어 : 反 · 還 · 却
다시 : 復 · 再 · 重

## 2. 虛 辭

### (1) 전치사

전치사는 명사나 대명사를 동사나 형용사에 소개하여 장소 · 시간 · 원인 · 방식을 나타내는데 사용하는 것을 말한다. 전치사는 명사나 대명사와 결합하여 전치사구조를 이루어 문장에서 보어나 부사어 역할을 한다.

#### ① 시간 · 장소의 기점

㉠ 自, 自~(以)至(于)~, 自~及~, 自今以來, 自是以來, 自是(此)之後 등

自天而降乎. 하늘로부터 내려왔는가?

心定者言寡, 定心自寡言始.
마음이 안정된 사람은 말이 적고, 마음을 안정시키는 것은 말을 적게 하는 것으로부터 시작한다.

㉡ 由, 由~至于 등

由堯舜至於湯, 五百餘歲.
요와 순으로부터 탕에 이르기까지는 500여 년이다.

㉢ 於 · 于 · 乎 : 동작, 행위의 장소(기점과 종점) · 시간을 끌어내며, '~부터', '~에서'라고 해석한다.

亮見權于柴桑. 제갈량은 시상에서 손권을 보았다.

㉣ 以 : 동작, 행위의 시간(기점)을 끌어내며, '~에, ~동안, ~부터, ~에서'라고 해석한다.

文以五月五日生. 문은 5월 5일에 태어났다.

㉤ 方 : 시간을 나타내며, '~에 이르러'라고 해석한다.

方今之務, 莫若使民務農而已矣.
오늘의 일에 이르러서는 백성들로 하여금 농업에 힘쓰도록 하는 것보다 중요한 것은 없다.

㉥ 當 : 시간을 나타내며, '~할 때'라고 해석한다.

當是時, 楚兵冠諸侯.
이때 초나라 군대는 각국 제후 중에서 으뜸을 차지했다.

**② 대상 : 爲(於 · 于) : 동작 행위의 대상 · 목적으로 '~에, ~에게, ~을 위하여'로 해석한다.**

不足爲外人道也. 바깥사람에게 말할 필요가 없다.

③ **원인 · 이유 :** 於(以) · 爲

而吾以捕蛇獨存. 나는 뱀을 잡고 있었기 때문에 혼자 살아남았다.

④ **수단 방법 :** 以

以子之矛陷子之楯, 何如?
너의 창으로 너의 방패를 뚫어보면 어떻겠는가?

⑤ **비교 :** 於(乎 · 于)

美於徐公. 서공보다 잘생겼다.

⑥ **동반(~와 더불어, ~와) :** 與

公與之乘, 戰于長勺. 장공은 그와 함께 전차를 타고 장작에서 싸웠다.

### (2) 접속사

접속사는 단어와 단어, 구, 문장을 연결해 주는 역할을 하는 품사이다.

**1) 병렬접속사** : 동등한 성분을 하나로 연접하여 이들의 병렬관계를 표시한다. 보편적으로 사용되는 것은 '與 · 及 · 而 · 且' 등이다.

富與貴, 人之所欲也. 부와 귀는 사람이 바라는 것이다.

子及女偕亡. 내가 너와 함께 망하리라.

**2)** 선택접속사 : 서술구의 선택 연사로는 '或'자를 자주 썼는데 上古에는 '若'자를 쓰기도 했다. 의문구의 선택 연사로는 '抑 · 將 · 且 · 具'자 등이 쓰였고, 비교의 뜻을 지닌 선택 접속사로는 '與其 A , 孰若 B'(A보다 차라리 B가 낫다) 등이 있다.

官之命宜以材也, 抑以姓乎.
관리의 임용은 마땅히 재능에 의거해야 하는가?, 아니면 성씨에 의거해야 하는가?

與其有樂於身, 孰若無憂於其心.
몸에 즐거움이 있는 것보다 차라리 그 마음에 근심이 없는 것이 낫다.

**3)** 순접접속사 : 순접접속사는 두 가지로 나눌 수 있다. 첫째는 前後 두 가지 일의 상관관계, 즉 어떤 일이 먼저 일어나고 그런 후에 다른 일이 일어난 것을 나타내는 것인데, 이런 연사로는 '則 · 卽 · 斯'가 한 조를 이루고 '乃 · 遂 · 于是 · 然後 · 而'가 한 조를 이룬다. 두 번째는 사물의 因果 관계를 나타낸다. 원인을 나타내는 것은 '因 · 以 · 由 · 蓋' 등을 쓰고, 결과를 나타내는 것은 '故 · 是故' 등을 쓴다.

我欲仁, 斯仁至矣. 내가 인을 행하려고 하면 곧 인이 이른다.

虎求百獸而食之. 호랑이가 여러 짐승을 잡아서 먹다.

4) 역접접속사 : 역접접속사는 '而 · 顧 · 抑' 등을 쓰며, 역접의 뜻이 비교적 강한 것은 '然 · 然而' 등을 쓴다.

美而無子. 아름답지만 아들이 없다.

然而不勝者, 是天時不如地利也.
그러나 이기지 못한 것은 천운이 땅의 이로움만 못하기 때문이다.

5) 양보접속사 : '雖 · 唯 · 縱 · 自' 등

雖有君命, 寡人不敢與聞.
비록 임금의 명령일지라도 나는 받아들이지 않겠다.

吾縱生無益于人, 吾可以死害于人乎哉?
내가 비록 살아서 다른 사람에게 이로움이 없을지라도 죽어서 다른 사람에게 해를 끼칠 수 있겠는가?

6) 가설접속사 : '若 · 苟 · 如 · 使' 등

王如知此, 則無望民之多於隣國也.
왕께서 만약 이것을 아신다면, 백성들이 이웃 나라보다 더 많기를 바라지 마시오.

苟無民, 何以有君.
만약 백성들이 없으면, 무엇으로써 임금을 보전하겠는가?

### (3) 語氣詞

어기사는 전혀 실제적인 의미가 없는 虛辭이다.

1) 提示와 정지 : 者 · 也

2) 終結과 確認 : 也 · 耳 · 爾

3) 斷定 : 矣 · 也

4) 疑問 : 乎 · 哉 · 邪 · 歟 · 爲(何爲 · 奚爲)

5) 制限 : 耳 · 爾 · 而已

6) 感歎 : 哉 · 夫

## 제 2절 品詞의 활용

품사의 활용은 한 단어가 특정 구문에서 임시기능을 지니는 것으로 실사에 주로 나타난다.

### 1. 명사의 활용

#### 1) 명사가 일반동사로 쓰인 경우

范增數目項王. 범증은 여러 번 항왕에게 눈짓하였다.

火燭一隅. 불빛이 한 모퉁이를 비추다.

曲肱而枕之. 팔을 굽혀 그것을 괴다.

驢不勝怒, 蹄之. 나귀는 노함을 참을 수 없어 그를 찼다.

寡人欲相甘茂可呼. 과인은 감무의 관상을 보려고 하는데 가능합니까?

左右欲兵之. 좌우는 그를 죽이려 하였다.

今京不度, 非制也.

지금 서울은 법도에 맞지 않으니 이는 선왕의 제도가 아닙니다.

晋師軍于廬柳. 진나라 군사는 여류에 주둔하였다.

### 2) 보통명사가 부사어가 되는 경우

명사 가운데 시간명사와 방위명사는 동사를 수식하여 문장 가운데서 부사어가 될 수 있다.

㉠ 비유를 나타낸다

晋太元中, 武陵人捕魚爲業.
진나라 태원 연간에 한 무릉인이 고기잡이를 직업으로 삼았다.

豕人立而啼. 돼지가 사람처럼 서서 운다.

四方之民, 獸奔鳥竄. 사방의 백성이 짐승처럼 달아나고 새처럼 숨는다.

㉡ 사람을 대하는 태도 · 도구를 나타낸다.

君爲我呼入, 吾得兄事之.
그대는 나를 대신해 항백을 불러들이면, 나는 그를 형처럼 섬길 수 있다.

景公欲刀解養馬者. 제나라 경공이 칼로 말을 기르는 사람을 가르려 했다.

㉢ 장소를 나타낸다

卒廷見相如, 畢禮而歸之.
마침내 조정에서 상여를 접견하였으며, 예식을 마치고 그를 돌려보냈다.

四方之來者, 必朝禮之.
사방에서 온 사람들을 반드시 조정에서 예로 대접했다.

### 3) 시간명사가 부사어가 되는 경우

고대한어의 시간명사는 현대한어의 시간명사와 마찬가지로 문장에서 상어가 되어 시간을 나타낸다. 여기서 중요한 것은 고대한어의 "歲 · 月 · 日" 등 자의용법이다. 이러한 字들은 고대의 언어습관에 따라 흔히 부사어가 되지만 평소에 나타내는 시간의 의미와 다른 점이 있다. 이들 歲 · 月 · 日는 행동을 나타내는 동사 앞에 놓였을 때에는 "해마다, 달마다, 날마다" 등의 의미를 나타내며, "日"자는 동사 · 형용사 앞에 놓여 "하루하루, 날이 갈수록" 등의 뜻을 내거나, 주어의 앞 또는 문두에 놓여 "지난날"의 뜻을 나타낸다.

吾日三省吾身. 나는 날마다 나 자신을 세 번 반성한다.

良庖歲更刀割也, 族庖月更刀折也.
훌륭한 요리사는 해마다 칼을 바꾸는데, 보통의 요리사는 달마다 칼을 바꾸어 끊는다.

### 4) 명사의 사동용법

고대한어에서는 명사가 일반동사로 활용될 수 있을 뿐 아니라, 사역의 뜻을 가진 동사로도 활용될 수 있다. 명사의 이러한 용법을 한어에서는 명사의 사동용법이라 한다. 명사가 사동용법으로 쓰인 문장은 주어+술어(명사)+목적어의 형식을 이루어 목적어가 나타내는 사물이 그 명사가 나타내는 사물이 되게 한다.

先生之恩, 生死而肉骨也.
선생님의 은혜는 죽은 사람을 다시 살아나게 하고, 백골에 살이 돋아나게 하는 것과 같습니다.

縱江東父兄憐而王我, 我何面目見之?

설사 강동의 부모형제들이 나를 동정하여 나를 왕이 되게 한들 내가 무슨 면목으로 그들을 보겠는가?

### 5) 명사의 의동용법

고대한어의 명사는 의동용법으로도 쓰일 수 있는데, 意動動詞란 인정함을 나타내는 동사를 말한다. 명사의 이런 용법을 한어에서는 명사의 의동용법이라 한다. 명사가 의동용법으로 쓰인 문장은 주어+서술어+목적어의 형식을 이루어 목적어가 나타내는 인물이나 사물이 바로 그 명사술어가 나타내는 인물 또는 사물이라고 인정함을 나타낸다.

不如吾聞而藥之也. 내가 듣고 그것을 약으로 삼기보다 못하다.

孟嘗君客我. 맹상군은 나를 식객으로 여긴다.

## 2. 動詞의 활용

### 1) 동사가 명사로 쓰이는 경우

동사가 명사로 활용될 경우 동사의 의미는 더 이상 동작 행위를 표시하지 않고 어떤 동작이나 상태의 명칭 또는 그 동작행위와 관련 있는 사람이나 사물을 나타낸다.

陳相見許行而大悅, 盡棄其學而學焉.

진상은 허행을 만나보고 매우 기뻐하여, 자기가 배운 것을 다 버리고 허행을 따라 배웠다.

夫大國難測也, 懼有伏焉.
무릇 대국의 작전은 짐작하기 어려우니, 복병이 있을까 두렵다.

### 2) 동사가 부사어로 쓰이는 겨우

고대한어에서는 동사가 직접 부사어로 쓰이는 경우는 많지 않지만, 일반적으로 자동사의 경우에는 부사어로 쓰이는 경우가 있다.

兒懼, 啼告母.
아이가 두려워하며 울면서 어머니에게 말했다.

### 3) 동사의 사동용법

고대한어에서는 일반동사가 문장가운데서 사역동사로 쓰일 수 있는데 이런 용법을 동사의 사동용법이라고 한다. 동사가 사동용법으로 쓰인 문장은 '주어+술어(동사)+목적어'의 형식을 이루어 목적어가 대표하는 사람이나 사물이 표시하는 동사가 표시하는 동작을 수행하게 한다.

項伯殺人, 臣活之.
항백이 사람을 죽여 붙잡히게 되었는데, 신이 그를 살려주었다.

雖大風浪不能鳴也.
큰 풍랑이라 해도 그것을 울릴 수 없다.

## 3. 形容詞의 활용

### 1) 형용사가 일반동사로 활용되는 경우

형용사가 일반동사로 활용되는 경우는 명사가 동사로 활용될 때와 비슷하다. 즉 형용사가 뒤에 목적어를 동반하여 동목관계를 이룰 때 동사로 쓰인다.

卒使上官大夫短屈原于頃襄王.

끝내 상관대부로 하여금 경양왕에게 굴원의 단점을 말하게 하였다.

### 2) 형용사가 명사로 활용되는 경우

형용사의 앞에 놓인 대명사수사명사(명사어)가 정어로 쓰인 경우, 형용사는 그 정어의 수식을 받는 중심사가 되는데, 이때 형용사는 명사처럼 쓰인다.

老吾老, 以及人之老.

우리 집안의 어른을 어른 대접하는 것에서부터 다른 사람의 어른을 어른 대접하는 것으로 확대해 간다.

將軍身披堅執銳, 伐無道, 誅暴秦.

장군은 몸소 견고한 옷을 입고 예리한 병기를 들고 무도한 자들을 징벌하고 난폭한 진 왕조를 주살 했다.

小學而大遺, 吾未見其明也.

조그만 문제는 스승을 좋아 배우면서, 오히려 큰 문제는 버려두고 배우지 않으니, 나는 그의 지혜로움을 볼 수 없다.

# 제 4장 문 장

## 제 1절 문장성분

### 1. 문장 성분

문장성분이란 문장 속에서 낱말과 구가 일정한 어법관계에 의해 구성된 것이다. 문장에서 위치와 의미 관계에 따라 일반적으로 주어, 술어, 목적어, 보어, 관형어, 부사어 여섯 가지 성분으로 나눌 수 있다.

- 주요성분 : 주어, 술어, 목적어
- 부가성분 : 관형어, 부사어, 보어

**(1)** 주어 : 문장의 주체가 되는 말(명사, 대명사, 고유명사, 수사 등)

주로 '~은, 는, 이, 가' 등으로 풀이됨.

父母 出入(부모님께서 출입하시다)

忠孝 爲 本(충효가 근본이다)

**(2)** 서술어 : 주어를 설명하는 말(형용사. 동사)

주로 '~하다. ~한다' 등으로 풀이됨.

我 生(내가 태어나다), 日 出(해가 떠오르다(나오다))

(3) 목적어 : 서술어가 타동사일 때 그 움직임의 객체(대상)
주로 '~을, ~를'로 풀이됨.

呼 我 나를 부르다, 責人 (다른) 사람을 꾸짖다

(4) 보어 : 서술어가 완전하지 않을 때 그것을 보충해 줌.

安心 似 海 마음은 바다와 같다,
君爲臣綱 임금은 신하의 벼리가 된다.

(5) 수식어 : 주로 체언(體言 : 문상의 수체가 되는 말)이나, 용언(用言 : 문장의 주체를 서술 하는 말)을 꾸며 주는 말

■ **체언을 수식하는 말(관형어)**

「어떤 무엇」「어떠한 무엇」「무엇의 무엇」「무엇인 무엇」으로 풀이되며 「수식어+명사」의 형식이다.

仁義禮智, 人性 之 本(인의예지는 인성의 근본이다.)
孝行, 萬德之源(효행은 모든 덕의 근원이다.)

■ **용언을 수식하는 말(부사어)**

「어떠하게~하다」로 풀이되며, 부사적 수식어는 동사 및 모든 술어가 되는 단어 앞에 놓인다. 이 부사적 수식어는 원래 주로 부사로 사용하는 단어 이외에 동사, 형용사, 명사도 사용된다.

명사가 부사어가 되는 경우는 특징이 있다. 예를 들면「氷解」는「얼음이 녹다」이지만,「얼음처럼 녹다」라는 의미로 풀이되는 경우가 있다.

知過必改. 허물을 안다면 반드시 고쳐라.

然諾重應. 승낙을 할 때엔 신중히 응답하여라.

## 제 2절 문장의 구조와 형식 : 기본문형

### 1. 문장의 구조

#### 1) 단 문

#### (1) 기본구조

**1) 주어+술어(S+V)**

문장구성의 가장 기본이 되는 것은 주어+술어의 형태이다. 주술구조는 주어와 술어로 결합된 구조의 형태를 말한다. 주술구조에서 술어는 원칙적으로 주어 뒤에 위치한다. 주어가 되는 부분을 주어성분이라 하고 종속의 부분을 술어성분이라 한다.

술어는 일반적으로 명사, 형용사, 동사, 수사, 부사 등이 쓰인다. 주술구조는 주어, 술어, 목적어, 관형어 등 자체가 문장의 여러 성분으로 쓰일 수 있다.

**① 주어 + 술어(명사) : '~이 ~이다.'**

李舜臣 聖雄. 이순신은 성웅이다.

鄭夢周 忠臣也. 정몽주는 충신이다.

孔子 聖人也. 공자는 성인이다.

**② 주어 + 술어(동사) : '~이 ~하다'**

鳥飛. 새가 날다.

月落. 달이 지다.

花開. 꽃이 피다.

我歌. 나는 노래한다.

**③ 주어 + 술어(형용사) : '~이 어떠하다.'**

水淸. 물이 맑다.

月明. 달이 밝다.

草木甚美. 초목이 매우 아름답다.

山靑. 산이 푸르다.

### 2) 주어+술어+보어(S+V+C)

'~을 어떻게 하다', '~이 어찌하다', '~이라고 하다', '~이 ~이 되다'로 풀이한다. 문장으로 술어(동사, 형용사)+보어(명사)의 구조이다. 주어와 술어만으로는 뜻이 완전하지 않은 수가 있다. 그리하여 뜻을 더 명확히 해주는 목적어와 보어의 성분이 필요하게 된다. 특히 보어는 술어를 보충하는 기능을 한다.

*** 보어의 명사** : 보어는 일반적으로 명사 . 형용사 등이 쓰인다. 또 '전치사+명사'의 형태로 주로 쓰인다.

**① 名詞로 된 경우**

我是學生. 나는 학생이다.

汝非靑年. 너는 청년이 아니다.

**② 形容詞로 된 경우(~이 어찌하다(되다) ~이)**

王以爲然. 왕은 그렇게 여기다.

學難成. 학문은 이루기가 어렵다.

爲本. 근본이 되다.

雲爲雨. 구름이 비가 되다.

乞人爲王. 거지가 왕이 되었다. (乞 : 빌 걸)

高岸爲谷. 높은 언덕이 계곡이 되다. (岸 : 언덕 안)

**③ 전치사+명사로 된 경우(~이 어찌하다 ~에(보다))**

月出於東山之上. 달이 동쪽 산의 위로 뜬다.

日出於東海. 해가 동쪽에서 떠오르다.

靑出於藍. 청색은 남색에서 나왔다.

日沒于西山. 해가 서산으로 지다. (沒 : 빠질 몰)

良藥苦於口. 좋은 약이 입에 쓰다.

苛政猛於虎. 가혹한 정치는 호랑이 보다 사납다.

(苛 : 가혹할 가, 猛 : 사나울 맹)

百聞不如一見. 백번 듣는 것이 한번 보는 것만 못하다.

遠親不如近隣. 멀리 사는 친척은 가까이 사는 이웃보다 못하다.

(遠 : 멀 원, 隣 : 이웃 린)

### 3) 주어+술어+목적어(S+V+O)

한문에서도 술어 위치에 타동사를 사용할 경우에는 목적어를 필요로 한다.

'~이 ~하다 ~을'

我讀書. 나는 책을 읽는다.

王好戰. 왕이 전쟁을 좋아하다.

破天荒. 천황을 깨뜨려 열다.

(天荒 : 천지가 아직 열리지 않은 혼돈된 상태.)

讀論語. 논어를 읽다.

賜之豚肩. 그에게 돼지다리를 주어라. (간접목적어, 직접목적어)

賜 : 사 주다 / 之 : 지-그(인칭대명사) / 豚 : 돈-돼지 /

肩 : 견-어깨

滕文公問爲國. 등문공이 나라를 다스리는 방법을 물었다.

滅私奉公. 사사로움을 없애고 公을 받들다.

술목구조인 [滅私]와 [奉公]이 다시 연합구조를 이룬 형태이다.

得天下英才. 천하의 영재를 얻다.

- 동사 得의 목적어는 천하영재로 동목구조이고, 천하는 관형어로 중심어인 영재를 수식하는 편정구조

有終身之憂, 無一朝之患.

평생을 통한 걱정은 있어도, 하루 아침에 뜻밖에 일어나는 근심이란 없다.

憂 : 우-근심, 걱정할 / 患 : 환-근심, 병들, 환난. / 之-전치사 / 終身 : 종신-평생

- 전체적으로 두개의 동목구조라 할 수 있고, 그 안에 관형어가 중심어를 수식하는 편정구조가 들어 있다. 전치사의 뜻은 없다.

教民耕種. 백성들에게 논밭을 갈아 씨뿌리는 것을 가르치다.

耕 : 경-밭 갈 / 種 : 종-씨, 심을

- 民과 耕種은 모두 동사 教의 목적어로 간접목적어와 직접목적어의 구조이다.

命臣修高麗史. 신에게 고려사를 편수하도록 명하다.

修 : 수-닦을, 꾸밀

- 臣은 동사 命에 대해서는 그것의 목적어이지만, 修高麗史라는 동목구조에 대해서는 주어 역할을 한다. 臣이 목적어와 주어의 역할을 겸하고 있다하여 이러한 구조를 兼語式文이라고도 한다.

동목구조에서 목어는 원칙적으로 동사의 뒤에 위치하나, 不 · 未 · 毋 · 莫 등의 부정사를 사용한 부정문에서 대명사가 목적어로 쓰이거나 의문문에서 의문사가 목적어로 쓰인 경우엔 일반적으로 동사의 앞에 위치한다.

我未之見也. 나는 그것을 아직 보지 못했다.

- 之가 見 동사의 목적어이나, 부정사 未의 영향으로 전치되었다. 한문에 부정사나 대명사가 나오는 문장은 주의해야 한다. 끝에 있는 也는 단정의 어기조사로 다음에 나온다.

欲告我而不我告. 나에게 알리고 싶었지만, 나에게 알리지 않았다.

- 不我告에서 목적어 我가 대명사이므로 동사 告 앞으로 전치되었다.

沛公安在? 패공 어디에 있소?

沛公 : 패공-사람이름

- 동사의 목적어가 의문사일 때 목적어가 동사 앞으로 전치된다.

卿欲何言? 경은 무엇을 말하려 하시오?

卿 : 벼슬, 선생 존칭어 / 欲 : 하고자 할, 욕심낼

何 : 어찌, 무슨, 무엇

**4) 주어+술어+목적어+보어(S+V+O+C)**

술어는 言, 謂, 云, 爲, 曰 등 타동사가 위치하여 '여기가, 말하다, 하다'로 풀이한다. 보어는 체언이나 형용사가 많이 쓰인다.

* '~이 ~하나 ~이(를) ~하게, ~라고(에게)'

父母稱我幼兒. 부모는 나를 어린애라고 부른다.

(稱 : 부를 칭, 幼 : 어릴 유)

世人謂我道人. 세상들이 나를 道人이라고 말한다.

(謂 : 이를 위)

我云此知己. 나는 이것은 知己라 한다. (云 : 이를 운)

孔子問禮於老子. 공자가 노자에게 禮를 물었다.

先生與一書於我. 선생이 나한테 책 한 권을 주셨다.

先生講漢文於學生. 선생이 학생에게 한문을 강의한다.

(講 : 강론할 강)

주술구조의 주어와 술어 사이에 之를 넣어 관형구를 만들 수 있다.

### (2) 확장구조

**1)** 주술확장구조 : 관형어+주어 ‖ 부사어+술어

大器晩成. 큰 인재는 늦게 이루어진다.

天地者萬物之逆旅. 천지라는 것은 만물의 여관이다.

**2)** 술보확장구조 : 관형어+주어 ‖ 부사어+술어/관형어+보어

父母之恩如/大海. 부모의 은혜가 큰 바다와 같다.

遠親不如近隣. 먼 친척은 가까운 이웃만 못하다.

**3)** 술목확장구조 : 관형어+주어 ‖ 부사어+술어 | 관형어+목적어

達人觀物外之物. 통달한 사람은 사물 밖의 사물을 본다.

忠臣不事二君. 충신은 두 임금을 섬기지 않는다.

**4)** 술목보확장구조 : 관형어+주어 ‖ 부사어+술어 | 관형어+목적어/관형어+보어

唐太宗遣善德女王五言詩.

당 태종은 선덕여왕에게 오언시를 보냈다.

高句麗乙支文德與詩於隋將于仲文.

고구려 을지문덕이 수나라 장수 우중문에게 시를 주다.

臣苟全性命於亂世.

신은 어지러운 세상에서 생명을 구차하게 보전했습니다.

### 2) 복 문

문장에서 주어와 서술어의 구조가 두 번 이상 중복되어 하나의 문장을 구성한다. 병렬복문, 주종복문, 포유복문, 혼합복문으로 나눌 수 있다.

#### (1) 병렬복문 : 둘 이상의 문장이 서로 대등하게 결합한 문장

**① 접속사에 의한 결합**

是己而非人. 자기를 옳다하고 남을 그르다고 한다.

樹欲靜而風不止.
나무는 고요하고자 하나 바람은 멈추지 않는다.

子欲養而親不待.
자식은 봉양하고자 하나 어버이는 기다려 주지 않는다.

**② 의미상 결합(접속사 생략)**

忠臣不事二君, 烈女不更二夫.
충성스런 신하는 두 임금을 섬기지 않고, 절개 있는 여자는 지아비를 두 번 바꾸지 않는다.

道人汲井歸茅舍. 도인이 물을 길어 초가집으로 들어간다.

盡人事後待天命. 사람의 일을 다하고 하늘의 명을 기다린다.

#### (2) 주종복문 : 둘 이상의 문장이 주절과 종속절의 관계로 결합한 문장(주종복합문은 모두가 가정문이다.)

**① 접속사에 의한 결합**

欲速則不達. 빨리 하고자 하면 도달하지 못한다.

國亂則思賢臣. 나라가 어지러우면 어진 신하를 생각한다.

水至淸則無魚. 물이 너무 맑으면 물고기가 없다.

見小利則大事不成. 작은 이익을 보면 큰 일은 이루어지지 않는다.

國無遊民則生者衆矣. 나라에 노는 사람이 없으면, 생산되는 것이 많다.

**② 의미상 결합**

朝聞道 夕死可矣. 아침에 도를 들으면 저녁에 죽어도 좋다.

知彼知己 百戰不殆. 상대를 알고 나를 알면 백번 싸워도 위태롭지 않다.

苟日新, 日日新又日新.
진실로 날로 새롭게 하려면 나날이 새롭고, 또 날로 새롭게 하라.

**(3) 포유복문(包有複文) : 하나의 단문이 전체 문장의 성분절 역할을 하는 문장. 즉 성분절(주어절, 서술절, 목적절, 보어절 등)을 내포하고 있는 문장.**

① 주어절 : 天下之無道也 久矣. 천하에 도가 없어진 것이 오래 되었다.

② 서술절 : 富與貴 是人之所欲也. 부와 귀, 이는 사람이 바라는 것이다.

③ 목적절 : 不患人之不己知. 다른 사람이 나를 알아주지 않음을 근심하지 말라.

④ 보어절 : 人性之善 猶水之就下也.
인성이 선함은 물이 아래로 내려가는 것과 같다.

**(4) 혼합복문(混合複文) : 병렬, 주종, 포유의 문장이 혼합되어 있는 문장**

溫故而知新 可以爲師矣. 옛 것을 익혀 새것을 알면 스승이 될 만하다.

其聞道也固先乎吾, 吾從而師之.
그가 도를 들음이 나보다 앞서면, 나는 그를 좇아서 그를 스승으로 삼는다.

衆人皆醉而我獨醒 是以見放.
여러 사람이 다 취했거늘 나만 홀로 깨어 이로서 쫓겨남을 당하였다.

## 2. 문장의 형식

### 1) 평서형

어떤 사실을 단정, 지정하는 문장 형식으로 긍정을 나타낸다.

#### (1) 종결사가 있는 경우

孝 德之本也. 효도는 덕의 근본이다.

致中和 天地位焉 萬物育焉.
中和를 이루면 천지가 여기에서 자리하고 만물이 여기에서 자라난다.

博學而篤志 切問而近思 仁在其中矣.
넓게 배워 생각을 두텁게 하고 간절히 물어 생각을 가깝게 하면 인이 그 가운데 있다.

#### (2) 종결사가 없는 경우

有陰德者 天報以福. 음덕이 있는 자는 하늘이 복으로써 보답한다.

鏡之明也 姸者喜之 醜者忌之.
거울의 밝음을 고운 사람은 기뻐하고 추한 사람은 싫어한다.

### 2) 부정형

無, 不, 弗, 未, 非, 匪, 莫 등의 부정사를 사용하여 어떤 동작, 狀態, 사물을 부정하는 문장이다.

#### (1) 단순부정

① 未 : 어떤 사실이나 과정의 강한 부정을 나타낸다. (아직 ~하지 않았다. 지금까지 ~하지 않았다.)

人未還. 사람이 아직 돌아오지 않았다.

未果約束. 아직 약속을 이행하지 않았다. 果(해낼 과 : 수행함)

未有封侯之賞. 지금까지 제후에 봉해지는 상을 받지 못했다.

見牛未見羊也. 소는 보았으나, 양을 보지 못했다.

聞所未聞, 見所未見.
아직까지 듣지도 못한 것을 듣고, 아직까지 보지도 못한 것을 보았다.

吾起兵至今, 未嘗敗北.
내가 전쟁을 처음 시작해서 지금까지 아직 한 번도 패배하지 않았다.

※ 未가 文尾에 오는 경우

寒梅著花未. 한매는 꽃이 피었는가, 안 피었는가?

② 不 · 弗 : 사물의 동작이나 상태를 부정한다. ~않는다. (단순부정)

春眠不覺曉. 봄잠에 날이 밝음을 못 느낀다.

積功之塔不墮. 공을 들여쌓은 탑은 무너지지 않는다.

好讀書, 不求甚解.
독서를 즐기지만, 심히 해답을 구하려고는 하지 않는다.

人不學, 不知道. 사람이 배우지 않으면 도를 알지 못한다.

歲月不待人. 세월은 사람을 기다리지 않는다.

弗食不知其旨也. 먹어보지 않으면 그 맛을 알지 못한다.

其人弗言也. 그 사람은 말하지 않는다.

天不生無祿之人. 하늘은 녹이 없는 사람을 낳지 않는다.

**※ 不者, 不則, 或 등이 독립하여 문두에 오는 경우 : 만약 그렇지 않으면**

或師焉, 或不焉. 어떤 사람은 스승이고, 어떤 사람은 스승이 아니다.

不者將有火患. 그렇지 않으면 곧 재난이 있을 것이다.

③ 非, 匪 : ~은 아니다. (단순부정) 非는 주로 사실을 의미하는 명사를 부정한다.

非君子. 군자가 아니다.

富貴非吾願. 부귀는 내가 바라는 것이 아니다.

天下非小弱也. 천하가 작고 약한 것이 아니다.

我非生而知之者. 나는 태어나면서부터 아는 사람이 아니다.

我心匪石, 不可轉也. 내 마음은 돌이니 굴릴 수 없다.

我心匪席, 不可卷也. 내 마음은 자리가 아니니 말 수 없다.

④ 無 · 莫 · 亡 · 毋 : ~이 없다. (無 : 존재, 소유의 부정)

有備無患. 준비가 되어있으면 걱정할 것이 없다.

蛇固無足. 뱀은 본래 다리가 없다.

我無車馬. 나는 거마가 없다.

無是非之心, 非人. 옳고 그름을 판단하는 마음이 없으면 인간이 아니다.

仁者無敵. 어진 사람은 적이 없다.

馬無故亡而入胡. 말이 이유도 없이 도망하여 오랑캐의 땅으로 들어갔다.

莫能仰視. 얼굴을 들어 항왕을 바라볼 수 있는 자가 없다.

⑤ 不能(~할 능력이 없다) · 不可(~할 수 없다. 해서는 안된다) 不得(~할 기회가 없어 할 수 없다)不足(~할 가치가 없다)

非不能, 不爲也. 능력이 없는 것이 아니라, 하지 않는 것이다.

匹夫不可奪志也. 인간은 이미 결정한 뜻을 바꾸거나 빼앗아서는 안된다.

學不可以已. 배움은 중도에 포기해서는 안된다.

### (2) 이중부정

非不(… 하지 않는 것은 아니다), 無不, 莫不, 無非, 莫非(~이 아닌 것은 없다), 不可不, 不得不, 不能不 등은 이중부정을 나타낸다. 이중부정은 부정사를 두 번 사용하여 예외 없이 전체를 표현하는 강한 긍정을 나타낸다.

① 無不, 莫不, 非不, 無非, 莫非

無不知愛其親者. 자기 부모를 사랑하는 것을 모르는 사람이 없다.

物固莫不有長. 모든 사물에 당연히 장점을 가지고 있지 않은 것이 없다.

吾矛之利於物, 無不陷也. 내 창의 날카로움은 사물에 뚫지 못함이 없다.

無非事者. 일 아닌 것이 없다. 모두가 일이다.

莫非王土. 왕의 영토가 아닌 데가 없다.

土佐無物不有. 토좌에 어떤 물건이든 가지고 있지 않은 것이 없다.

城非不高也, 池非不深也, 兵革非不堅利也, 米粟非不多也.
성곽이 높지 않아서도 아니며, 연못이 깊지 않아서도 아니며, 병기와 갑옷이 날카롭지 않아서도 아니며, 식량이 많지 않아서도 아니다.

② 不可不, 不得不(~하지 않으면 안된다), 不能不(~하지 않을 수 없다)

無遠不至. 멀다고 이르지 아니함이 없다.

不爲不多矣. 많지 않다고 할 수 없다.

不可不愼也. 삼가하지 않으면 안 된다.

不得不語. 말하지 않으면 안 된다.

不能不學. 배우지 않을 수 없다.

未嘗不嘆也. 일찍이 탄식하지 않은 적이 없다.

不敢不告. 감히 알리지 않을 수 없다.

染不可不愼也. 물들임은 삼가하지 않을 수 없다.

※ 不~無~ : 不嘗無山川.

不~非~ : 不必非福.

※ 未嘗不~ :  未嘗不勝.

未必不~ : 未必不改.

※ 無~無~  : ~에 관계없이, ~도 없고 ~도 없다. 無男無女.

無貴無賤, 無長無少, 道之所存, 師之所存也.
귀천이나 나이의 많고 적음에 관계없이 도가 존재하는 곳이 스승이 존재하는 곳이다.

### (3) 부분부정

부정사 뒤에 부사 常, 必 등을 붙여 사실이나 상황을 부분적으로 부정한다.

不必(반드시 ~하다고 볼 수 없다)

不常(언제나 ~하다고는 볼 수 없다)

師不必賢於弟子. 스승이 반드시 제자보다 현명한 것은 아니다.

勇者不必有仁. 용감한 사람이 반드시 어진 것은 아니다.

知者不必有德. 지혜로운 사람이 반드시 덕이 있는 것이 아니다.

家貧不能常得油. 집이 가난하여 기름을 항상 얻을 수 있는 것이 아니었다.

千里馬常有而伯樂不常有.
천리마는 항상 있으나 백락은 항상 있지는 않다.

### (4) 완전부정

문장의 내용을 모두 부정하는 경우, 부사+부정사의 구조를 만든다.

必不(반드시 ~이 아니다) · 常不(언제나 ~못한다)

聚斂之君, 必不仁. 거두어 들이는 임금은 반드시 어질지 못하다.

家貧常不得油. 집이 가난하여 항상 기름을 얻지 못했다.

鳳凰必不食死肉. 봉황은 절대로 죽은 고기를 먹지 않는다.

### 3) 금지형

莫, 勿, 無, 毋 등을 동사 앞에 사용하여 금지의 뜻을 나타내는 문장으로 명령의 의미도 있다.

非禮勿視, 非禮勿聽. 예가 아니면 보지 말며, 예가 아니면 듣지 말라.

無道人之短. 남의 단점을 말하지 말라.

勿謂今日不學而有來日. 오늘 배우지 아니하고 내일이 있다고 말하지 말라.

過則勿憚改. 잘못이 있으면 고치는 것을 꺼리지 말라.

無疑人. 다른 사람을 의심하지 말라.

毋友不如己者. 자기만 못한 사람을 벗하지 말라.

己所不欲, 勿施於人. 자기가 하고 싶은 일이 아니면, 남에게 시키지 말라.

無爲牛後. 소의 꼬리가 되지 말라.

將軍毋失時, 時間不 容息.
장군께서는 때를 잃지 마십시오, 시간이 휴식을 허락하지 않습니다.

疑人莫用 用則勿疑.
의심스런 사람은 쓰지 말고, 쓴 사람은 의심하지 말라.

### 4) 의문형

의문형 의문사 何 · 孰 · 誰 · 安 · 惡 · 焉 · 胡 · 奚 · 曷 · 如何(奈何)

· 何如, 何以 등과 조사 乎(耶 · 哉 · 與 · 邪 · 歟) 등을 사용하여 "언제, 어느, 얼마나, 무슨, 무엇을, 어디에, 누가, 어느쪽이, 어느것을, 어떻게, 어찌하여 ~가?" 등 의문의 뜻을 나타낸다.

子行三軍則誰與?
선생님께서 삼군을 통솔하신다면, 누구와 함께 하시겠습니까?

禮與食孰重? 예와 먹는 것과는 어느 것이 중요합니까?

客何好? 손님은 무엇을 좋아하오?

子非三閭大夫與? 그대는 삼려대부가 아닌가?

是何意耶? 그것이 무슨 뜻인가?

客亦知夫水與月乎? 손님도 또한 그 물과 달을 아는가?

哀公問, 弟子孰爲好學.
노 애공이 공자에게 묻기를 '제자 중에 누가 배우기를 좋아하는가?

虞兮虞兮奈若何. 우여, 우여, 너를 어찌할까?

樊噲曰, 今日之事何如. 번증은 오늘 일이 어땠는가? 하고 물었다.

項王曰, 沛公安在. 항왕이 말하기를 패공은 어디에 있습니까?

貧賤者 驕人乎. 가난하고 천한 사람도 남에게 교만합니까?

子好勇乎. 너는 용기를 좋아하느냐?

### 4) 반어형

의문부사 豈, 焉, 惡, 寧, 何, 庸, 胡 등과 呼應되는 의문종결사 乎, 哉, 耶, 也, 與 등을 붙인다. 또는 不亦~乎 · 敢不~乎 · 可~乎(어떻게~하는가?)의 문형을 만든다. 어떠한 사실을 강조하기 위하여 의문형을 빌려 반어의 뜻을 나타낸다.

百姓足, 君孰與不足?
백성들이 풍족하면 임금이 누구와 부족하게 지내겠습니까?)

吾何愛一牛? 내가 어찌 한 마리의 소를 아끼겠습니까?

王侯將相, 寧有種乎? 왕후장상이 어찌 종자가 있었겠느냐?

初豈樂爲哉? 어찌 처음부터 즐겨 하겠는가?

安得此辱乎? 어찌 이러한 욕을 당하겠는가?

焉得爲大丈夫乎? 어찌 대장부라고 할 수 있겠는가?

君子去仁, 惡乎成名? 군자가 인을 버리면 어디에서 명성을 얻겠는가?

豈能欺天下後世邪. 어찌 천하가 후세 사람들을 속일 수 있겠는가?

天之亡我, 我何渡爲. 하늘이 나를 죽이려 하니 어찌 양자강을 건너겠는가?

安能用君之言殺臣乎. 어찌 임금의 말을 듣고 나를 죽일 수 있겠는가?

百獸之見我而敢不走乎. 온갖 짐승이 나를 보고 어찌 달아나지 않겠는가?

安可違道求生. 어찌 도를 어겨 삶을 구하겠는가?

田園將蕪 胡不歸. 전원이 장차 황폐하려하니 어찌 돌아가지 않으리오?

積功之塔 豈毁乎. 공든 탑이 어찌 무너지겠는가?

燕雀安知鴻鵠之志哉.
제비와 참새가 어찌 기러기와 고니의 뜻을 알겠는가?

學而時習之 不亦說乎. 배우고 때로 그것을 익히면 또한 기쁘지 아니한가?

此非曹孟德之詩乎. 이것이 조조의 시가 아닌가?

以臣弑君, 可謂仁乎.
신하된 자가 나를 죽이려 하니 어찌 어질다 말할 수 있겠는가?

### 5) 비교형

어떠한 사물을 다른 것과 비교하여, 그 상태나 성질의 정도나 우열을 나타내는 문장이다.

### (1) 우열 비교

不若, 不如, 於(=于, 乎) ~ (~만 못하다. ~하는 편이 낫다, 보다 더~하다)

苛政猛於虎也. 가혹한 정치는 호랑이 보다 더 사납다.

青出於藍, 青於藍. 청은 쪽에서 나왔으나, 쪽빛보다 푸르다.

生乎吾前, 其聞道也固先乎吾, 吾從而師之.
나의 앞에 나서, 그가 도를 듣는 것이 진실로 나보다 먼저라면, 나는 그를 좇아 스승으로 삼을 것이다.

百聞不如一見. 백 번 듣는 것이 한 번 보는 것만 못하다.

不若投諸江而忘之. 그것을 강에 던져 잊는 것만 못하다

遠親不如近隣. 먼 친척은 가까운 이웃만 못하다.

霜葉 紅於二月花. 서리맞은 잎사귀는 이월의 꽃보다 붉도다.

### (2) 최상급 비교

莫如, 莫若, 無如, 無若, 莫~於(= 于, 乎)~ (~가 제일 좋다. ~에 미치는 것은 없다)

至樂莫如讀書. 지극한 즐거움은 독서만한 것이 없다.

衣莫若新 人莫若舊. 옷은 새 것만한 것이 없고, 사람은 옛사람만 함이 없다.

不敬莫大焉. 불경스러움은 그 어느 것도 이것보다 더 큰 것은 없다.

過而能改, 善莫大焉.
잘못을 했어도 고칠 수 있다면, 이보다 더 좋은 것이 없다.

天下莫柔弱于水. 천하에 물보다도 더 유약한 성질의 것은 없다.

**(3) 동등비교 : 如, 若, 猶, 似 ~**

學問如逆水行舟. 학문은 물을 거슬러 올라가는 배와 같다.

人性之善 猶水之就下也.
사람의 성품이 선함은 물이 아래로 내려가는 것과 같다.

**(4) 선택형비교 : 與其~寧, 與其~不若(=不如), 與其~孰若, 寧~無 ~**

禮與其奢也寧儉. 예절은 그 사치한 것보다는 차라리 검소한 것이 낫다.

與其有樂於其身 孰若無憂於其心.
그 몸에 즐거움이 있는 것보다는 차라리 그 마음에 근심이 없는 것이 낫다.

### 6) 사역형

어느 한 사물이 다른 사물에게 동작을 시키는 뜻을 나타낸다. 사역의 뜻을 가진 동사 '使, 令, 教, 俾, 遣, 命, 請, 勸' 등을 사용하여 '~으로 하여금 ~하게 한다'의 문장을 만든다.

使人視之. 사람을 시켜 그것을 살펴보게 하였다.

賢婦令夫貴. 어진 아내는 남편을 귀하게 한다.

天帝使我長百獸. 천제가 나에게 온갖 짐승을 거느리게 하였다.

俾予從欲治. 나로 하여금 다스리고자 하는 대로 따르게 하였다.

遣婢買肉而來. 노비를 보내 고기를 사오게 했다.

命善射者射之. 활을 잘 쏘는 사람에게 명하여 그것을 맞히게 했다.

孫權將呂蒙, 初不學, 權勸蒙讀書.
손권의 장수 여몽은 처음에는 학문을 하지 않았는데, 손권이 여몽에게 권하여 글을 읽게 했다.

使天下兼相愛. 천하로 하여금 다함께 서로 사랑하게 한다.

誰敎其人 作此詩乎. 누가 그 사람으로 하여금 이 시를 짓게 하였는가?

命虞美人起舞. 우미인에게 명하여 일어나 춤추게 하다.

范增勸羽殺沛公. 범증이 항우에게 패공을 죽이도록 권하였다.

※ 사역의 의미를 내포한 단어

命, 召, 說, 屬, 詔, 遣, 招, 勸, 戒, 敎

動天地 感鬼神. 하늘과 땅을 움직이게 하고 귀신을 감동시킨다.

己欲立而立人 己欲達而達人.
자신이 서고자 한 것에 남을 세우고 자신이 달하고자 한 곳에 남을 도달 하게 한다.

命善射者射之. 활 잘 쏘는 사람으로 하여금 이를 쏘게하다.

卒廷見相如, 畢禮而歸之.
마침내 조정에서 인상여를 접견하고, 의례를 마치고 돌아가도록 했다.

### 7) 피동형

다른 사물에 의해서 어떤 동작을 받게 되는 뜻을 나타내는 문장이다. 被動의 뜻을 나타내는 見, 爲, 被, 爲~所~, 見~於(~에게 ~당하다. 당하다.) 등을 사용하여 被動形을 만든다.

言而見用, 終身無難. 충언을 하여 받아들여지면, 종신토록 환난이 없습니다.

卒爲天下笑. 마침내 천하의 웃음거리가 되었습니다.

信而見疑, 忠而被謗. 미덥게 해도 의심을 받고 충성을 해도 비방을 받는다.

太祖爲流矢所中. 태조가 흐르는 화살에 맞았다.

先則制人, 後則爲人所制. 앞서면 남을 제압하고, 지면 남에게 제압당한다.

今西面而事之, 見臣於秦.
이제 서면하여 그를 섬기면, 진나라에 신하 대우를 받게 될 것입니다.

王妃 被殺於日人. 왕비는 일본 사람에게 피살당하였다.

好憎人者 亦爲人所憎.
남을 미워함을 좋아하는 자는 또한 남에게 미움을 받는다.

동사 뒤에 행위의 주동자를 나타내는 전치사(於, 于, 乎) 구조를 사용하여 피동형을 만든다.

君子役物 小人役於物.
군자는 사물을 부리고 소인은 사물에 부림을 당한다.

勞力者治於人. 힘을 쓰는 자는 다른 사람에게 다스림을 받는다.

不信乎朋友, 不獲於上矣.
친구에게 믿음을 사지 못하면, 윗사람에게도 신임을 얻지 못할 것이다.

東敗於齊, 長子死焉 ; 西喪地於秦七百里 ; 南辱於楚.
동쪽으로는 제나라에 패하여 거기에서 맏아들이 죽었고, 서쪽으로는 진나라에게 땅을 칠백리나 잃었으며, 남쪽으로는 초나라에게 곤욕을 당했다.

또한 문장 자체에서 피동의 의미를 나타낼 수 있다.

風至苕折. 바람이 불어 갈대 줄기가 꺽어졌다.

仁則榮 不仁則辱. 인하면 영화롭게 되고 인하지 못하면 욕을 당한다.

有功亦誅, 無功亦誅. 공이 있어도 죽임 당하고 공이 없어도 죽임 당한다.

謀反事覺, 上征淮南王.
발란을 꾀하던 일이 발각되자 상은 회남왕을 정벌했다.

### 8) 가정형

어떤 사실이나 상황을 가정하여 예상되는 結果를 서술하는 형태의 문장이다. 가정형에서 앞의 分句에 가정의 뜻을 나타내는 若, 如, 苟,

雖, 則, 假令, 設令, 使, 若使, 如使, 假使 등의 접속사가 쓰이면, 보통 '만약에 ~한다면, 가령 ~한다면, 비록 ~일지라도'으로 해석된다.

如不可求, 從吾所好. 만약에 구할 수 없다면 내가 좋아하는 바를 따르겠다.

王若隱其無罪而就死地, 則牛羊何擇焉?

왕께서 만약에 그 소가 죄 없이 사지에 가는 것을 측은하게 여기신다면, 소와 양이 무슨 구별이 있겠습니까?

若賢士在位, 能者在職, 則國家閑暇.

만일 어진 선비가 벼슬자리에 있고 능력 있는 사람이 관직에 있으면 나라의 정사가 한가롭다.

國雖大, 好戰必亡. 나라가 비록 크더라도, 전쟁을 좋아하면 반드시 망한다.

家若貧 不可因貧而廢學.

집안이 가난하더라도 가난 때문에 학문을 폐하지 말라.

如詩不成 罰依金谷酒數.

만약 시를 짓지 못하면 금곡원의 술 잔 수에 의해 벌하리라.

國亂則思賢臣 家貧則思良妻.

나라가 어지러우면 어진 신하가 생각나고 집이 가난하면 훌륭한 아내가 생각난다.

### 〈의미상 가정문〉

不入虎穴 不得虎子.

호랑이 굴에 들어가지 않으면 호랑이 새끼를 얻을 수 없다.

忍一時之憤 免百日之憂.

한 때의 분함을 참으면 백일의 근심을 면한다.

### 9) 억양형

문장 한 편의 뜻과 비교하여 상대적으로 다른 문장을 드러내는 것이다. 억양형에는 '況, 何況, 況於, 而況, 況~乎, 且~安' 등의 접속가 뒤의 分句에 쓰인다. 그리고 앞의 分句에는 '尙, 且, 猶' 등의 副詞가 호응하는 경우가 많고, 문미에는 대개 어기사 乎가 쓰인다. (하물며 ~에 있어서랴)(또한 ~한데, 어찌 ~하리오)

布衣之交尙不相斯, 況大國乎?
백성들이 사귈 때도 오히려 서로 속이지 않는데, 하물며 대국에 있어서야?

大罪輕且督深, 而況有重罪乎?
죄는 가벼운데 또한 벌은 심하니 하물며 중죄가 있어서야?

禽獸知恩 況於人乎.
짐승도 은혜를 아는데 하물며 사람에랴.

求己之不暇 況爲人憂乎.
자신을 구제할 겨를도 없는데 하물며 다른 사람을 위해 근심할 수 있겠는가?

且欲與常馬等不可得 安求其能千里也.
또한 보통 말과 더불어 같고자 해도 할 수 없거늘 어찌 그 천리마를 구하겠는가?

### 10) 한정형

사물이나 행동의 범위나 정도를 한정하는 뜻을 나타내는 문장이다. 한정형에는 '唯, 惟, 但, 獨, 特, 徒, 只, 直' 등 限定의 뜻을 가지는 부사를 사용하는 경우와 '耳, 已, 爾, 而已, 也已, 耳矣, 而已矣' 등이 문장 끝에 쓰여 '~일 뿐이다'로 해석한다.

道之不行, 已知之矣. 나의 학설이 통하지 못함을 이미 알았다.

夫子之道, 忠恕而已. 선생님의 도는 충과 서일 뿐이다.

寡人之於國也, 盡心焉耳矣. 과인은 나라에 대해서 마음을 다할 뿐입니다.

直不百步耳, 是亦走也.
다만 백 보가 아닐 뿐이지 이것도 역시 도망친 것이다.

孟嘗君 特鷄鳴狗盜之雄耳. 맹상군은 다만 계명구도의 영웅일 뿐이다.

子誠齊人也, 知管仲晏子而已矣.
그대는 진실로 제나라 사람일지니, 단지 관중과 안자를 알뿐이다.

無恒産而有恒心者 惟士爲能.
떳떳한 직업이 없어도 떳떳한 마음이 있음은 오직 선비만 할 수 있다.

唯仁者 能好人 能惡人.
오직 어진 사람만이 사람을 좋아할 수 있고 미워할 수 있다.

我知種樹而已. 나는 나무 심는 것을 알 뿐이다.

### 11) 감탄형

감탄사를 사용하여 讚美, 憎惡, 歡喜, 悲哀 등의 감정을 표현하는 문장이다. 감탄형에는 '嗚呼, 嗟, 嗟呼, 嗟哉, 嗟夫, 於戱, 于嗟, 噫' 등의 감탄사를 쓰거나, 감탄종결사(語氣詞) '哉, 與(=歟), 乎, 夫, 矣, 乎, 兮, 也哉, 也與, 也夫' 등을 써서 감탄을 나타낸다.

嗚呼! 老矣! 是誰之愆? 아아! 늙었구나! 이 누구의 허물인고?

嗟呼! 燕雀安知鴻鵠之志哉? 아아! 연작이 어찌 홍곡의 뜻을 알리오?

嗟夫! 使六國各愛其人, 則足以拒秦.
아아! 만약 육국이 각기 그 백성들을 사랑했다면, 족히

噫! 菊之愛, 陶後鮮有聞.
아! 국화를 사랑하는 것은, 도연명 이후에는 거의 들은 적이 없도다.

噫 微斯人 吾誰與歸.
슬프다! 이 사람이 아니라면 나는 누구와 함께 돌아갈꼬.

逝者如斯夫 不舍晝夜.
가는 것이 이와 같음이여! 낮과 밤을 가리지 않는구나.

惜乎 不遇時. 슬프다! 때를 만나지 못함이여.

## 제 3절 문장성분의 생략과 도치

### 1. 성분의 생략

한문은 의미 전달에 문제가 없는 언어 환경에서 문장 성분을 생략하여 간결하게 표현한다. 현대중국어보다 문장성분을 생략하는 경우가 더 많아 앞뒤 문맥의 흐름을 잘 파악하여 생략된 성분을 찾아야 한다. 같은 말의 중복을 피하거나 전후관계로 보아 생략이 가능할 때 성분을 생략한 문장이 많다. 주어, 술어, 목적어 등 주요성분을 생략한 것도 있고, 전치사나 전치사의 목적어를 생략한 것도 있다.

#### 1) 주어의 생략

한문에서 자주 나타나는 것이 주어의 생략이다. 주어가 반드시 있어야 하지만, 앞 문장에 이미 언급되거나 뒷 문장에 보이는 경우 생략한다.

① 대화의 생략

何以附耳相語? 어찌하여 귀에 대고 말하십니까?

將何面目 以見國人乎? 장차 무슨 면목으로 국민들을 보겠습니까?

② 앞에서 이미 언급된 경우

子曰, 吾十有五而志于學, 三十而立, 四十而不惑, 五十而知天命, 六什而耳順, 七十而從心所欲 不踰矩

공자께서 말씀하시기를 "나는 열 다섯 살에 학문에 뜻을 두었고, 서른 살에 '학문의 기틀이' 확립되었고, 마흔 살에는 미혹되지 아니하였고, 쉰 살에는 天命(천명)을 알았고, 예순 살에는 남의 말을 들으면 그 뜻을 이해하게 되었고, 일흔 살이 되어서는 마음에 하고자 하는 바를 그대로 따라도 법도에 벗어나지 않았다"고 하셨다.

山有小口, 彷佛若有光.

산에 작은 동굴이 있었는데, 작은 동굴에서 마치 빛이 나오는 것 같았다.

③ 뒷 문장에 보이는 경우

夜聞漢軍四面皆楚歌, 項王乃大驚.

항왕은 밤에 한나라 군사가 사방에서 모두 초나라 노래를 부르는 것을 듣고, 항왕은 크게 놀랐다.

### 2) 술어의 생략

술어는 의미를 전달하는 주요 내용으로 생략할 수 없다. 그러나 한문에서 간혹 생략되는 경우가 있다.

① 앞에서 이미 일어난 일이나 동작이 중복되는 경우

擇其善者而從之, (擇)其不善者而改之.

좋은 것은 가려서 따르고, 좋지 못한 것은 (가려서) 고친다.

進言者皆曰天下已安已治矣, 臣獨以爲未也.

진언하는 자들이 모두 천하가 이미 안정되어 잘 다스려지고 있다고 말하지만, 신은 아직 그렇지 않다고 생각합니다.

② 뒷 문장에 보이는 경우

扜彌南與渠勒, 東北與龜玆, 西北與姑墨接.

한미는 남으로는 거륵, 동북으로 구자, 서북으로 고묵과 접해 있다.

楊子之鄰人亡羊, 旣率其黨, 又請楊子之竪追之.

양자의 이웃이 양을 잃어버리자 온 식구를 이끌고 찾아 나섰다. 또한 양자의 어린 종에게 양을 쫓아 찾도록 하였다.

### 3) 보어 · 목적어의 생략

보어 · 목적어의 생략은 이미 언급된 것이나, 또는 보편적이고 일반적인 서술에서 찾아볼 수 있다.

① 보어의 생략

子游問孝 (於孔子). 자유가 (공자에게) 효도를 물었다.

國家加惡法於民, 民不服(於此).

나라(에서) 백성에게 악법을 내리면, 백성은 (이에) 따르지 아니한다.

② 목적어의 생략

汝學文乎, 我不知 (文)也. 너는 글을 배웠느냐, 나는 (글을) 모른다.

人不知(己), 而不慍. 남이 (나를) 알아주지 않아도 성내지 아니한다.

### 4) 전치사의 생략

#### ① 以의 생략

死馬且買五百金, 況生者乎.
죽은 말도 금 오백에 사거늘, 하물며 산 것을 (사지 않겠느냐).

#### ② 於의 생략

秦軍軍武安西. 진나라 군사는 무안의 서쪽에 주둔했다.

齊威王問用兵孫子. 제나라 위왕은 손자에게 전쟁하는 방법을 물었다.

#### ③ 自의 생략

韓信亡楚歸漢. 한신은 초나라로부터 도망가 한나라로 귀의했다.

魏鞅亡魏入秦. 위앙은 위나라로부터 도망가 진나라로 들어갔다

### 5) 전치사 목적어의 생략

#### ① 以의 목적어 생략

衣食所安, 弗敢專也, 必以分人.
편안하게 입고 먹을  음식을 감히 혼자 차지하지 않고, 반드시 그것을 백성들에게 나누어주었다.

#### ② 與와 從의 목적어 생략

拘禮之人, 不足與言事, 制法之人, 不足與論變.
예제에 얽매이는 사람과 큰일을 함께 상의할 수 없고, 법에 얽매이는 사람과는 변법을 논의할 수 없다.

#### ③ 爲의 목적어 생략

爲具牛酒飯食. 그를 위하여 소고기, 술, 밥과 음식을 준비했다.

## 2. 성분의 도치

### 1) 주어와 술어의 도치

巧言令色, 鮮矣仁. (=巧言令色 仁鮮矣.)
꾸며대는 말과 잘 꾸민 얼굴빛은 드물도다, 仁이.

美哉, 山河. (=山河 美哉.) 아름답구나, 산과 물이!

善矣, 汝之行. (=汝之行 善矣) 착하구나, 그대의 행실은.

### 2) 목적어와 보어의 도치

① 술어와 목적어의 도치

喜怒哀樂之未發, 謂之中. 희노애락이 생겨나지 않은 때를 中이라 한다.
목 술 보

何謂 刑德? 무엇을 형과 덕이라고 하는가?
목술 보

不患人之不已知.
목술

② 술어와 보어의 도치

其心, 與人 同也. 그 마음은 사람과 같다.
주 보 술

危邦 不入. 위태로운 나라에는 들어가지 않는다.
보 술

# Ⅱ. 한문독해

# 曹劌論戰

《左 傳》[1]

十年春, 齊師伐我[2)]。公將戰。[3)] 曹劌請見。其鄉人曰 : "肉食者謀之, 又何間焉?"[4)] 劌曰 : "肉食者鄙, 未能遠謀" 乃入見。[5)]

問 : "何以戰?" 公曰 : "衣食所安[6)], 弗敢專也,[7)] 必以之分人。" 對曰 : "小惠未遍, 民弗從也。"[8)] 公曰 : "犧牲玉帛,[9)] 弗敢加也, 必以信。" 對曰 : "小信未孚,[10)] 神弗福也。" 公曰

1) 공자의 《춘추》를 노(魯)나라의 사관 좌구명(左丘明)이 해석한 책이다. 《춘추좌씨전》, 《좌씨춘추》, 《좌전》라고도 한다. B.C. 722~B.C. 481년 사이의 역사를 다룬 《국어》와 자매편이다. 《춘추》와는 성질이 다른 저서로서 《공양전》, 《곡량전》과 함께 3전(三傳) 가운데 하나이다.

2) 노(魯)나라 장공(莊公) 10년 봄은 기원전 684년. 我는 노(魯)나라를 가리킴.

3) 公 : 노(魯)나라 장공(莊公). 將은 시간부사.

4) 鄕人 : 마을 사람. 見 알현하다. 肉食者 매일 고기를 먹는 대부 이상 고관대작을 비유. 謀는 계획하다. 의논하다. 꾀하다. 間은 참여하다. 끼어들다. 焉은 於之와 같음.

5) 鄙 : 비천하다. 안목이나 식견이 좁다. 乃는 이내. 곧. 未能遠謀 멀리 내다보고 도모할 수 없다.

6) 衣食所安 : 입고 먹고 살아가는데 필요한 물건.

7) 弗 : 不과 같음, 專은 독점하여 누리다.

8) 小惠 : 작은 은혜, 遍은 보편적으로 고루 미치다. 從은 백성들이 따르다. 좇다.

9) 犧牲玉帛 : 제사 때 쓰는 소, 양, 돼지와 옥, 비단. 加 늘리다. 信 신의. 사실과 다르게 보고하지 않는다는 뜻.

10) 小信未孚 : 작은 신의로 신임을 얻지 못한다. 孚 미쁘다 부. 福은 복을 주다. 동사로 활용됨.

: "小大之獄,[1] 雖不能察, 必以情。"[2] 對曰 : "忠之屬也,[3] 可以一戰。[4] 戰則請從。"

公與之乘, 戰於長勺。[5] 公將鼓之, 劌曰 : "未可。" 齊人三鼓,[6] 劌曰 : "可矣。" 齊師敗績。公將馳之,[7] 劌曰 ; "未可。" 下視其轍, 登軾而望之,[8] 曰 : "可矣。" 遂逐齊師。

旣克,[9] 公問其故。對曰 ; "夫戰, 勇氣也。一鼓作氣,[10] 再而衰, 三而竭。彼竭我盈,[11] 故克之。夫大國難測也, 懼有伏焉。[12] 吾視其轍亂, 望其旗靡,[13] 故逐之。"

---

1) 獄 : 소송 사건. 송사

2) 察 : 분명히 밝히다. 살피다. 情은 실제 정황(실제 상황에 근거해 송사를 공정하게 처리하겠다는 의지).

3) 忠之屬也 : 충성의 부류. 백성들을 위해 마음을 다하는 일이 충성하는 것이다.

4) 可以一戰 : 可는 조동사. 以는 전치사로 뒤에 之가 생략됨. 之는 "小大之獄, 雖不能察, 必以情."를 가리킴.

5) 長勺 : 노나라 지명(지금의 산동성 곡부현 북쪽).

6) 三鼓 : 북을 세 번 두드리다. 문언문은 일반적으로 동사 앞에 수사가 위치.

7) 馳之 : 병거를 몰아 제나라를 추격하다. 之는 제나라 군사.

8) 下轍 : 수레에서 내리다. 轍은 수레바퀴 자국, 軾은 수레 앞의 손잡는 횡목.

9) 旣 : 이미. 克은 승리하다.

10) 一鼓作氣 : 북을 한 번 칠 때 사기가 올라가다. 夫 문두에 쓰는 발어사.

11) 彼竭我盈 : 竭은 없어지다, 彼는 제나라 군사, 盈은 왕성하다. 사기를 충천하다.

12) 懼 : 두렵다. 伏은 복병. 克 이기다. 測 헤아리다. 짐작하다.

13) 靡 : 쓰러지다, 넘어지다.

# 鄒忌諷齊王納諫[1)]

《戰國策》[2)]

鄒忌脩八尺有餘, 而形貌昳麗。[3)] 朝服衣冠窺鏡, 謂其妻曰 : "我孰與城北徐公美?"[4)] 其妻曰 : "君美甚, 徐公何能及君也!"[5)] 城北徐公, 齊國之美麗者也。[6)] 忌不自信, 而復問其妾曰 : "我孰與徐公美?"[7)] 妾曰 : "徐公何能及君也!"旦日, 客人外來, 與坐談, 問之客曰 : "吾與徐公孰美?"[8)] 客曰 : "徐公不若君之美也!"[9)]

---

1) 鄒忌 : 齊나라 사람, 가야금과 언변이 뛰어남. 齊桓公 시기 大臣이 되고 威王 때 재상이 지냄. 하비(下邳 지금의 江蘇省 邳縣 西南)를 분봉받았고, 후에 宣王을 섬김. 호(號)는 成侯. 諷은 완곡하게 간언하다. 納은 받아들이다.

2) 《전국책》: 유향(劉向)이 전국시대(기원전 475~222) 제후국 전략가들의 정치, 군사, 외교 등 책략을 모아 기록한 자료이다. 《전국책》의 내용은 왕 중심이 이야기가 아니라, 책사(策士), 모사(謀士), 설객(說客)들의 이야기를 기록한 언론(言論)과 사술(詐術)이다. 내용의 중심에는 전국 칠웅(七雄)인 진(秦), 초(楚), 연(燕), 제(齊), 조(趙), 위(魏), 한(韓), 그 외에 작은 소제후국들이 많다.

3) 修八尺有餘, 形貌昳麗 : 修는 신장. 길이. 形貌는 용모. 昳麗는 빼어나다. 아름답다.

4) 服, 窺, 謂 …… 曰은 모두 술어이고 앞과 뒤를 잇는다. 服은 입다. 謂는 말하다. 窺鏡 거울을 비쳐보다.

5) 君 : 2인칭대명사. 甚은 매우. 及 미치다. 따라잡다. 의문대명사 何는 能의 부사어 역할을 하며 어디. 어찌. 어기조사 也는 何와 어울려 반문의 어기를 표시.

6) 美麗者 : 아름다운 사람이다. 어기조사 也는 긍정의 어기를 표시.

7) 復 : 다시. 自는 대명사.

8) 전치사 與 뒤에 之가 생략됨. 孰은 吾, 徐公의 동위어(同位語)이다. 旦日은 이튿날.

9) 若 : 不若은 ~만 못하다. 徐公은 徐公之美의 생략이다.

明日, 徐公來。孰視之。[1] 自以爲不如 ; 窺鏡而自視, 又弗如遠甚。[2] 暮寢而思之, 曰 : "吾妻之美我者, 私我也 ; 妾之美我者, 畏我也 ; 客之美我者, 欲有求於我也。"[3]

于是入朝見威王, 曰 : "臣誠知不如徐公美,[4] 臣之妻私臣, 臣之妾畏臣, 臣之客欲有求於臣, 皆以美於徐公。[5] 今齊地方千里, 百二十城。[6] 官婦左右, 莫不私王 ; 朝廷之臣, 莫不畏王 ; 四境之內, 莫不有求於王[7] ; 由是觀之, 王之蔽甚矣!"[8]

王曰 : "善。" 乃下令 : "群臣吏民, 能面刺寡人之過者, 受上賞 ; 上書諫寡人者, 受中賞 ; 能謗議於市朝, 聞寡人

---

1) 孰視之 : 자세히 보다. 孰은 "熟"과 같음. 之는 城北徐公을 가리킴.

2) 두 문장은 주어인 鄒忌가 생략됨. 又 뒤에도 역시 以爲가 생략되었다. 不如,弗如는 모두 已不如徐公의 생략. 弗如는 곧 ~에 미치지 못한다.

3) 주어 鄒忌가 생략됨. 美는 모두 의동동사로 활용되었고 以…爲美의 뜻이다. 私는 편애하다. 사심을 두다.

4) 주어 鄒忌가 생략됨. 見은 알현하다. 不如 앞에는 주어 臣이 생략됨. 誠은 확실히. 틀림없이.

5) 以는 '~라고 여기다, 말하다'라는 뜻의 동사. 추기의 妻, 妾, 客은 추기가 서공보다 결코 잘생기지 않다는 것을 알고 있었지만 어쩔 수 없이 서공보다 잘생겼다고 말했을 따름이다. 于徐公은 전치사구조로 비교대상을 표시.

6) 地方千里 : 方千里는 가로세로 각각 천리라는 뜻. 百二十城은 수식구조로 앞부분에 동사를 쓰지 않고 직접 齊의 술어가 되었다.

7) 莫不 : 이중부정. 官婦左右는 궁중의 왕비와 신하, 내시 등 왕의 주위에서 시중드는 사람. 四境之內는 전국의 모든 사람.

8) 由此觀之 : 앞 문장을 이어서 추측하고 단정을 표시. 蔽는 (직언하는 사람이 없어 임금의 이목이) 가려짐.

之耳者, 受下賞。"[1] 令初下, 群臣進諫, 門庭若市。數月之后, 時時而間進。期年之后, 雖欲言, 無可進者。[2] 燕 · 趙 · 韓 · 魏聞之, 皆朝於齊。[3] 此所謂戰勝於朝廷。[4]

1) 乃 : 곧. 바로. 吏民은 백성. 面刺은 면전에서 꾸짖다. 過 허물. 受는 授와 같음. 市朝는 시장과 조정. 사람들이 모이는 공공장소를 가리킴. 謗譏는 결점을 비난한다. 謗은 여기에서는 비방하다. 헐뜯는다는 뜻이 아니고 譏(간언하다, 충고하다)의 뜻.

2) 初 : 막, 방금. 時時는 간간이, 때때로. 間見은 간혹. 가끔. 期年은 일주년. 期는 朞(돌 기 : 1년)과 같음.

3) 聞,朝는 연(燕), 조(趙) 등 각국의 군주가 듣고 알현한 것을 말함. 于는 ~에게의 뜻.

4) 戰勝于朝廷은 전국시대 유행했던 정치용어. 所謂는 곧 사람들이 말한 것이다.

# 子路曾晳冉有公西華侍坐章[1)]

《論 語》

子路, 曾晳, 冉有, 公西華侍坐。

子曰 : "以吾一日長乎爾,[2)] 毋吾以也。[3)] 居則曰 : '不吾知也!'[4)] 如或知爾,[5)] 則何以哉?"[6)]

子路率爾而對曰 :[7)] "千乘之國,[8)] 攝乎大國之間,[9)] 加之以師旅,[10)] 因之以饑饉,[11)] 由也爲之,[12)] 比及[13)]三年, 可使有

1) 子路 : 공자의 제자. 성은 仲. 이름은 由. 曾晳 공자의 제자. 성은 曾, 이름은 點. 자는 晳. 冉有 이름은 求. 자는 子有. 公西華 이름은 赤. 자는 子華.

2) 以 : 전치사(원인). 長乎爾 너희보다 나이가 많다. 乎와 於는 같음. 爾는 2인칭대명사.

3) 毋吾以 : 나를 신경 쓸 것이 없다. 나를 써주지 않는다. 吾는 以의 목적어. 以는 동사로 쓰다의 뜻.

4) 不吾知 : 나를 알아주지 못한다. 居는 평소에 집에 있다.

5) 如 : 만약. 或 어떤 사람.

6) 何以哉 : 어떻게 하겠는가?

7) 率爾 : 불쑥 나서는 모양. 경솔한 모양.

8) 千乘之國 : 1천대의 병거를 가진 제후국.

9) 攝 : 끼우다. 乎는 於와 같음.

10) 加之以師旅 : 以師旅加之와 같음. 師旅은 군대. 2,500명, 여는 500명.

11) 因之以饑饉 : 그곳에 흉년이 들다. 饑은 곡식이 익지 않은 것. 饉은 채소가 자라지 않은 것.

12) 由는 자로 자신. 저.

13) 比及 : ~에 이르러. 使 (그 나라로) 하여금.

勇,[1] 且知方也。"

夫子哂之。[2]

"求, 爾何如?"

對曰 : "方六七十,[3] 如五六十, 求也爲之,[4] 比及三年, 可以使足民。[5] 如其禮樂, 以俟君子。"[6]

"赤, 爾何如?"

對曰 : "非曰能之,[7] 願學焉。[8] 宗廟之事,[9] 如會同,[10] 端章甫,[11] 願爲小相焉。"[12]

"點, 爾何如?"

鼓瑟希,[13] 鏗爾,[14] 捨瑟而作。[15] 對曰 : "異乎三子者之

---

1) 且知方也 : 且는 또. 知方也는 도의의 방향을 알게 하다.
2) 夫子는 공자. 哂은 빙그레 웃다. 비웃다 신.
3) 종횡 6, 7십 리가 되는 나라.
4) 如 : 혹은. 求는 염유.
5) 使足民 : 백성들이 부유하고 풍족하게 만들다.
6) 如 : ~에 이르러서는. 禮樂은 예와 음악. 俟는 기다리다 사.
7) 非曰能之 : 능히 할 수 있다는 것은 아니지만.
8) 願學焉 : 그것을 배우려 한다.
9) 宗廟之事 : 제후가 선조에게 제사지내는 일.
10) 會同 : 제후들이 모여 맹약을 맺고(會). 천자를 알현하는 것(同).
11) 端章甫 : 端은 검은 천으로 만든 예복. 동사로 쓰여 예복을 입다. 章甫은 검은 예관. 예복을 입다. 예관을 쓰다.
12) 小相 : 제사, 회맹의식을 주관하는 사람. 종묘 제사나 회동은 재상이 주관.
13) 鼓瑟希 : 비파를 타다. 希는 稀와 같으며, 곡이 거의 끝나 감을 말한다.
14) 鏗爾 : 비파 타는 소리를 형용한 의성어.
15) 作 : 일어나다.

撰。"[1)]

子曰 : "何傷乎,[2)] 亦各言其志也。"

曰 : "莫春者,[3)] 春服旣成, 冠者五六人,[4)] 童子六七人, 浴乎沂,[5)] 風乎舞雩, 咏而歸。"[6)]

夫子喟然嘆曰 : "吾與點也。"[7)]

三子者出, 曾晳後。[8)] 曾晳曰 : "夫三子者之言何如?"[9)]

子曰 : "亦各言其志也已矣。"

曰 : "夫子何哂由也?"

曰 : "爲國以禮, 其言不讓,[10)] 是故哂之。"

"唯求則非邦也與?"[11)]

"安見方六七十, 如五六十而非邦也者?"

"唯赤則非邦也與?"

"宗廟, 會同, 非諸侯而何? 赤也爲之小, 孰能爲之大?"[12)]

---

1) 撰 : 재능. 정치에 종사하는 재능을 말함.

2) 何傷乎 : 방해할 것이 무엇인가? 괜찮다는 뜻.

3) 莫春 : 늦은 봄. 莫은 暮와 같음 3월.

4) 冠者 : 관례를 마친 고대의 귀족.

5) 沂 : 노나라 지명. 기수.

6) 風 : 바람을 쐬다의 동사로 활용. 舞雩는 기우제를 지내는 단이 설치되어 있음. 咏은 노래하다.

7) 喟然 : 깊이 감탄하는 모양. 與는 찬성하다의 동사로 쓰임.

8) 後 : 뒤에 떨어지다의 동사로 활용.

9) 夫 : 지시대명사 저. 그.

10) 讓 : 겸손하다.

11) 唯 : 판단을 돕는 어조사. 邦은 나라.

12) 小 : 小相. 大는 大相.

# 魚我所欲也章

《孟 子》

孟子曰：

魚, 我所欲也；熊掌, 亦我所欲也：二者不可得兼, 舍魚而取熊掌者也。生, 亦我所欲也；義, 亦我所欲也：二者不可得兼, 舍生而取義者也。

生亦我所欲, 所欲有甚于生者, 故不爲苟得也；死亦我所惡, 所惡有甚于死者, 故患有所不辟[1]也。

如使人之所欲莫甚于生, 則凡可以得生者, 何不用也? 使人之所惡莫甚于死者, 則凡可以辟患者, 何不爲也? 由是則生, 而有不用也；由是則可以辟患, 而有不爲也。是故所欲有甚于生者, 所惡有甚于死者。非獨賢者有是心也, 人皆有之, 賢者能勿喪耳。

一簞[2]食, 一豆[3]羹, 得之則生, 不得則死；嘑[4]爾而與之, 行道之人弗受；蹴爾而與之, 乞人不屑也。萬鐘則不辯禮義而受之,[5] 萬鐘於我何加焉? 爲宮室之美, 妻妾之

1) 辟 : 避와 같음. 피하다.

2) 簞(單) : 밥을 담는 대나무로 만든 식기.

3) 豆 : 고대 식기, 목제 및 도기 등의 재질이 있으며 높은 발이 붙어 있는 쟁반모양이다.

4) 嘑(呼) : 呼와 같음.

5) 萬鐘 : 매우 후한 봉록. 鐘 고대의 측량기. 辯은 辨과 통함. 분별하다.

奉, 所識窮乏者得我與? 鄕爲身死而不受, 今爲宮室之美爲之 ; 鄕[1]爲身死而不受, 今爲妻妾之奉爲之 ; 鄕爲身死而不受, 今爲所識窮乏者得我而爲之 : 是亦不可以已乎? 此之謂失其本心。

---

1) 鄕 : 向과 같음. 옛날, 이전의 뜻.

# 逍遙游[1)]

《莊 子》

北冥有魚, 其名爲鯤。[2)] 鯤之大, 不知其幾千里也 ; 化而爲鳥, 其名爲鵬。[3)] 鵬之背, 不知其幾千里也 ; 怒而飛, 其翼若垂天之雲。[4)] 是鳥也, 海運則將徙於南冥[5)] ; 南冥者, 天池也。《齊諧》者, 志怪者也。[6)] 《諧》之言曰 : "鵬之徙於南冥也, 水擊三千里,[7)] 搏扶搖[8)]而上者九萬里, 去以六月息[9)]者也。" 野馬也, 塵埃也,[10)] 生物之以息相吹[11)]也。天之蒼蒼,

1) 구속을 받지 않고 노닐다.

2) 北冥 : 冥은 溟과 같음. 北冥은 북해의 수심이 깊어 해수 빛깔이 흑색이므로 "溟"라고 부름. 鯤은 큰 물고기 이름.

3) 鵬 : 한 번에 구만리를 난다는 상상의 새. 큰 새 이름 大鵬. 鳳의 옛 글자.

4) 怒 : 努와 같음. 힘차게 일어나 나래치는 것을 형용함. 그 날개가 하늘에 드리운 구름 같다.

5) 海運 : 큰 바람이 불어 바다를 움직임. 붕새는 이 바람을 타고 남해로 이동한다. 徙는 옮기다.

6) 《齊諧》 : 제(齊)나라 해은(諧隱)이 지은 책. 志怪의 志는 誌(기록하다)와 같음. 괴이한 사실을 기록한 것.

7) 물에서 나래쳐 일으킨 파도가 구천리에 이른다.

8) 搏(團)扶搖 : 빙빙 돌아 하늘로 오르다. 扶搖는 폭풍, 회오리바람을 타고 붕새가 날개 치며 날아오른다.

9) 六月息 : 6월의 숨결은 바람을 의미한다. 《莊子 · 齊物論》에 천지가 호흡하는 것을 바람이라 한다.

10) 野馬 : 봄의 양기가 숲 사이에서 아지랑이 모습이 마치 말과 같다 하여 野馬라 함. 塵埃는 먼지. 티끌.

11) 生物之以息相吹 : 큰 붕새가 회오리바람을 타고 하늘로 오르고, 숲에서 오르는

其正色邪?[1] 其遠而無所至極邪? 其視下也, 亦若是則已矣。[2] 且夫水之積也不厚, 則其負大舟也無力。[3] 覆杯水於坳堂之上, 則芥爲之舟, 置杯焉則膠, 水淺而舟大也。[4] 風之積也不厚, 則其負大翼也無力。故九萬里則風斯在下[5]矣, 而後乃今培風[6] ; 背負靑天而莫之夭閼者,[7] 而後乃今將圖南。蜩與學鳩[8]笑之曰 : "我決起而飛, 搶楡枋而止[9], 時則不至, 而控於地[10]而已矣 ; 奚以之九萬里而南爲!"[11] 適莽蒼[12]者, 三飡而反, 腹猶果然[13] ; 適百里者, 宿舂糧 ; 適千

---

아지랑이, 먼지가 공중을 떠다니는 것을 모두 생물의 호흡에 의해 생기는 현상. 기운을 서로 품어 냄.

1) 蒼蒼는 짙 푸르다. 邪는 어조사.

2) 亦若是則已矣 : 역시 이와 같을 따름이다.

3) 且夫 : 또. 積 모이다. 負 업다. 띄우다.

4) 覆 : 쏟다. 붓다. 坳堂 오목하게 패인 곳. 芥 풀조각. 膠 붙다. 땅에 닿다.

5) 風斯在下 : 큰 붕새가 구만리를 날 수 있는 것은 곧 강력한 바람이 아래에서 받치고 있다고 생각 함.

6) 培風 : 바람을 타다. 의지하다. 培는 타다. 의지하다.

7) 莫之夭閼(遏) : 그것을 가로막을 것이 없다. 夭閼는 방해하다. 가로막다.

8) 蜩(條)與學鳩 : 蜩與는 매미. 學鳩는 작은 비들기.

9) 我決起 : 決은 "赽"과 같으며 빠르게 날다. 搶은 부딪치다. 楡枋은 느릅나무와 박달나무(겨우 오르다.)

10) 控於地 : 땅에 떨어지다.

11) 之는 가다. 南은 동사로 활용. 奚以 ~爲는 반어문.

12) 適 : 가다. 莽蒼은 들판이 온통 푸른 교외.

13) 三飡 : 세 끼 飡은 저녁밥 손. 反은 返과 같음. 猶는 오히려. 果然은 배부른 모양.

里者, 三月聚糧。[1] 之二蟲[2]又何知! 小知不及大知[3], 小年不及大年[4]。奚以知其然也? 朝菌不知晦朔[5], 蟪蛄不知春秋[6], 此小年也。楚之南有冥靈[7]者, 以五百歲爲春, 五百歲爲秋 ; 上古有大椿者, 以八千歲爲春, 八千歲爲秋, 此大年也。而彭祖[8]乃今以久特聞, 衆人匹之[9], 不亦悲乎?

湯之問棘也是已[10] : "窮髮[11]之北, 有冥海者, 天池也。有魚焉, 其廣數千里, 未有知其修者, 其名爲鯤。" 有鳥焉, 其名爲鵬, 背若泰山, 翼若垂天之雲 ; 摶扶搖羊角[12]而上者九萬里, 絶雲氣, 負靑天, 然後圖南, 且適南冥也。斥鴳[13]笑之曰 : "彼且奚適也!" 此小大之辯也。

---

1) 舂 : 쌀을 찧다. 聚는 모으다.

2) 之二蟲 : 之는 此를 뜻함. 二蟲은 매미와 작은 비둘기.

3) 小知 : 知는 智와 같음. 지식이 적은 것.

4) 小年 : 小年은 수명이 짧은 것. 大年은 수명이 긴 사람.

5) 朝菌 : 하루살이. 아침에 생겨나 저녁에 죽는 곤충. 물위에서 살고 누에나방처럼 생김.

6) 蟪蛄 : 쓰르라미. 봄에 태어나서 여름에 죽고 여름에 태어나서는 가을에 죽음. 봄과 가을이 있는 것을 모름.

7) 冥靈 : 신령한 거북이. 혹은 나무이름으로 무궁화라고도 함.

8) 彭祖 : 전설 속의 인물. 요(堯)임금의 신하로 팽성(彭城)을 하사받아 다스림. 역대 우(虞), 하(夏), 상(商), 주(周)를 거쳐 800세를 살았다.

9) 匹之 : 그와 비교하다. 견강부회하다.

10) 棘 : 상(商)나라 탕(湯)왕 때의 현명한 대부.

11) 窮髮 : 불모지. 지명. 전설 속의 북극지대.

12) 羊角 : 회오리바람을 형용함.

13) 斥鴳 : 斥은 못이다. 鴳은 참새를 뜻한다. 못에 사는 참새.

故夫知效一官[1)], 行比一鄕[2)], 德合一君, 而徵一國[3)]者, 其自視也亦若此矣。而宋榮子猶然笑之[4)]。且擧世譽之而不加勸, 擧世非之而不加沮, 定乎內外之分, 辯乎榮辱之境, 斯已矣 ; 彼其於世, 未數數[5)]然也。雖然, 猶有未樹[6)]也。夫列子御風而行, 泠然善也[7)], 旬有五日而後反 ; 彼於致福者, 未數數然也。此雖免乎行, 猶有所待者也[8)]。若夫乘天地之正[9)], 而御六氣之辯[10)], 以遊无窮[11)]者, 彼且惡乎待哉[12)]! 故曰 : 至人无已, 神人无功, 聖人无名[13)]。

---

1) 知效一官 : 재능과 지혜는 하나의 관직을 담당할 수 있다는 뜻. 知는 智와 같음.

2) 行比一鄕 : 比는 庇와 같음. 능력이 마을 사람의 존경을 받다.

3) 德合 : 사람의 덕행이 한 나라 백성들의 신임을 얻다. 徵은 신임을 받다.

4) 宋榮子 : 전국시대 송(宋)나라 사람, 성은 영(榮)이며, 子는 존칭. 猶然 : 猶는 逌와 같다. 즐겁게 장난치며 웃고 있는 모습.

5) 數數然 : 급박하고 절박한 모양.

6) 未樹 : 아직까지 수립한 적이 없다. 소요(逍遙)의 즐거움을 수립하는 것을 말한다.

7) 列子 : 성은 列, 이름은 어구(御寇)이다. 전국시기 정(鄭)나라의 사상가. 泠然 : 가볍고 날렵하며 정교한 모양.

8) 열자(列子)는 바람을 타고 갈 수 있다고 말한다. 비록 걷지 않아도 된다고 하지만 여전히 바람이 불기를 기다려야만 한다.

9) 자연 규율에 따르다. 천지만물은 반드시 자연을 법칙으로 삼아야 한다. 正은 규율, 법칙.

10) 육기의 변화를 다스리다. 육기란 음(陰), 양(陽), 풍(風), 우(雨), 어둠(晦), 밝음(明). 辯은 變과 같음.

11) 遊无窮 : 시작도 없고 끝도 없는 시간과 공간 속에서 노닐다.

12) 惡乎待哉 : 어찌 기다리겠는가. 반어문 즉 기다릴 수 없다는 뜻.

13) 至人无已 : 장자는 "자기가 없는(無已)", "지인(至人)"으로써 소요유의 최고 경지에 이르고자 했음. 神人无功 : 사람이 공을 세우고자 하는 뜻이 없으니 자연이 인류를 행복하게 만든다. 聖人无名 : 명성을 구하지 않으니 명성이 저절로 온다.

堯讓天下於許由[1], 曰 : "日月出矣, 而爝火[2]不息, 其於光也, 不亦難乎! 時雨降矣, 而猶浸灌, 其於澤也, 不亦勞乎! 夫子立而天下治, 而我猶尸之, 吾自視缺然, 請致天下。" 許由曰 : "子治天下, 天下旣已治也 ; 而我猶代子, 吾將爲名乎? 名者, 實之賓也 ; 吾將爲賓乎? 鷦鷯巢於深林, 不過一枝 ; 偃鼠飮河, 不過滿腹。歸休乎君, 予无所用天下爲! 庖人雖不治庖, 尸祝不越樽俎而代之矣!"

肩吾問於連叔[3]曰 : "吾聞言於接輿[4] : 大而無當, 往而不返 ; 吾驚怖其言, 猶河漢而無極也 ; 大有逕庭[5], 不近人情焉。" 連叔曰 : "其言謂何哉?" 曰 : 藐姑射之山[6], 有神人居焉 ; 肌膚若氷雪, 淖約若處子[7], 不食五穀, 吸風飮露,

---

그러나 "신인(神人)"과 "성인(聖人)"은 인간세상을 잊을 수 없으며 천하를 잊을 수도 없다. 장자가 볼 때, 여전히 다소 마음에 걸려하는 부분이 있으므로 소요유라고 할 수 없다는 것이다.

1) 許由 : 고대 전설상의 고사(高士 : 은거하며 벼슬하지 않는 군자). 자는 무중(武仲), 요(堯)임금이 허유에게 천하를 선양하려고 했으나 허유는 이를 따르지 않고 기산(箕山)으로 도망쳐 숨어버렸다. 요임금이 또 그를 불러들여 9주(州)의 장으로 삼으려 하자 허유는 그런 말을 듣기 원치 않아서 영(潁)수 강가에서 귀를 씻었다라고 전해진다.

2) 爝火 : 횃불, 약한 불.

3) 肩吾, 連叔 : 전설에 따르면 두 사람 모두 "옛날 도를 따랐던 사람(古之懷道者)"이라고 함.

4) 接輿 : 초(楚)나라의 광사(狂士 : 행동거지가 상식을 벗어난 사람). 접여는 공자가 타고 가던 가마를 만나 이름을 얻게 된 우언적 인물.

5) 逕庭 : 서로 간의 거리가 매우 멀다는 뜻.

6) 藐姑射之山 : 전설 속의 신선이 산다는 산 이름.

7) 淖約 : 綽約과 같다. 자태가 부드럽고 아름답다.

乘雲氣, 御飛龍, 而遊乎四海之外 ; 其神凝[1], 使物不疵癘[2]而年穀熟。吾以是狂[3]而不信也。” 連叔曰 : “然。瞽者无以與乎文章之觀[4], 聾者无以與乎鐘鼓之聲 ; 豈唯形骸有聾盲哉, 夫知[5]亦有之。是其言也, 猶時女也[6]。之人也, 之德也, 將旁礴萬物以爲一, 世蘄乎亂, 孰弊弊焉以天下爲事[7]! 之人也, 物莫之傷 : 大浸稽天而不溺[8], 大旱金石流, 土山焦而不熱。是其塵垢秕糠, 將猶陶鑄堯舜者也, 孰肯分分然以物爲事[9]!” 宋人資章甫而適諸越[10], 越人斷髮文身[11], 无所用之。堯治天下之民, 平海內之政, 往見四子藐

1) 神凝 : 정신을 한 곳에 집중하다.

2) 疵癘 : 질병.

3) 狂 : 속이다의 가차(假借).

4) 與乎文章之觀 : 화려하고 아름다운 색채가 있는 물건을 감상하는데 참여하다.

5) 知 : 智와 같음.

6) 是其言也 : 其言이란 위 문장인 “마음에도 귀머거리와 장님이 있다(心智亦有聾盲)”를 말한다. 猶時女也는 즉 猶是汝也이며 바로 너를 두고 하는 말이다라는 뜻이다. 접여가 말한 막고야(藐姑射)산에 사는 신인에 관한 이야기에 대해, 견오가 거짓이라고 믿지 않는 것은 마음에 귀머거리와 장님이 있는 것과 같다는 지적이다.

7) 將旁礴 : 旁礴은 서로 뒤섞이어 하나가 되다. “蘄”는 “祈”와 같다. 弊弊焉 : 너무 바빠서 몹시 지친 모습.

8) 大浸는 홍수이다. 稽天은 하늘에 까지 닿다. 溺은 물에 잠기다.

9) 是其塵垢 : 먼지와 티끌, 쭉정이와 겨(塵垢秕糠)는 모두 비천한 것으로 조박(糟粕, 술지게미 : 가치없는 것, 쓸모없는 것)과 같은 뜻. 틀 속에 점토를 넣어서 토기로 구어 낸 것이 도(陶)이며 금속을 용해시켜서 만든 기물이 주(鑄)이다. 分分은 紛紛과 동일하다.

10) 資 : 팔다. 장보(章甫)는 예모(禮帽)의 일종이다. 諸越는 즉 於越이다. 諸와 於는 통용됨.

11) 斷髮文身 : 머리카락을 짧게 자르고 문신을 함.

姑射之山, 汾水之陽[1], 窅然喪其天下焉[2]。

惠子[3]謂莊子曰 : "魏王[4]貽我大瓠之種[5], 我樹之成而實五石[6]。以盛水漿, 其堅不能自擧也。剖之以爲瓢, 則瓠落無所容。非不呺然[7]大也, 吾爲其無用而掊之[8]。" 莊子曰 : "夫子固拙於用大矣! 宋人有善爲不龜[9]手之藥者, 世世以洴澼絖[10]爲事。客聞之, 請買其方百金。聚族而謀曰 : '我世世爲洴澼絖, 不過數金 : 今一朝而鬻技百金, 請與之。'

---

1) 四子 : 왕예(王倪), 교결(囓缺), 피의(被衣), 허유(許由)라고 했다. 汾水之陽 : 강의 북쪽을 "陽"이라고 함. 지명은 평양(平陽)이며 지금의 산서(山西)지방의 汾市의 서남쪽에 인접한 곳. 요(堯)임금이 수도로 삼았었다.

2) 窅(咬)然 : 실망한 모습이다. 천하에 실망하고 망연자실하여 그 자신이 천하를 통치하는 지위에 있다는 것을 망각했다. 여기에서는 송인(宋人)으로 요임금을 비교하고, 장보(章甫)로써 천하를 다스리는 지위를 비유했다. "월나라 사람은 이것을 필요로 하지 않는다"로써 네 사람이 천하에 소용되지 않는다는 것을 비유했다. 요임금은 네 사람을 만난 후 감화되어 그가 천하지존의 지위가 있다는 것을 스스로 잊게 되었다.

3) 惠子 : 성은 "惠", 이름은 "施", 송나라 사람이다. 위(魏)나라의 재상을 지낸 적이 있으며 장자와 친구.

4) 魏王 : 위나라의 혜(惠)왕, 위나라가 대량(大梁, 오늘날의 河南省 開封)으로 천도하여 양혜(梁惠)왕이라 함.

5) 瓠 : 조롱(표주)박.

6) 樹 : 심다. 實五石은 그 속에 다섯 석을 담을 수 있다란 말이다. 석(實, 旦이라고도 읽음)은 10두(斗)이다.

7) 呺然 : 사물이 거대하고 공허한 것을 형용한 것이다.

8) 掊 : 깨다. 깨트리다.

9) 龜(軍) : 皸와 같다. 손과 발의 피부가 얼어서 터지고 갈라지는 것을 말한다.

10) 洴(平)澼(譬)絖(礦) : 풀솜을 물에 씻다. 洴는 浮, 澼는 漂, 絖은 絮. 絖은 纊과 같다.

客得之, 以說吳王。越有難, 吳王使之將, 冬與越人水戰, 大敗越人, 裂地而封之。能不龜手一也 ; 或以封, 或不免於洴澼絖, 則所用之異也。今子有五石之瓠, 何不慮以爲大樽而浮乎江湖[1], 而憂其瓠落無所容 ; 則夫子猶有蓬之心[2]也夫!"

惠子謂莊子曰 : "吾有大樹, 人謂之樗[3] ; 其大本臃腫而不中繩墨, 其小枝卷曲而不中規矩。立之塗, 匠者不顧。今子之言, 大而無用, 衆所同去[4]也。" 莊子曰 : "子獨不見狸狌[5]乎? 卑身而伏, 以候敖[6]者 ; 東西跳梁[7], 不辟[8]高下, 中於機辟[9], 死於網罟。今夫斄牛[10], 其大若垂天之雲 ; 此能爲大矣, 而不能執鼠。今子有大樹, 患其无用, 何不樹之於无何有之鄉, 廣莫之野, 彷徨乎无爲其側, 逍遙乎寢臥其下 ; 不夭斤斧, 物无害者。无所可用, 安所困苦哉?"

---

1) 何不 : 大樽은 술을 담는 그릇, 몸에 묶어서 강을 건널 수 있다. 요주(腰舟)라고 함.

2) 蓬之心 : 생각이 우둔하여 통하지 않는다. 蓬은 풀이름, 모양은 휘어지고 굽었다.

3) 樗 : 臭椿(가죽나무라고도 함), 낙엽교목의 일종이다. 거목이나 질이 좋지 않아서 기자재로 쓸 수 없다.

4) 去 : 棄.

5) 狸狌 : 狸는 들 고양이, 狌은 족제비이다.

6) 敖者 : 돌아다니는 작은 동물. 예들 들어 닭, 쥐 등이다. 敖는 "遨"와 같다. 밖으로 돌아다니다의 뜻.

7) 跳梁 : 跳踉과 같다. 도약하다, 약동하다.

8) 辟 : 避와 같음.

9) 機辟(壁) : 새와 짐승을 잡는 기관이다.

10) 斄(離)牛 : 牦牛(야크).

# 晏子使楚

《晏子春秋》

晏子使楚。[1] 以晏子短, 楚人爲小門于大門之側而延晏子。[2] 晏子不入, 曰 : "使狗國者從狗門入 ; 今臣使楚, 不當從此門入。" 儐者更道[3]從大門入, 見楚王。王曰 : "齊無人耶?" 晏子對曰 : "齊之臨淄三百閭[4], 張袂成陰, 揮汗成雨, 比肩繼踵而在,[5] 何爲無人!" 王曰 : "然則何爲使乎?" 晏子對曰 : "齊命使, 各有所主, 其賢者使使賢主, 不肖者使使不肖主。[6] 嬰最不肖, 故直使楚矣。"

晏子將至楚。楚王聞之,[7] 謂左右曰 : "晏嬰, 齊之習辭[8]者也, 今方來, 吾欲辱之, 何以也[9]?" 左右對曰 : "爲其

---

1) 晏子 : 춘추시대 齊나라 재상으로 이름은 嬰. 자는 平仲. 당시의 유명한 정치가이자 외교관. 使 사신갈 시.

2) 延 : 맞이할 연.

3) 儐者 : 사신을 맞이하여 안내하는 관리. 更道 들어가는 길을 바꾸다. 更 바꿀 경.

4) 臨淄 : 제나라의 도성. 지금의 산동성 치박시(淄博市)의 동북쪽에 위치. 三百閭 고대 25개 가호(家戶)를 1려(閭)라고 함.

5) 張袂 : 소매를 펼치다. 袂 소매 메. 比肩繼踵 어깨가 닿고 발뒤꿈치가 이어짐. 比 미칠 비. 踵 발꿈치 종.

6) 使使 : 앞의 使는 사역동사 또는 보내다(시). 뒤의 使는 사신 명사로 해석.

7) 之 : 대명사로 晏子將至楚를 가리킴.

8) 習辭 : 외교적 언사에 뛰어남.

9) 方 : 바야흐로. 之는 안영을 가리킴. 何以也는 어떤 방법을 사용할 것인가. 以는

來也[1], 臣請縛壹人過王而行。王曰 : '何爲者也?' 對曰 : '齊人也。' 王曰 : '何坐[2]?' 曰, '坐盜。'"[3] 晏子至, 楚王賜晏子酒。酒酣, 吏二縛壹人詣王。[4] 王曰 : "縛者曷爲者也?"[5] 對曰 : "齊人也, 坐盜。" 王視晏子曰 : "齊人固善盜乎?" 晏子避席[6]對曰 : "嬰聞之, 橘生淮南則爲橘, 生于淮北則爲織,[7] 葉徒相似, 其實味不同。[8] 所以然者何?[9] 水土異也。今民生長于齊不盜, 入楚則盜, 得無楚之水土使民善盜耶!"[10] 王笑曰 : "聖人非所與熙[11]也, 寡人反取病焉[12]。"

---

사용하다의 뜻.

1) 爲其來也 : 爲는 於와 같음. 그가 왔을 때에의 뜻.

2) 何坐 : 무슨 죄를 지었느냐? 坐는 죄를 짓다.

3) 坐盜 : 도적죄를 짓다.

4) 酣 : 얼큰하게 취하다. 즐길 감. 詣 나아가다 예.

5) 曷爲者 : 무엇을 하는 자인가? 曷은 爲와 도치됨.

6) 避席 : 주연의 자리에서 벗어나다는 정중함을 표현.

7) 귤이 탱자가 된다는 뜻, 橘 귤나무, 織 탱자나무.

8) 徒 : 다만. ~만. 實은 과실.

9) 所以 : 방법, 수단, 이유 등을 나타냄. '까닭, ~때문이다'로 해석

10) 得無~耶 : '아마도 ~일 것이다'는 추측을 나타냄.

11) 熙 : 嬉의 가차자로 희롱하다. 놀리다는 뜻.

12) 反 : 도리어. 取病는 수모를 자초하다. 욕을 보다.

# 扁鵲見蔡桓公[1)]

《韓非子》

扁鵲見蔡桓公,[2)] 立有間,[3)] 扁鵲曰 : "君有疾在腠理[4)], 不治將恐深。" 桓侯曰 : "寡人無疾[5)]。" 扁鵲出, 桓侯曰 : "醫之好治不病以爲功[6)]。"

居十日, 扁鵲復見曰 : "君之病在肌膚,[7)] 不治將益深。" 桓侯不應。扁鵲出, 桓侯又不悅。

居十日, 扁鵲復見曰 : "君之病在腸胃, 不治將益深。" 桓侯又不應。扁鵲出, 桓侯又不悅。

---

1) 본 편은《한비자 · 유노(韓非子 · 喩老)》에서 발췌하였으며 제목은 편자가 덧붙인 것이다. 편작은 전국시대의 의학자로서 성은 진(秦), 이름은 월인(越人)이었고 발해군(渤海郡)의 막주(鄚州 : 오늘날 하북성 임구시 막주진(河北省任丘市鄚州鎭))사람이었다. 그의 의술이 황제(皇帝)시대의 명의인 편작(扁鵲)과 비슷하다하여 그 역시 편작이라고 부름.

2) 扁鵲 : 전국시대 초기의 명의. 성은 진(秦). 이름은 월(越). 보통 편작이라 부름. 見(현) 뵙다. 알현하다. 蔡桓公 춘추시대 蔡國의 군주. 蔡國은 지금의 하남성 上蔡縣에 그 도성이 있었음.

3) 有間 : 잠시 동안. 間 틈 간.

4) 腠理 : 피부. 살갗. 腠 살결 주

5) 寡人无疾 : 원전에는 "疾"가 없음.

6) 의사들은 병이 없는 사람에게 병을 치료해 주고는 자신의 공로로 삼기를 좋아한다는 말.

7) 肌膚 : 살. 근육. 肌 피부 기. 膚 피부 부.

居十日, 扁鵲望桓侯而還[1]走。桓侯故使人問之。[2] 扁鵲曰 : "疾在腠理, 湯熨[3]之所及也[4] ; 在肌膚, 針石[5]之所及也 ; 在腸胃, 火齊[6]之所及也 ; 在骨髓, 司命[7]之所屬, 無奈何也。今在骨髓, 臣是以無請也。"

居五日, 桓公體痛, 使人索扁鵲, 已逃秦矣, 桓侯遂死。

---

1) 還 : 旋(돌 선)과 같음. 몸을 돌리다의 뜻.

2) 故 : 고의로.

3) 湯熨 : 탕약과 고약. 湯은 燙(데우다)과 같음. 熨는 환부에 부치는 것. 熨 고약붙일 위.

4) 所及 : 미치는 곳. 즉 치료가 가능하다의 뜻. 及 미칠 급.

5) 針石 : 침과 돌침(砭針). 침과 뜸이다. 고대에는 편석(砭石 갈아 만든 뾰족한 돌이나 돌조각)을 침으로 사용, 후대에 금속침을 사용하며 침석이라 함.

6) 火齊 : 몸의 열을 내리는 탕제.

7) 司命 : 인간의 생사를 관장하는 신. 司 맡을 사.

# 《學記》三則

《禮記》

雖有嘉肴[1], 弗食不知其旨也；[1] 雖有至道, 弗學不知其善也。[2] 是故學然後知不足, 教然後知困。[3] 知不足, 然後能自反也；知困, 然後能自强也。[4] 故曰：教學相長[5]也。

大學之法,[6] 禁于未發之謂豫[7], 當其可之謂時[8], 不陵節而施之謂孫,[9] 相觀而善之謂摩[10]：此四者, 教之所由興也。[11] 發然後禁, 則扞格[12]而不勝；時過然後學, 則勤苦而

---

1) 嘉肴 : 맛있는 음식. 嘉는 뛰어나다. 아름답다 가, 肴 안주, 채소 절임 효.

2) 至道 : 훌륭한 도리, 이치.

3) 困 : 困惑, 이해가 되지 않아 지식이 곤궁함.

4) 自反 : 스스로 돌이켜보고 반성함.

5) 長 : 촉진하다. 가르치거나 배우는 것은 자신의 학업을 서로 발전시킨다는 뜻.

6) 法 : 교육하는 방법.

7) 禁 : 방지, 금지. 豫는 미리 준비하여 예방한다는 뜻.

8) 當 : (어떠한 때에) 처해 있다, 可는 적당한, 적당한 때, 適時를 말함.

9) 陵 : 능가하다, 침범하다 등 초과의 뜻. 節은 분수, 정도, 법도. 施는 教와 같음. 孫은 遜(순응, 순종하다, 따르다)과 같음. 사람을 가르치는 데 자질에 따라야 한다는 뜻.

10) 相觀 : 학습의 장점을 서로 관찰하는 것. 摩 연마하다. 인신하여 연구하다의 뜻.

11) 所由興 : 성공의 원인을 뜻함. 興은 성공하다.

12) 扞格 : 충돌, 항거, 저항하다. 扞 막다 한. 格 견고하여 들어가지 못하는 모양. 勝은 극복하다. 즉 서로 저항하여 극복하지 못한다. 이미 禮에 어긋난 행동이 생긴 후에 이를 금지하려 할 때는 교육의 힘이 이겨내지 못한다는 뜻.

難成；雜施而不孫, 則壞亂而不修[1]；獨學而無友, 則孤陋而寡聞[2]；燕朋逆其師[3]；燕辟[4]廢其學：此六者, 教之所由廢也[5]。君子旣知教之所由興, 又知教之所由廢, 然後可以爲人師也。

學者有四失[6], 教者必知之。人之學也, 或失則多, 或失則寡, 或失則易, 或失則止。此四者, 心之莫同也。知其心, 然後能救其失也。教也者, 長善而救其失者也。

---

1) 雜施 : 뒤죽박죽으로 가르치다. 壞亂은 혼란스럽다. 修는 좋다, 훌륭하다.

2) 학식이 천박하고 식견이 좁다.

3) 燕은 정현(鄭玄)의 주해에 "연(燕)은 설(褻)의 의미와 유사하며 설(褻)은 그런 (나쁜) 친구이다(燕猶褻也, 褻其朋友)". 褻은 오만불손하고 행동이 경박함을 의미한다. 즉 품행이 좋지 않은 친구. 허물없이 지내 예를 모르는 친구.

4) 불손하고 괴팍한 행위. 辟는 僻(나쁜 취미)와 같음. 간사하고 방종함의 뜻.

5) 所由廢 : 실패의 원인이다. 廢는 실패의 뜻.

6) 失 : 단점.

# 諫逐客書

李 斯

臣聞吏議逐客, 竊以爲過矣。[1] 昔穆公求士, 西取由余于戎[2], 東得百里奚[3]于宛, 迎蹇叔于宋[4], 來丕豹, 公孫支[5]于晉。此五子者, 不産于秦, 而穆公用之, 並國二十, 遂霸西戎。孝公用商鞅之法[6], 移風易俗, 民以殷盛, 國以富强,

---

1) 竊 : 몰래, 제멋대로, 은밀하게, 비공식으로. 過는 잘못.

2) 穆公 : 秦나라 군주. 春秋五覇의 한명. 由余 : 본래 진(晋)나라 사람. 유여(由余)는 융(戎)으로 도망했는데 융의 왕은 그를 진(秦)에 사신으로 보냈다. 진(秦)의 목공(穆公)은 그의 재주를 인정하여 그를 이용해 융을 토벌. 그 결과 12개국을 병합했고, 천리의 영토를 개척하면서 서융에서 패권을 장악. 융은 중국 고대 서부의 소수민족의 통칭.

3) 百里奚 : 초나라 완읍(宛邑, 지금의 하남성 남양시)사람으로 우(虞)나라 대부. 진(晋)이 우를 멸망시키고 백리해를 진(晋) 헌공(獻公)의 딸(진(秦)의 목공(穆公)의 부인)의 혼수몸종으로 함께 진(秦)에 보냈다. 그는 고향으로 달아나다가 초나라 변경의 병사에게 붙잡혔다. 진(秦)의 목공은 그가 현명하다는 소문을 듣고는 五羖羊(양피 5장)으로 그의 죄를 상쇄시켜주었다. 그와 국사를 논한 지 3일 후 목공은 그를 재상으로 등용하여 국정을 맡겼고 오고(五羖)대부라 부름.

4) 蹇叔 : 기(岐, 지금의 섬서성 기산)사람. 당시 송(宋)에 거주하던 백리계(百里奚)의 친구. 백리계의 추천으로 晋의 상대부(上大夫)가 됨.

5) 丕豹 : 진(晋) 혜공이 대부인 아버지 비정(丕鄭)을 죽이자, 아들 비표(丕豹)는 진(秦)으로 달아났다. 목공은 그를 장군으로 임명. 公孫支 : 기(岐)사람. 자는 자상(子桑). 진(晋)에서 유세를 했으며 진(秦)의 목공은 그를 대부로 임명했다.

6) 효공은 목공의 15孫. 商鞅 : 위(衛)나라의 서출 공자였고 성은 공손(公孫), 이름이 앙(鞅)이었으므로 위앙(衛鞅)이라고도 함. 위나라에서 인정을 받지 못하였다가 진(秦)의 효공(孝公)이 현자를 구한다는 소문을 듣고 진으로 가 효공에게 변법 시행과 형법을 수정할 것을 주장했고 내정으로는 농업을 발전시키고, 외정으

百姓樂用, 諸侯親服, 獲楚, 魏之師, 擧地千裏, 至今治强。惠王用張儀之計, 拔三川之地[1], 西並巴, 蜀, 北收上郡[2], 南取漢中[3], 包九夷[4], 制鄢, 郢[5], 東據成皐[6]之險, 割膏腴之壤[7], 遂散六國之從,[8] 使之西面事秦, 功施到今。[9] 昭王

---

로는 전사자에게도 상벌을 엄격히 구분할 것을 간언했다. 효공은 크게 기뻐하며 그를 재상으로 임명했고 그 후 10년 뒤 진나라는 부강해졌다. 위(魏)를 정벌하고 돌아오자 진은 그에게 어(於)와 상(商)의 15개 읍을 봉했으므로 상앙(商鞅), 상군(商君)이라 부름.

1) 혜왕(惠王)은 효공의 아들. 張儀 : 위나라 사람. 진(秦)의 혜왕(惠王)은 그를 재상으로 등용했고 위, 초, 한, 제, 조, 연으로 다니며 진을 위해 연횡책을 주장하여 6국의 합종을 깼다. 三川 : 지금의 하남성 서북지역이며 경내에 황하의 하수(河水), 낙수(洛水), 이수(伊水)가 합하므로 "三川"이라 부름. 張儀는 진의 혜왕에게 남으로 삼천을 정벌해야 한다고 했으나 혜왕은 듣지 않고 군사를 돌려 촉(蜀)을 쳐 멸망시켰다. 장의가 살아있는 동안 진은 끝내 삼천 지역을 얻지 못함.

2) 上郡 : 군(郡)명. 전국시기 위(魏)의 문후(文侯)가 설치. 지금의 섬서성 서북부 일대. 혜왕 10년(기원전 328) 공자 화(華)와 장의(張儀)로 하여금 위를 공격하게 했는데, 위는 상군(上郡)의 15현을 진(秦)에게 헌납하며 화평을 요구.

3) 漢中 : 군(郡)명. 전국시기 초나라 회왕(懷王)이 설치. 지금의 섬서성 남부와 호북성 서북부 일대. 혜왕 후원(後元) 13년(기원전 312), 초가 한중을 공격하여 6백리 지역을 점령.

4) 九夷 : 초나라 경내의 소수민족.

5) 鄢 : 지금의 호북성 의성(宜城). 과거 초나라의 수도. 郢 : 지금의 호북성 강릉으로, 초나라의 수도. 여기서 언(鄢)과 영(郢)은 초나라 땅.

6) 成皐 : 호뢰관(虎牢關)이라고도 함. 지금의 하남성 형양(滎陽)의 사수진(汜水鎭) 서쪽. 북으로는 황하와 접했고 남쪽이 영산부(縈山阜). 형세는 험하고 견고하며 동방으로 통하는 요새.

7) 膏腴 : 기름진 땅을 말함. 膏 살찐 고기. 腴 아랫배가 살찌다. 割은 나누어 가지다.

8) 從 : 縱(합종), 6국(齊, 楚, 燕, 趙, 韓, 魏)의 합종을 말함. 散은 깨뜨리다.

9) 西面 : 向西와 같음, 事는 섬기다. 施는 전해지다.

得範雎[1], 廢穰侯, 逐華陽, 强公室, 杜私門, 蠶食諸侯, 使秦成帝業。[2] 此四君者, 皆以客之功。[3] 由此觀之, 客何負于秦哉![4] 向使四君卻客而不內,[5] 疏士而不用, 是使國無富利之實而秦無强大之名也。[6]

今陛下致昆山之玉, 有隨, 和之寶, 垂明月之珠, 服太阿之劍, 乘纖離之馬, 建翠鳳之旗, 樹靈鼉之鼓。[7] 此數寶者, 秦不生一焉, 而陛下悅之, 何也?[8]必秦國之所生然後可, 則是夜光之璧不飾朝廷, 犀象之器不爲玩好, 鄭, 衛之女不充後宮, 而駿良駃騠不實外廐, 江南金錫不爲用, 西蜀丹靑不爲采。[9] 所以飾後宮充下陳娛心意說耳目者,[10] 必出于秦然後可, 則是宛珠之簪, 傅璣之珥, 阿縞之衣, 錦繡

1) 範雎 : 위(魏)나라 사람. 진(秦)으로 도망한 후 진의 소왕(昭王)에게 유세했고 객경(客卿)직을 하사받음.

2) 杜 : 막다. 私門는 귀족의 가족(양후, 화양), 蠶食는 점점 침략해 들어감, 帝業는 천자가 천하를 다스리는 일.

3) 四君者 : 穆公, 孝公, 惠王, 昭王.

4) 負 : 누를 끼치다.

5) 向 : 처음에. 使는 假使, 假如. 內은 納의 本字. 卻은 거절.

6) 疏士 : 인재를 소홀히 하다. 實 실제. 名 강대한 명성.

7) 致 : 가져오다. 昆山之玉은 곤륜산의 옥, 有隨,和之寶는 수후와 변화의 보물, 太阿之劍은 초왕의 보검, 纖離는 준마, 翠鳳之旗는 취봉의 깃으로 봉황의 모습을 수놓은 깃발, 靈鼉之鼓는 악어가죽으로 만든 북.

8) 悅 : 좋아하다.

9) 犀象之器 : 무소뿔과 상아로 만든 보물, 鄭衛之女는 정나라와 위나라의 미녀(제후국의 미녀), 駃騠는 北狄의 준마, 采는 칠하다(彩).

10) 下陳 : 군주를 모시는 시녀, 궁녀.

之飾不進于前, 而隨俗雅化佳冶窈窕趙女不立于側也。[1) ]夫擊甕叩缶彈箏搏髀, 而歌呼嗚嗚快耳者, 眞秦之聲也 ; 鄭, 衛, 桑間, 昭, 虞, 武, 象者, 異國之樂也。[2)] 今棄擊甕叩缶而就鄭, 衛, 退彈箏而取昭, 虞, 若是者何也? 快意當前, 適觀而已矣。今取人則不然。不問可否, 不論曲直, 非秦者去, 爲客者逐。然則是所重者在乎色樂珠玉, 而所輕者在乎人民也。此非所以跨海內制諸侯之術也。[3)]

臣聞地廣者粟多, 國大者人衆, 兵强則士勇。是以太山不讓土壤, 故能成其大 ; 河海不擇細流, 故能就其深 ; 王者不卻衆庶, 故能明其德。是以地無四方, 民無異國, 四時充美, 鬼神降福, 此五帝, 三王之所以無敵也。[4)] 今乃棄黔首[5)]以資敵國, 卻賓客以業諸侯, 使天下之士退而不敢西向, 裹足不入秦, 此所謂"借寇兵而賫盜糧"者也。[6)]

夫物不產于秦, 可寶者多 ; 士不產于秦, 而願忠者衆。今逐客以資敵國, 損民以益讎, 內自虛而外樹怨于諸侯, 求國無危, 不可得也。

---

1) 宛珠之簪 : 구슬로 꾸민 비녀, 傅璣之珥는 모난 구슬을 붙인 귀걸이, 阿縞之衣은 흰 비단으로 만든 옷, 趙女는 조나라 미녀.

2) 彈箏搏髀 : 箏은 현악기. 搏는 두드리다. 髀는 넓적다리. 쟁을 타고 넓적다리를 두드림. 鄭, 衛, 桑間은 국명과 지명, 昭, 虞, 武, 象는 우나라와 주나라의 음악.

3) 跨海內 : 천하를 군림한다는 뜻. 跨 탈 과. 制는 통제, 術은 방법, 수단.

4) 四時充美 : 항상 아름다움이 충만하다. 三王은 하, 상, 주의 우, 탕, 문무.

5) 黔首 : 일반 백성.

6) 借寇兵而賫盜糧 : 적에게 군대를 빌려 주고, 도적에게 양식을 싸준다. 賫는 가져오다. 齎(가져올 재)의 속자. 借와 같은 뜻.

## 漢魏六朝文

# 過秦論(上)

賈 誼

秦孝公據崤函[1]之固, 擁雍州[2]之地, 君臣固守, 以窺周室。[3] 有席卷天下, 包擧宇內, 囊括四海之意, 幷呑八荒之心。[4] 當是時也, 商君佐之。內立法度, 務耕織, 修守戰之具; 外連橫而鬪諸侯。于是秦人拱手而取西河之外。[5]

孝公旣沒, 惠文, 武, 昭, 蒙故業, 因遺策, 南取漢中。西擧巴, 蜀, 東割膏腴之地, 收要害之郡。諸侯恐懼, 會盟而謀弱秦。[6] 不愛珍器重寶肥饒之地, 以致天下之士, 合從

---

1) 秦孝公 : 기원전 361~기원전 338년 집정. 상앙의 변법을 시행하여 나라를 부유하게 함. 崤(淆)函 효산과 함곡관. 지금의 하남(河南) 낙령(洛寧)의 북쪽에 위치. 함곡관은 진(秦)의 동관으로 오늘날의 하남 영보현(靈寶縣) 남쪽지역. 모두 진나라의 변경.

2) 雍州 : 고대 9주의 하나, 지금의 섬서 동부와 감수, 청해 일부. 擁 소유하다.

3) 窺는 기회를 엿보아 다른 나라를 병탄함.

4) 席卷 : 돗자리를 말 듯 쉽게 공략함. 包擧 모두 싸다. 남김없이 취하다. 宇內 천하. 囊括 자루에 넣고 동여매다. 四海 천하. 八荒 8방으로 아득히 먼 곳.

5) 拱手 : 양손을 잡고 아무것도 하지 않음. 쉽게의 뜻. 西河 진나라와 위나라의 접경인 황하 서안 지역.

6) 惠文 : 진 효공의 아들, 武 진 혜문의 아들(진무왕),昭 진무왕의 이복 동생. 蒙 이어받다. 因 따르다. 漢中 지금의 섬서성 일대. 擧 쳐서 점령하다. 巴, 蜀 지금의 사천성. 膏腴 비옥한 땅. 要害之郡 중요한 성읍. 會盟 회합하여 동맹. 弱 약화시키다(사동).

締交, 相與爲一。當此之時, 齊有孟嘗, 趙有平原, 楚有春申, 魏有信陵。[1] 此四君者, 皆名智而忠信, 寬厚而愛人, 尊賢而重士, 約從離橫, 兼韓, 魏, 燕, 楚, 齊, 趙, 宋, 衛, 中山之衆。[2] 于是六國之士, 有甯越, 徐尙, 蘇秦, 杜赫之屬爲之謀, 齊明, 周最, 陣軫, 召滑, 樓緩, 翟景, 蘇厲, 樂毅之徒通其意, 吳起, 孫臏, 帶佗, 兒良, 王寥, 田忌, 廉頗, 趙奢之倫制其兵朋。[3] 嘗以十倍之地, 百萬之衆, 叩關而攻秦。秦人開關而延敵, 九國之師逡巡遁逃而不敢進。[4] 秦無亡矢遺鏃之費, 而天下諸侯已困矣。于是從散約解, 爭割地而賂秦。[5] 秦有餘力而制其弊, 追亡逐北, 伏尸百萬, 流血漂櫓, 因利乘便, 宰制天下, 分裂河山。[6] 强國請伏, 弱國入朝。

---

1) 愛 : 恪惜. 내놓기를 아까워하다. 肥饒 기름지고 풍요한 땅. 致 이르게 하다. 合從 6국이 연합하여 진에 대항하는 정책. 締交 맹약을 체결. 相與爲一 서로 더불어 하나가 되다. 孟嘗 맹상군, 제나라 전영의 아들. 平原 평원군 趙勝, 조 혜문왕의 동생. 春申 초나라 令尹을 지냄. 信陵 위나라 無忌.

2) 約從離橫 : 합종의 맹약을 맺고 진나라의 연횡책을 버림. 兼 합치다. 집합하다.

3) 甯越 조나라 사람, 徐尙 송나라 사람, 蘇秦 동주 낙양 사람, 杜赫 주나라 사람, 齊明 동주 사람, 周最 주성군의 아들, 陣軫 하나라 사람, 召滑 초나라 사람, 樓緩 조나라 사람, 翟景 위나라 사람, 蘇厲 소진의 동생, 樂毅 중산국 사람, 吳起 위나라 사람, 孫臏 제나라 사람, 帶佗 초나라 장군, 兒良과 王寥 군사전문가, 田忌 제나라 장군, 廉頗 조나라 장군, 趙奢 조나라 장군. 倫은 무리.

4) 叩關 : 함곡관을 공격하다. 延 적을 끌어들이다. 逡巡 머뭇거리다.

5) 亡 : 잃다. 허비하다. 矢 화살 鏃 화살촉

6) 制其弊 : 6국이 무력해진 제후를 제압하다. 亡 도망하다. 北 패배. 漂櫓 표는 뜨다. 노는 노. 방패가 물 위에 둥둥 뜨다. 因과 乘은 틈을 탐.

施及孝文王, 莊襄王, 享國之日淺, 國家無事。[1] 及至始皇, 奮六世之餘烈, 振長策而御宇內, 呑二周而亡諸侯, 履至尊而制六合[2], 執敲扑以鞭笞天下, 威震四海。[3] 南取百越之地, 以爲桂林, 象郡 ; 百越之君, 俯首繫頸, 委命下吏。[4] 乃使蒙恬北築長城而守藩籬, 却匈奴七百餘里 ; 胡人不敢南下而牧馬, 士不敢彎弓而報怨。[5] 于是廢先王之道, 燔百家之言, 以愚黔首。[6] 隳名城, 殺豪俊, 收天下之兵聚之咸陽, 銷鋒鏑, 鑄以爲金人十二, 以弱天下之民。[7] 然後踐華爲城, 因河爲池, 據億丈之城, 臨不測之溪以爲固。[8] 良將勁弩, 守要害之處 ; 信臣精卒, 陳利兵而誰何[9]! 天下已定, 始皇之心, 自以爲關中之固, 金城千里, 子孫帝王萬

---

1) 施(易) : 연속(계속)하다. 다른 판본에는 延으로 뜻이 통함. 享國 왕의 재위 기간. 日淺 기간이 짧다. 奮 떨치다. 진작시키다. 餘烈 남긴 업적. 振 휘두르다. 策 무력. 御 통치하다. 제어하다. 무력으로 각국을 통치한 업적의 뜻. 呑 삼키다. 履至尊 황제에 즉위하다.

2) 六合 : 천지 사방. 천하.

3) 執敲扑 : 몽둥이와 칼자루를 쥐다. 鞭笞 채찍으로 때리다.

4) 百越 : 월족의 총칭. 桂林과 象郡 지금의 광서성 지역. 俯首 머리를 숙이다. 繫頸 목에 줄을 매다. 항복하다. 委命下吏 목숨을 진나라 옥리에게 맡기다.

5) 蒙恬 : 진의 장군. 藩籬 울타리. 국경. 却 물리치다. 彎弓 활을 당기다. 군사를 일으키다. 報怨 원한을 갚다. 보복하다.

6) 燔 : 불사르다. 百家之言 제자백가의 서적. 黔首 백성.

7) 隳 : 부수다. 파괴하다. 墮와 같음. 銷 녹이다. 鋒鏑 병기의 날과 화살촉. 金人 동으로 만든 사람.

8) 華 : 華山. 지금의 섬서성 화음현 남쪽.

9) 良將 : 훌륭한 장수. 勁弩 강력한 활. 信臣 믿음직한 신하. 精卒 정예의 병졸. 陳利兵 예리한 무기를 지님. 誰何 누구인가를 검사하고 묻다.

世之業也。

始皇旣沒, 餘威震于殊俗。然而陳涉甕牖繩樞之子, 氓隸之人, 而遷徙之徒也。[1] 材能不及中人, 非有仲尼, 墨翟之賢, 陶朱, 猗頓之富。[2] 躡足行伍之間, 俛起阡陌之中, 率疲散之卒, 將數百之衆, 轉而攻秦。[3] 斬木爲兵, 揭竿爲旗, 天下雲集而響應, 贏粮而景從, 山東豪俊, 遂并起而亡秦族矣。[4]

且夫天下非小弱也, 雍州之地, 崤函之固自若也。[5] 陳涉之位, 非尊於齊, 楚, 燕, 趙, 韓, 魏, 宋, 衛, 中山之君也 ; 鉏櫌棘矜[6], 非銛於鉤戟長鎩也[7] ; 謫戍之衆, 非抗於九國之師也 ; 深謀遠慮, 行軍用兵之道, 非及曩時之士也。然而成敗異變, 功業相反。[8] 試使山東之國與陳涉度長絜

---

1) 甕牖繩樞 : 깨진 옹기로 창문을 만들고 새끼줄로 문을 묶는다. 집이 가난하다는 뜻. 氓隸 천한 백성. 遷徙 변방을 지키는 사람.

2) 仲尼 공자, 墨翟 묵자, 陶朱 범려, 猗頓 춘추시대 노나라 사람.

3) 躡足 : 발을 들여놓다. 行伍 군대의 대오. 俛起 갑자기 일어나다. 阡陌 밭두렁길, 농촌구석의 뜻.

4) 揭竿 : 장대를 높이 들다. 響應 호응하다. 贏粮 양식을 짊어지다. 景從 그림자처럼 따르다.

5) 且夫 : 또, 그런데. 小弱 약해지다. 非小弱 은 大弱과 같음. 自若 본디 그대로 같다.

6) 鉏櫌 : 호미와 고무래. 棘矜 창자루. 자루가 긴 창.

7) 銛(先) : 예리함. 鎩(沙) 창의 일종으로 길이가 긴 병기.

8) 謫戍 : 변방수비를 맡다, 抗 대항하다. 行軍用兵 군사를 부리다. 曩時 이전, 지난 번.

大, 比權量力, 則不可同年而語矣。[1] 然秦以區區之地, 致萬乘之權, 招八州而朝同列, 百有餘年矣。[2] 然後以六合爲家, 崤函爲宮。一夫作難而七廟隳, 身死人手, 爲天下笑者, 何也? 仁義不施, 而攻守之勢異也。[3]

---

1) 度長絜大 : 길이와 크기를 재다, 比權量力 권세를 비교하여 역량을 헤아리다, 同年而語 함께 취급하여 논하다, 絜(鞋) 끈으로 둘레를 잰다.

2) 區區 : 조그만 모양, 萬乘 천자의 뜻, 招 불러들이다, 점령하다의 뜻, 八州 진나라 옹주를 제외한 8주, 同列 동등한 지위, 같은 반열.

3) 一夫作難 : 한 사나이가 난을 일으킴. 七廟 고대 종법에서 제왕에게 7묘를 세워 선조를 모시도록 제정함. 종묘사직 즉 국가의 뜻.

# 長門賦幷序

司馬相如

孝武皇帝陳皇后時得幸, 頗妒, 別在長門宮[1], 愁悶悲思。

聞蜀郡成都司馬相如天下工爲文, 奉黃金百斤爲相如, 文君取酒, 因于解悲愁之辭[2]。而相如爲文以悟主上, 陳皇后復得親幸。其辭曰 :

夫何一佳人兮, 步逍遙以自虞[3]。魂逾佚而不反兮, 形枯槁而獨居[4]。言我朝往而暮來兮, 飮食樂而忘人。心慊移而不省故兮, 交得意而相親[5]。

伊予志之慢愚兮, 懷貞慤之歡心[6]。願賜問而自進兮,

---

1) 孝武 : 효무황제, 즉 한(漢) 무제 유철(劉徹). 뛰어난 재능과 원대한 지략을 갖췄으며 문사(文辭)와 유학(儒學)에 능함. 時得幸 항상 총애를 받다. 別 : '다른'이란 뜻이며, 여기서는 정궁(正宮)에서 쫓겨나 외부로 귀양살이 간다는 뜻. 장문궁은 한대(漢代) 장안(長安)의 별궁 이름.

2) 工爲文 : 문장이 뛰어나다. 문군(文君)은 탁문군(卓文君)이며 사마상여의 아내이다. 取酒 술을 사다. 사마상여를 예로써 초빙하여 부(賦)를 짓게 했다는 완곡한 표현임. 于는 爲이며, 여기서는 저작을 가리킴.

3) 夫何 : 어기조사이며 감탄을 표시. 逍遙 천천히 걷는 모양. 虞는 "娛"와 같음, 度 헤아리다의 뜻.

4) 逾佚 : 흩어지다. 혼이 빠져나가다. 反은 "返"과 같음. 枯槁(稿) : 초췌

5) 言我 : 무제. 忘人은 陳의 황후. 慊移는 정을 끊고 변심한다는 뜻. 慊 : 단절. 省(醒)故 : 옛 사람(자신을 가리킴)을 기억하다.

6) 伊 : 어기조사. 慢愚 머리가 둔하고 예민하지 못함. 懷 생각하다. 품다. 貞慤 지조가 곧고 신용을 지킴.

得尙君之玉音[1]。奉虛言而望誠兮, 期城南之離宮[2]。修薄具而自設兮, 君曾不肯乎幸臨。廓獨潛而專精兮, 天漂漂而疾風[3]。登蘭台而遙望兮, 神怳怳而外淫[4]。浮云鬱而四塞兮, 天窈窈而晝陰[5]。雷殷殷[6]而響起兮, 聲象君之車音。飄風回而起閨兮, 擧帷幄之襜襜[7]。桂樹交而相紛兮, 芳酷烈之誾誾[8]。孔雀集而相存兮, 玄猿嘯而長吟[9], 翡翠脇翼而來萃兮, 鸞鳳翔而北南。[10]

心憑噫而不舒兮, 邪氣壯而攻中。[11] 下蘭台而周覽兮, 步從容于深宮。正殿塊以造天兮, 鬱幷起而穹崇[12]。間徙倚

---

1) 賜問 : 한 무제가 자신의 안부를 묻는 것을 가리킴. 玉音은 군왕의 조서를 가리킴.

2) 虛言 : 거짓된 언약. 望誠은 그의 말은 진실이었을 것이라는 바램. 期 약속. 城南之離宮 장문궁. 離宮은 고대 제왕이 정식 궁전 외에 별도로 지은 궁실.

3) 修 : 정리하다. 薄具 풍부한 음식. 廓는 고독과 적막함. 獨潛은 고독하게 궁안에만 있는 것을 가리킴, 漂漂는 옅은 푸른색.

4) 怳怳 : 마음이 불안한 모양. 外淫 정신이 나가다. 淫는 한가하게 거닐다.

5) 鬱 : 쌓이다. 窈窈은 깊고 어두운 모습.

6) 殷殷 : 천둥소리.

7) 飄風 : 회오리 바람, 回는 선회하다. 擧 : 불어 올림. 帷幄 침대의 휘장. 襜襜는 흔들리는 모습.

8) 桂樹 : 나무 숲. 紛은 뒤섞이다. 芳 향기. 誾誾 향기가 짙다, 그윽하다.

9) 孔雀集而相存兮 : 공작새는 서로 공존하여 서로에게 위로가 됨, 玄猿 검은 원숭이. 嘯 울부짖다. 長吟 길게 울다.

10) 翡翠 : 물총새. 脇翼 날개를 접다. 萃 모이다 췌. 鸞鳳 난새와 봉황. 翔而北南 북에서 남으로 날다. 翔 빙빙 돌며 날다 상.

11) 憑噫 : 마음속이 답답하고 괴롭다. 攻中 마음을 누르다.

12) 塊 : 독립적인 모습. 造天 하늘까지 닿음. 鬱 웅위한 모습. 穹崇 높고 크다.

于東廂兮, 觀夫靡靡而無窮[1)]。擠玉戶以撼金鋪兮, 聲噌吰而似鍾音[2)]。刻木蘭以爲榱[3)]兮, 飾文杏以爲梁。羅豊茸之游樹兮, 離樓梧而相撑[4)]。施瑰木之欂櫨兮, 委參差以槺梁[5)]。時仿佛以物類兮, 象積石之將將[6)]。五色炫以相曜兮[7)], 爛耀耀而成光。致錯石之瓴甓兮, 象玳瑁之文章[8)]。張羅綺之幔帷兮, 垂楚組之連綱[9)]。

撫柱楣以從容兮, 覽曲台之央央[10)]。白鶴噭以哀號兮, 孤雌跱于枯楊[11)]。日黃昏而望絶兮, 悵獨托于空堂。懸明月

1) 間 : 어떤 때, 때로는. 徙倚 서다, 靡靡는 세밀하고 정교한 아름다운 모습. 궁중의 장식품을 가리킴.

2) 擠 : 밀다. 撼 흔들다. 金鋪 문에 있는 동(銅)으로 만든 동물얼굴의 고리손잡이. 문고리를 가리킴. 噌吰 소리가 웅장하다.

3) 榱 : 집의 서까래.

4) 羅 : 모이다. 豊茸 장식한 모양. 游樹 궁전 대들보 상의 기둥. 離樓 매우 많은 수목이 모여 있는 모습. 梧 교차. 撑 받치다, 지주(支柱).

5) 瑰木 : 괴목의 목재. 欂櫨 기둥위에서 대들보를 받치는 사각형의 단(短)목, 즉 두공(지붕받침). 委 쌓다. 槺梁 중간에 비어 있는 모습.

6) 積石 : 적석산(積石山), 황하의 발원지라고 함. 將將 높고 험준한 모습.

7) 炫 : 밝게 비추다. 曜 밝게 빛나다.

8) 錯石 : 돌을 들쑥날쑥하게 하다. 교착시킨 후 합쳐보면 무늬도안을 형성하는 돌. 瓴甓 땅에 까는 벽돌. 玳瑁는 열대해 중에서 자라며 형상은 거북이와 같은 기어 다니는 동물이며 그 갑각은 장식품으로 쓰임. 文章 채색도안. 이 궁중안의 길의 화려하고 고귀한 모습을 묘사.

9) 垂 : 걸다. 楚組는 초나라 땅에서 생산되는 명주 끈. 連綱 물체를 하나하나 차례로 연결하는 끈. 휘장을 묶는 끈을 가리킴.

10) 楣 : 문 위의 가로로 쳐진 대들보. 央央 넓은 모습

11) 噭 : 슬프게 우는 소리. 號 크게 소리 지름. 孤雌 짝을 잃은 고독한 암컷 새. 跱 서식하다. 이 구절은 학(鶴)으로써 자신을 비유함.

以自照兮, 徂[1]清夜于洞房。援雅琴以變調[2]兮, 奏愁思之不可長。案流徵以却轉兮, 聲幼妙而復揚[3]。貫曆覽其中操兮, 意慷慨而自卬[4]。左右悲而垂淚兮, 涕流離而從橫[5]。舒息悒而增欷兮, 蹝履起而彷徨[6]。揄長袂以自翳兮, 數昔日之諐殃[7]。無面目之可顯兮, 遂頹思而就床。摶芬若以爲枕兮, 席荃蘭而茝香[8]。

忽寢寐而夢想兮, 魄若君之在旁。惕寤覺而無見兮, 魂迋迋[9]若有亡。衆鷄鳴而愁予兮, 起視月之精光。觀衆星之行列兮, 畢昴[10]出于東方。望中庭之藹藹兮, 若季秋之降霜[11]。夜曼曼其若歲兮, 懷鬱鬱其不可再更[12]。澹偃蹇而待

---

1) 徂 : 사라지다.

2) 變調 : 규범적인 음조를 바꿔서 애수에 잠긴 마음을 토로.

3) 案 : 연주하다. 流徵 유창한 치(徵)음. 치(徵)는 고대 오음(宮, 商, 角, 徵, 羽) 중의 4번째 음이며 치조의 악곡은 슬픔과 처량함, 격정의 감정을 표현함. 幼妙 미묘한 곡절.

4) 貫 : 연관하다. 이 琴曲을 통해 충성스럽고 절의가 있는 즉, 마음속의 정조와 지조를 볼 수 있다. 卬은 昂(오르다)과 동일.

5) 左右 : 주변 사람. 涕 눈물. 流離는 줄줄 흐르는 모양. 從橫은 縱橫과 동일.

6) 舒 : 토로해내다. 밖으로 내뱉다. 息 탄식. 悒 우울하다. 欷 흑흑 흐느끼다. 흐느껴 울다. 蹝履 신발을 끌고서.

7) 揄 : 높이 휘두르다. 袂 소매. 自翳 얼굴을 가리다. 數 회상. 殃 허물, 과실. 諐은 愆과 동일, 허물, 죄.

8) 摶 : 뭉칠 단. 芬若은 향초. 荃, 蘭, 茝모두 고대의 향초 이름.

9) 迋迋 : 공포.

10) 畢昴 : 28수(宿) 중의 두 번째 성수명, 음력 5, 6월에 동쪽 방향에서 나타난다.

11) 藹藹 : 어두운 모습. 季秋 깊은 가을.

12) 曼曼 : 시간이 길고 지루하다. 鬱鬱 울적하고 답답하다. 不可再更 더 이상 견딜

曙兮, 荒亭亭而復明[1)]。妾人竊自悲兮, 究年歲而不敢忘。

---

수가 없다.

1) 澹 : 흔들거림. 偃蹇 오랫동안 서 있는 모습. 荒 어둡다. 亭亭 요원하다. 여명전의 어두움은 곧 과거가 될 것이라고 하여, 자신이 다시 총애를 받게 될 것이라는 것에 대해 결코 절망하지 않음을 나타냄.

# 鴻門宴

司馬遷

楚軍夜擊阬[1)]秦卒二十餘萬人新安[2)]城南, 行略定秦地。函谷關[3)]有兵守關, 不得入。又聞沛公[4)]已破咸陽。項羽大怒, 使當陽君等擊關。項羽遂入, 至於戲西[5)]。沛公軍霸上[6)], 未得與項羽相見。沛公左司馬曹無傷使人言于項羽曰 : "沛公欲王關中, 使子嬰[7)]爲相, 珍寶盡有之。" 項羽大怒曰 : "旦日饗士卒, 爲擊破沛公軍!" 當是時, 項羽兵四十萬, 在新豐鴻門[8)] ; 沛公兵十萬, 在霸上。範增[9)]說項羽曰 :

---

1) 擊阬 : 육상에서 죽인 후에 구덩이를 파서 묻어버림. 阬은 "坑"과 같음.

2) 新安 : 진나라 현의 이름이며 옛터는 지금의 하남(河南) 승지(澠池).

3) 函谷關 : 오늘날 하남(河南)의 영보(靈寶) 서남쪽에 위치.

4) 沛公 : 유방이 패(沛)지역(지금의 강소성(江蘇城) 패현(沛縣))에서 군사를 일으켰으므로 패공이라 함.

5) 戲西 : 희수(戲水)의 서쪽. 희수는 지금의 섬서성(陝西城)에서 동(潼)의 동쪽으로 인접한 지역.

6) 霸上 : 옛 지명. 지금의 섬서성 서안시(西安市) 동쪽에 있으며 패수(霸水) 서쪽의 고원에 위치하여 얻어진 이름.

7) 子嬰 : 진시황 2세인 호해(胡亥)의 조카. 조고(趙高)가 2세를 죽이고 자영을 진왕으로 세웠다. 즉위한지 42일 만에 유방에게 투항했으며 나중에 항우의 손에 사망.

8) 新豊鴻門 : 신풍(新豊)은 현(縣)의 이름. 지금의 섬서성(陝西城) 동(潼)의 동쪽으로 인접한 지역. 홍문(鴻門)은 옛 지명. 지금의 섬서성(陝西城) 동(潼)의 동쪽 가까이로 17리(里)에 있는 홍문(鴻門)이라는 시골마을이며, 항왕(項王)의 영지라고 일컬어지는 곳.

9) 範增 : 항우의 중요한 모사.

“沛公居山東時, 貪于財貨, 好美姬。今入關, 財物無所取, 婦女無所幸, 此其志不在小。吾令人望其氣[1], 皆爲龍虎, 成五彩, 此天子氣也。急擊勿失!”

楚左尹項伯者, 項羽季父[2]也, 素善留侯張良[3]。張良是時從沛公, 項伯乃夜馳之沛公軍, 私見張良, 具告以事, 欲呼張良與俱去, 曰 : “毋從俱死也。” 張良曰 : “臣爲韓王送沛公, 沛公今事有急, 亡去不義, 不可不語。” 良乃入, 具告沛公。沛公大驚, 曰 : “爲之奈何?” 張良曰 : “誰爲大王爲此計者?” 曰 : “鯫生[4]說我曰 : ‘距[5]關, 毋內[6]諸侯, 秦地可盡王也。’ 故聽之。” 良曰 : “料大王士卒足以當項王乎?” 沛公默然, 曰 : “固不如也。且爲之奈何?” 張良曰 : “請往謂項伯, 言沛公不敢背[7]項王也。” 沛公曰 : “君安與項伯有故?” 張良曰 : “秦時與臣遊, 項伯殺人, 臣活之 ; 今事有急, 故幸來告良。” 沛公曰 : “孰與君少長?” 良曰 : “長于

---

1) 吾令人望其氣 : 운기(雲氣)를 살펴보는 것은 고대 미신상의 점술법, 운기(雲氣)를 보고 인사(人事)에 억지로 끼워 맞춰 길흉을 예언. 여기서는 유방이 있는 곳의 하늘에 다른 모양의 운기, 즉 천자의 운기가 있어 유방이 장래에 황제가 될 것이라는 말.

2) 季父 : 叔父.

3) 張良 : 자(字)는 자방(子房)이고 유방의 책략가이며, 이후에 유(留) 땅의 제후로 봉함.

4) 鯫生 : 천박하고 무지한 사람을 가리킨다.

5) 距 : 拒와 같음. 막다.

6) 內 : 納과 같음. 들이다.

7) 背 : 背叛.

臣。" 沛公曰 : "君爲我呼入, 吾得兄事之。" 張良出, 要[1]項伯。項伯卽入見沛公。沛公奉卮酒爲壽, 約爲婚姻, 曰 : "吾入關, 秋豪不敢有所近, 籍吏民, 封府庫, 而待將軍。所以遣將守關者, 備他盜之出入與非常也。日夜望將軍至, 豈敢反乎! 願伯具言臣之不敢倍[2]德也。" 項伯許諾, 謂沛公曰 : "旦日不可不蚤[3]自來謝項王。" 沛公曰 : "諾。" 于是項伯複夜去, 至軍中, 具以沛公言報項王, 因言曰 : "沛公不先破關中, 公豈敢入乎? 今人有大功而擊之, 不義也。不如因善遇之。" 項王許諾。

沛公旦日從百余騎來見項王, 至鴻門, 謝曰 : "臣與將軍戮力而攻秦, 將軍戰河北, 臣戰河南, 然不自意能先入關破秦, 得複見將軍于此。今者有小人之言, 令將軍與臣有郤[4]。" 項王曰 : "此沛公左司馬曹無傷言之 ; 不然, 籍何以至此?" 項王卽日因留沛公與飮。項王, 項伯東向坐, 亞父[5]南向坐。亞父者, 範增也。沛公北向坐, 張良西向侍。

範增數目[6]項王, 擧所佩玉玦以示之者三, 項王默然不應。範增起, 出, 召項莊[7], 謂曰 : "君王爲人不忍。若[8]入前

1) 要 : 邀와 같음. 초청하다.

2) 倍 : 背와 같음. 배반하다.

3) 蚤 : 早와 같음. 일찍.

4) 郤 : 隙과 통한다. 틈.

5) 亞父 : 경칭이며 부친의 바로 다음 서열임을 나타낸다.

6) 數目 : 눈빛으로 여러 번 의사를 표시하다.

7) 項莊 : 항우의 사촌동생이다.

8) 若 : 2인칭대명사(爾).

爲壽, 壽畢, 請以劍舞, 因擊沛公于坐, 殺之。不者, 若屬皆且爲所虜。" 莊則入爲壽。壽畢, 曰 : "君王與沛公飮, 軍中無以爲樂, 請以劍舞。" 項王曰 : "諾。" 項莊拔劍起舞, 項伯亦拔劍起舞, 常以身翼蔽沛公, 莊不得擊。

于是張良至軍門見樊噲[1]。樊噲曰 : "今日之事何如?" 良曰 : "甚急! 今者項莊拔劍舞, 其意常在沛公也。" 噲曰 : "此迫矣! 臣請入, 與之同命。" 噲卽帶劍擁盾入軍門。交戟之衛士欲止不內, 樊噲側其盾以撞, 衛士仆地, 噲遂入, 披帷西向立, 瞋目視項王, 頭發上指, 目眦[2]盡裂。項王按劍而跽[3]曰 : "客何爲者?" 張良曰 : "沛公之參乘[4]樊噲者也。" 項王曰 : "壯士, 賜之卮酒。" 則與鬥卮酒。噲拜謝, 起, 立而飮之。項王曰 : "賜之彘肩。" 則與壹生彘肩[5]。樊噲覆其盾于地, 加彘肩上, 拔劍切而啖之。項王曰 : "壯士! 能複飮乎?" 樊噲曰 : "臣死且不避, 卮酒安足辭! 夫秦王有虎狼之心, 殺人如不能擧, 刑人如恐不勝[6], 天下皆叛之。懷王與諸將約曰 : '先破秦入鹹陽者王之。' 今沛公先破秦入鹹陽, 毫毛不敢有所近, 封閉宮室, 還軍霸上, 以待大王來。

---

1) 樊噲 : 유방을 따라 군사를 일으킨 장수.

2) 目眦 : 눈가.

3) 跽 : 윗몸을 꼿꼿이 세우고 무릎을 꿇다. 검을 손으로 누르면서 윗몸을 꼿꼿이 세우고 무릎을 꿇는 것은 경계와 경비의 뜻.

4) 參乘 : 마차 오른편을 지키는 호위병.

5) 彘肩 : 돼지다리.

6) 殺人 : 사람을 죽일 때 철저하게 끝까지 죽이지 못하지는 않을까를 두려워하고, 벌을 줄때는 혹형을 다 가하지 못할까를 두려워했다.

故遣將守關者, 備他盜出入與非常也。勞苦而功高如此, 未有封侯之賞, 而聽細說, 欲誅有功之人。此亡秦之續[1]耳, 竊爲大王不取也!" 項王未有以應, 曰 : "坐。" 樊噲從良坐。

坐須臾, 沛公起如厠[2], 因招樊噲出。沛公已出, 項王使都尉陳平召沛公。沛公曰 : "今者出, 未辭也, 爲之奈何?" 樊噲曰 : "大行不顧細謹, 大禮不辭小讓[3]。如今人方爲刀俎[4], 我爲魚肉, 何辭爲?" 于是遂去。乃令張良留謝。良問曰 : "大王來何操[5]?" 曰 : "我持白璧壹雙, 欲獻項王, 玉鬥壹雙, 欲與亞父。會其怒, 不敢獻。公爲我獻之。" 張良曰 : "謹諾。" 當是時, 項王軍在鴻門下, 沛公軍在霸上, 相去四十裏。沛公則置[6]車騎, 脫身獨騎, 與樊噲, 夏侯嬰, 靳强, 紀信等四人持劍盾步走, 從啥山[7]下, 道芷陽間行[8]。沛公謂張良曰 : "從此道至吾軍, 不過二十裏耳。度我至軍中, 公乃入。"

---

1) 亡秦之續 : 이미 멸망당한 진나라의 뒤를 잇는 사람. 망한 진나라의 전철을 다시 밟는다는 뜻이다.

2) 如厠 : 화장실에 가다.

3) 大行 : 큰 일을 하는데 사소한 일은 신경 쓰지 않는다. 대례(大禮)를 논하는데 사소한 예의 따위는 따질 필요가 없다.

4) 俎 : 고기를 써는데 사용하는 도마.

5) 何操 : 무슨 선물을 가지고 왔습니까?

6) 置 : 남다.

7) 啥山 : 여산(驪山)이며, 지금의 섬서성(陝西城)에서 동(潼)의 동남쪽에 인접한 곳에 위치.

8) 道芷陽間行 : 芷陽에서 지름길을 통하여 달아나다. 芷陽 진나라 현 이름. 관청은 지금의 섬서성 장안현(長安縣) 동쪽 위치.

沛公已去, 間至軍中。張良入謝, 曰 : "沛公不勝桮杓[1], 不能辭。謹使臣良奉白璧壹雙, 再拜獻大王足下, 玉鬥壹雙, 再拜奉大將軍足下。" 項王曰 : "沛公安在?" 良曰 : "聞大王有意督過[2]之, 脫身獨去, 已至軍矣。" 項王則受璧, 置之坐上。亞父受玉鬥, 置之地, 拔劍撞而破之, 曰 : "唉! 豎子[3]不足與謀。奪項王天下者必沛公也。吾屬今爲之虜矣!"

沛公至軍, 立誅殺曹無傷。

---

1) 桮杓 : 주기(酒器). 桮는 杯와 같음.

2) 督過 : 질책하다.

3) 豎子 : 놈이며 욕이다. 항장과 같은 부류를 가리키며, 항왕을 은근히 조롱한 것이다.

# 報任少卿書

司馬遷

太史公牛馬走[1)]司馬遷再拜言少卿足下：曩者辱賜書，教以順于接物[2)]，推賢進士爲務。意氣勤勤懇懇，若望[3)]仆不相師，而用流俗人之言。仆非敢如此也。仆雖罷駑[4)]，亦嘗側聞長者遺風矣。顧自以爲身殘處穢[5)]，動而見尤，欲益反損，是以獨抑郁而與誰語。諺曰："誰爲爲之? 孰令聽之?" 蓋鍾子期死，伯牙終身不復鼓琴[6)]。何則? 士爲知己者用，女爲說己者容[7)]。若仆大質[8)]已虧缺矣，雖才懷隨，

---

1) 太史公 태사령(太史令)이며, 사마천이 자신을 일컫는 말. 牛馬走 소나 말처럼 사람들에게 부림을 당하는 하인으로 사마천이 자신을 낮추어 표현한 말.

2) 接物 : 사람을 대하는 태도.

3) 望 : 원망하다.

4) 罷 : 疲와 같음. 駑 둔한 말. 罷駑 사람이 쇠약하고 재능이 뒤 떨어지는 것을 비유함.

5) 身殘處穢 : 궁형을 당하여 치욕스러운 위치에 처했다.

6) 鍾子期, 伯牙 : 춘추(春秋)시대 초(楚)나라 사람. 백야는 금(琴)을 잘 탔음. 종자기는 음악에 정통하여 음만 듣고 그 음이 어떤 음인지 알았다. 종자기가 죽은 후 백야는 세상에는 이제 지음(知音)이 없다고 말했으며 차츰 현(弦)과 금을 연주하지 않았고 죽을 때까지 다시는 금을 타지 않았다. 이 이야기에 관해서는 《呂氏春秋 · 本味》 참고.

7) 說 : 悅과 같음. 容 장식물로 용모를 꾸미다.

8) 大質 : 신체, 체질.

和[1), 行若由, 夷[2), 終不可以爲榮, 適足以見笑而自點[3)耳。書辭宜答, 會東從上來[4), 又迫賤事, 相見日淺, 卒卒無須臾之間[5), 得竭至意。今少卿抱不測之罪, 涉旬月, 迫季冬, 仆又薄從上雍[6), 恐卒然不可爲諱[7), 是仆終已不得舒憤懣以曉左右, 則長逝者[8)魂魄私恨無窮。請略陳固陋。闕然久不報, 幸勿爲過!

仆聞之 : 修身者, 智之符[9)也 ; 愛施者, 仁之端也 ; 取予者, 義之表也 ; 恥辱者, 勇之決也 ; 立名者, 行之極也。士有此五者, 然後可以托于世, 而列于君子之林矣。故禍莫憯[10)于欲利, 悲莫痛于傷心, 行莫醜于辱先, 詬莫大于宮刑。刑余之人, 無所比數[11), 非壹世也, 所從來遠矣。昔

---

1) 隨, 和 : 수후주(隨侯珠), 화씨벽(和氏璧) 모두 천하의 가장 귀중한 보물. 뛰어나고 훌륭한 재능과 덕을 비유.

2) 由, 夷 : 허유(許由), 백이(伯夷)를 가리킴. 모두 고대(古代)의 품행이 고결했던 현사(賢士).

3) 自點 : 스스로를 더럽히다. 點 더럽히다.

4) 東從上來 : 한(漢) 무제(武帝)를 따라 동쪽 감천궁 지역에서 장안(長安)으로 돌아오다.

5) 卒 : 바쁘다. 촉박하다. 다급하다. 間 간격.

6) 薄 : 임박하다. 雍 옛날 현의 이름. 지금의 섬서성(陝西城) 봉상(鳳翔)의 남쪽에 위치. 본래는 춘추시대의 옹읍(雍邑)이며 진(秦)나라 때 이곳에 도읍을 세운 적이 있다. 한 무제는 이곳에 자주 가서 천신에게 제사를 지냄.

7) 不可爲諱 : 피할 수 없다. 즉 임안(任安)은 처형당하는 것을 피할 수 없다.

8) 長逝者 : 죽은 자. 즉 곧 죽게 될 임안.

9) 符 : 부신, 증거물.

10) 憯 : 慘과 같음. 아프다.

11) 比數 : 동열, 같이 논하다.

衛靈公與雍渠同載[1), 孔子適陳；商鞅因景監見, 趙良寒心[2)；同子參乘, 袁絲變色[3)：自古而恥之。夫以中材之人, 事有關于宦豎, 莫不傷氣, 而況于慷慨之士乎? 如今朝庭雖乏人, 奈何令刀鋸之余, 薦天下之豪俊哉? 仆賴先人緒業[4), 得待罪輦轂下[5), 二十余年矣。所以自惟[6)：上之不能納忠效信, 有奇策才力之譽, 自結明主；次之又不能拾遺補闕[7), 招賢進能, 顯岩穴之士[8)；外之又不能備行伍, 攻城野戰, 有斬將搴旗之功, 下之不能累日積勞, 取尊官厚祿, 以爲宗族交遊光寵。四者無壹遂, 苟合取容, 無所短長之效, 可如此矣。鄉者仆常厠下大夫[9)之列, 陪外廷[10)末議,

---

1) 衛靈公 : 춘추시대 위(衛)나라의 군주, 이름은 원(元)이며 B.C. 543~B.C. 493까지 재위. 雍渠 위령공이 총애했던 환관.

2) 商鞅 : 전국시대의 정치가. 위(衛)나라 사람이며 공손(公孫)씨. 이름은 앙(鞅)이며 위앙(衛鞅)으로도 불린다. 景監 진(秦)나라 효공(孝公)이 총해했던 태감. 상앙은 경감이 추천하여 진나라 효공에 의해 중용되었다. 趙良 진나라의 현사(賢士).

3) 同子 : 한나라 무제 때의 환관인 조담(趙談). 사마천은 아버지의 이름에 사용된 글자의 사용을 피하기 위하여 同子라 칭하였다. 袁絲 원앙(袁盎). 자(字)는 사(絲). 한 문제(文帝) 때 직간을 잘하는 신하로 조정에서 저명.

4) 緒業 : 유업(遺業).

5) 待罪輦轂下 : 자신을 낮추어 겸손한 말이며, 황제의 가까이에서 벼슬을 하다라는 의미.

6) 惟 : 생각하다.

7) 拾遺補闕 : 황제를 위하여 과실을 보완하다. 완곡하게 충고하는 것을 가리킴.

8) 岩穴之士 : 옛날, 은사들이 대부분 산에 은거했기 때문에 "바위굴 선비"라고 칭함.

9) 下大夫 : 태사령의 관록은 6백석이었고 직위는 하대부였다.

10) 外廷 : 외조(外朝)이다. 한대(漢代)에 조정의 관리를 내조관(內朝官)과 외조관(外朝官)으로 구분함. 한 무제는 시중(侍中), 상시(常侍), 급사중(給事中) 등 황제 가까이에 있는 근신(近臣)들을 내조로 구성하였고, 국가 대사와 관련된 정책 결정에 참여

不以此時引維綱, 盡思慮, 今已虧形爲掃除之隸, 在闒茸[1]之中, 乃欲仰首伸眉, 論列是非, 不亦輕朝廷, 羞當世之士邪? 嗟乎! 嗟乎! 如仆尙何言哉! 尙何言哉!

且事本末未易明也。仆少負不羈之行, 長無鄕曲之譽。主上幸以先人之故, 使得奏薄伎, 出入周衛[2]之中。仆以爲戴盆何以望天, 故絶賓客之知, 亡室家之業, 日夜思竭其不肖之才力, 務壹心營職, 以求親媚于主上。而事乃有大謬不然者。夫仆與李陵[3]俱居門下, 素非能相善也。趣[4]舍異路, 未嘗銜盃酒, 接殷勤之余歡。然仆觀其爲人, 自守奇士 : 事親孝, 與士信, 臨財廉, 取予義, 分別有讓[5], 恭儉下人[6], 常思奮不顧身, 以徇國家之急。其素所蓄積也, 仆以爲有國士之風。夫人臣出萬死不顧壹生之計, 赴公家之難, 斯以奇矣。今擧事壹不當, 而全軀保妻子之臣, 隨而媒孼[7]

---

시켰다. 승상(丞相)을 수장으로 하는 외조는 일반 정무를 집행하는 기관.

1) 闒茸 : 용렬하고 비천하다.

2) 周衛 : 궁궐 호위가 빈틈없다. 여기서는 궁 안에서의 금지령을 가리킴.

3) 李陵 : 서한(西漢)시기 농서(隴西) 성기(成紀, 오늘날의 감숙성(甘肅城) 진안(秦安)) 지역 사람으로, 자(字)는 소경(少卿), 명장 이광(李廣)의 손자다. 기마와 궁술에 능했다. 무제 때 기도위(騎都尉)를 지냈다. 군대를 이끌고 흉노의 근거지로 출격하여 싸우다 패하고 투항.

4) 趣 : 趨와 같음.

5) 分別有讓 : 사람을 대하는 태도가 존비장유(尊卑長幼)를 분별하여 예의를 엄수하고 겸양(謙讓)의 품성을 갖춤.

6) 下人 : 남의 아랫사람으로 있어도 만족해하다.

7) 媒孼 : 매개물이며, 媒 술밑, 孼 술누룩. 알맞게 조화시켜 빚어낸다는 의미이다. 함정을 만들어 모함하고 그 죄를 만들어 낸다는 것을 비유하였다.

其短, 仆誠私心痛之。且李陵提步卒不滿五千, 深踐戎馬之地, 足暦王庭[1], 垂餌虎口, 橫挑强胡, 仰億萬之師, 與單于連戰十有余日, 所殺過半當[2], 虜救死扶傷不給。旃裘[3]之君長鹹震怖, 乃悉征其左右賢王, 擧引弓之民, 壹國共攻而圍之。轉鬥千裏, 矢盡道窮, 救兵不至, 士卒死傷如積, 然陵壹呼勞軍, 士無不起躬自流涕, 沫血飮泣, 更張空弮[4], 冒白刃, 北向爭死敵者。陵未沒時, 使有來報, 漢公卿王侯皆奉觴上壽。後數日, 陵敗書聞。主上爲之食不甘味, 聽朝不怡。大臣憂懼, 不知所出。仆竊不自料其卑賤, 見主上慘愴怛悼, 誠欲效其款款之愚, 以爲李陵素與士大夫絶甘分少[5], 能得人死力, 雖古之名將, 不能過也。身雖陷敗, 彼觀其意, 且欲得其當[6]而報于漢。事已無可奈何, 其所摧敗, 功亦足以暴[7]于天下矣。仆懷欲陳之, 而未有路, 適會召問, 卽以此指, 推言陵之功, 欲以廣主上之意, 塞睚眦[8]之辭。未能盡明, 明主不曉, 以爲仆沮貳師, 而爲李陵遊說,

1) 王庭 : 이선(李善)의 주해한 《문선(文選)》에서는 "單于所居之處, 號曰王庭(선우가 기거하는 곳을 이름 하여 왕정이라 한다)."고 하였다.

2) 過半當 : 절반을 초과하다.

3) 旃裘 : 모포(전)로 만든 옷으로 흉노족의 의복이다. 여기서는 흉노를 가리킨다.

4) 弮 : 석궁. 이릉은 화살을 다 써버렸기 때문에 빈 활시위를 당겼다.

5) 絶甘分少 : 감미로운 물건을 받기를 거절하고 겨우 소량 밖에 없는 것이라도 다른 사람에게 나누어 줄 것이다.

6) 當 : 상당하다. 죄를 탕감할 수 있는 공적.

7) 暴 : 밖으로 드러내다.

8) 睚眦 : 화난 눈으로 쳐다보다. 여기서는 원망으로 분개하다.

遂下于理[1]。拳拳之忠, 終不能自列, 因爲誣上, 卒從吏議。家貧, 財賂不足以自贖。交遊莫救, 左右親近不爲壹言。身非木石, 獨與法吏爲伍, 深幽囹圄[2]之中, 誰可告愬者! 此眞少卿所親見, 仆行事豈不然乎? 李陵旣生降, 隤[3]其家聲, 而仆又佴之蠶室[4], 重爲天下觀笑。悲夫! 悲夫! 事未易壹二爲俗人言也。

仆之先人非有剖符丹書之功, 文史星曆, 近乎蔔祝之間。固主上所戲弄, 倡優畜之, 流俗之所輕也。假令仆伏法受誅, 若九牛亡壹毛, 與螻蟻何以異? 而世又不與能死節者比, 特以爲智窮罪極, 不爲自免, 卒就死耳。何也? 素所自樹立使然也。(原書標點如此)人固有壹死。或重于泰山, 或輕于鴻毛, 用之所趨異也。太上不辱先, 其次不辱身, 其次不辱理色[5], 其次不辱辭令, 其次屈體受辱, 其次易服[6]受辱, 其次關木索, 被垂楚受辱, 其次剔毛發, 嬰金鐵受辱, 其次毁肌膚, 斷肢體受辱, 最下腐刑極矣。傳曰 : "刑不上

---

1) 理 : 고대의 사법기관.

2) 囹圄 : 감옥.

3) 隤 : 頹와 같음. 손상시키다. 파괴시키다. 무너지다.

4) 佴 : 차례로, 순서대로, 바로 뒤이어서. 蠶室 감옥 명, 궁형을 받은 자가 수감되는 방. 《후한서 · 광무제기하(後漢西書光武帝紀下)》에 있는 주해 : "蠶室"은 궁형을 받은 자들을예기 가두는 감옥명이다. 궁형을 받은 자들은 바람을 피해야 하고 보온이 필요하므로 움실을 만들어 열기를 저장했는데, 마치 잠실(蠶室, 누에를 치는 방) 같다 하여 지어진 이름이다.

5) 理色 : 도리, 안면.

6) 易服 : 죄수복으로 바꿔 입다.

大夫[1]。" 此言士節不可不勉勵也。猛虎處深山, 百獸震恐, 及在檻阱之中, 搖尾而求食, 積威約之漸也。故士有畫地爲牢, 勢不可入, 削木爲吏, 議不可對, 定計于鮮[2]也。今交手足, 受木索, 暴肌膚, 受榜垂, 幽于圜牆之中, 當此之時, 見獄吏則頭槍地[3], 視徒隸則心惕息。何者? 積威約之勢也。及以至是, 言不辱者, 所謂强顏耳, 曷足貴乎? 且西伯, 伯也, 拘于煙裏(原文如此, 當作羑裏)[4] ; 李斯, 相也, 具于五刑[5] ; 淮陰, 王也, 受械于陳[6] ; 彭越, 張敖, 南面稱孤, 系獄抵罪[7]

---

1) 傳 : 《예기(禮記)》를 가리킴. 이 말의 출처는 《예기 · 곡례상(禮記 · 曲禮上)》이다. "禮不下庶人, 刑不上大夫. 刑人不在君側(예는 백성들에게까지 내려가지 않고, 형벌은 위로 대부까지 미치지 않으며, 육체적 형벌을 받은 자는 군주를 가까이에서 모실 수 없다)."

2) 定計 : 사전에 따져보다. 鮮 선명하다. 명확하다.

3) 槍地 : 머리를 땅에 부딪치다.

4) 西伯 : 주(周)나라 문왕(文王). 상(商)나라 말기, 주(周)초에 주족(周族)의 영수였으며 성은 희(姬), 이름은 창(昌)이었다. 상대(商代) 주왕(紂王) 때 서백(西伯)이었으며, 한번은 주왕에 의해 유리(羑里, 오늘날의 하남성(河南城) 탕음현(湯陰縣)의 북쪽)에 감금되었었다.

5) 李斯 : 진나라 때의 승상이었으며 훗날 조고(趙高)에 의해 모함을 당하여 허리가 잘려 저자에 던져졌다. 5형(刑) : 고대에 행해지던 다섯 가지의 형벌이었다. 묵(墨, 얼굴에 글자를 새긴다), 의(劓, 코를 베어낸다), 비(剕, 종지뼈를 베는 형벌), 궁형(宮刑), 대벽(大辟, 사형).

6) 淮陰 : 한나라 회음(淮陰)의 제후인 한신(韓信)은 초(楚)나라 왕으로 봉해진 적이 있었다. 기원전 201년 누군가 상소를 올려 한신이 모반을 꾀하려 한다고 하자 고제(高帝)는 진평계(陳平計)를 써서 거짓으로 운몽(雲夢)으로 만유할 것이라고 하여 제후들을 진(陳, 오늘날의 하남성(河南城) 회음)으로 불러 모았다. 한신이 도착하자 형구를 사용하여 그를 속박하도록 명령을 내렸다. 械 : 수족을 속박하는 형구.

7) 彭越 : 자(字)는 중(仲), 한대(漢代) 초기의 창읍(昌邑, 오늘날의 산동성(山東城) 금향(金鄕) 서북쪽)사람이었다. 양(梁) 왕에 봉해졌으며, 후에 모반을 일으킨 것

; 絳侯誅諸呂, 權傾五伯, 囚于請室[1] ; 魏其, 大將也, 衣赭衣, 關三木[2] ; 季布爲朱家鉗奴[3], 灌夫受辱于居室[4]。此人皆身至王侯將相, 聲聞鄰國, 及罪至罔加, 不能引決自裁, 在塵埃之中, 古今壹體, 安在其不辱也? 由此言之, 勇怯, 勢也 ; 强弱, 形也 : 審矣, 何足怪乎? 夫人不能早自裁繩墨之外, 以稍陵遲[5], 至于鞭垂之間, 乃欲引節[6], 斯不亦遠乎? 古人所以重施刑于大夫者, 殆爲此也。

---

이 발각되어 유방에게 잡혀 옥에 갇힌 후 피살되었다. 張敖 한대(漢代) 초기 대량(大梁, 오늘날의 하남성 개봉(開封) 서북쪽)사람이다. 장이자(張耳子)는 그의 아버지의 뒤를 이어 조(趙)왕이 되었다. 조나라 승상인 관고(貫高) 등이 고조(高祖)를 암살하려고 꾀하다 잡혀 하옥되었다. 南面稱孤 왕이라 칭하다.

1) 絳侯 : 주발(周勃)을 가리킨다. 주발은 공을 세워 강현(絳縣)의 제후로 봉해졌다. 여후(呂后)가 죽은 후 진평(陳平)과 함께 여산(呂産), 여록(呂祿) 등을 주살하고 문제(文帝)를 왕으로 세웠으며 우승상(右丞相)이 되었다. 후에 무고당하여 한차례 하옥되었다. 청실(請室) 죄를 씻는 방, 즉 유죄인 관리를 가두는 감옥.

2) 魏其 : 즉 두영(竇嬰)이다. 두영은 공을 세워 위기(魏其)의 제후로 봉해졌다. 후에 승상인 전분(田蚡)과 서로 미워하다 규탄을 받아 도사공(都司空) 관청의 감옥에 감금되었다. 赭衣 죄수복. 三木 죄수의 목 · 손 · 발에 채우는 형구.

3) 季布 : 한대 초기의 초나라 사람, 의협심이 강하기로 유명하였다. 항우가 계포에게 군대의 지휘를 맡긴 적이 있었으며 수차례 유방을 포위했었다. 항우가 패한 후에 유방은 현상금 천금을 내걸어 계포를 잡아들이려 했으나, 그는 복양(濮陽)의 주씨(周氏)가로 도피하였다. 후에 주씨의 계책을 받아들여 곤겸(髡鉗, 고대의 형벌이며 머리카락을 다 밀어버리고 쇠고리로 목을 채우는 형벌임)이라는 형벌을 받고 노비가 되었으며 노(魯)나라의 유협주(游俠朱)가로 팔려갔다.

4) 灌夫 : 이전에 연(燕)나라의 재상이었다. 승상 전분(田蚡)에게 욕설을 퍼부어 모욕을 주었다는 이유로 관서에 감금되었다. 居室 한대의 관서 명. 소부(小府, 소관청)에 속하며 죄인을 감금하는 곳이다.

5) 陵遲 : 陵夷(차츰 쇠약해지다)와 같음, 쇠락하다.

6) 引節 : 절개를 지키기 위하여 자살하다.

夫人情莫不貪生惡死, 念父母, 顧妻子, 至激于義理者不然, 乃有所不得已也。今仆不幸, 早失父母, 無兄弟之親, 獨身孤立, 少卿視仆于妻子何如哉? 且勇者不必死節, 怯夫慕義, 何處不勉焉? 仆雖怯懦, 欲苟活, 亦頗識去就之分矣, 何至自沈溺縲泄之辱哉? 且夫臧獲婢妾由能引決, 況仆之不得已乎? 所以隱忍苟活, 幽于糞土之中而不辭者, 恨私心有所不盡, 鄙陋沒世[1], 而文采不表于後世也。

古者富貴而名摩滅, 不可勝記, 唯倜儻非常之人稱焉。蓋文王拘而演《周易》[2] ; 仲尼厄而作春秋 ; 屈原放逐, 乃賦《離騷》[3] ; 左丘失明, 厥有《國語》[4] ; 孫子臏脚, 兵法修列[5] ; 不韋遷蜀, 世傳《呂覽》[6] ; 韓非囚秦,《說難》,《孤憤》[7] ;

---

1) 沒世 : 평생.

2) 文王拘而演 :《周易》 주(周)의 문왕(文王)이 주왕(紂王)에 의해 유리(羑里)에 감금 되었을 때, 복희(伏羲)씨가 그렸다는 8괘를 64괘로 추리 연역하여 《周易》이 되었다고 전해진다.

3) 屈原放逐 : 전국시대 초(楚)나라의 대시인인 굴원은 근상(靳尙) 등의 모함을 받아 유배당한 후에 《離騷》을 지었다.

4) 左丘失明 : 춘추시기 노(魯)나라의 사관(史官)이었던 좌구명은 시력을 잃은 후에 《國語》를 저술하였다.

5) 孫子臏脚 : 손자는 즉 손빈(孫臏)이며 전국초기의 군사가(軍事家)이다. 그는 방연(龐涓)에 의해 빈형(臏刑, 무릎 뼈를 도려냈다)을 당하게 되었으며, 후에 《손빈병법(孫臏兵法)》을 저술하였다.

6) 不韋遷蜀 여불위(呂不韋)는 본래 상인이었고, 후에 진나라 재상이 되었으며 상국(相國)으로 존경받았다. 죄를 지어 면직당하고 촉(蜀) 땅으로 옮겨갔다. 문객에게 명하여 《여씨춘추(呂氏春秋)》를 편찬하게 하였다. 《여람(呂覽)》이 바로 《여씨춘추(呂氏春秋)》이다.

7) 韓非囚秦 : 한비는 전국말의 사상가, 법가(法家)의 대표적인 인물이다. 한왕(韓王)에

《詩》三百篇, 大底聖賢發憤之所爲作也。此人皆意有郁結, 不得通其道, 故述往事, 思來者[1]。乃如左丘無目, 孫子斷足, 終不可用, 退而論書策, 以舒其憤, 思垂空文以自見。仆竊不遜, 近自托于無能之辭, 網羅天下放失舊聞, 略考其行事, 綜其終始, 稽其成敗興壞之紀, 上計軒轅, 下至于茲, 爲十表, 本紀十二, 書八章, 世家三十, 列傳七十, 凡百三十篇。亦欲以究天人之際[2], 通古今之變, 成壹家之言。草創未就, 會遭此禍。惜其不成, 是以就極刑而無慍色。仆誠以著此書, 藏諸名山, 傳之其人, 通邑大都, 則仆償前辱之責, 雖萬被戮, 豈有悔哉? 然此可爲智者道, 難爲俗人言也。

且負下未易居[3], 下流多謗議[4]。仆以口語[5]遇此禍, 重爲鄕黨所笑, 以汙辱先人, 亦何面目複上父母丘墓乎? 雖累百世, 垢彌甚耳。是以腸壹日而九回。居則忽忽若有所亡。出則不知其所往。每念斯恥, 汗未嘗不發背沾衣也。身直爲閨閤之臣[6], 甯得自引深藏于岩穴邪? 故且從俗浮沈,

---

게 변법(變法)을 시행하여 부국강병을 도모하도록 건의한 적이 있었는데 받아들여지지 않았다. 후에 진(秦)나라로 출사하였고 이사(李斯)는 그의 유능함을 시기하였다. 감옥에 갇히게 되자 자살하였다. 《說難》, 《孤憤》는 그가 지은 작품명이다.

1) 述往事 : 이선(李善)이 주해(註解)한 《문선(文選)》에서는 "言故述往前行事, 思令將來人知己之志(옛일을 말하는 것은 장래의 사람들로 하여금 자신의 뜻을 알아주기를 바라는 것이다)."고 하였다.

2) 究天人之際 : 천지자연과 인류사회의 관계를 탐구한다.

3) 負下 : 낮은 지위에 처하다. 未易居 살아가기 쉽지 않다.

4) 下流多謗議 : 자신이 비천한 지위에 있으므로 비방을 당하기도 쉽다.

5) 口語 : 이릉을 위하여 변론하고 해명하다.

6) 直 : 値와 같음, ~이 되다. 閨閤之臣 환관.

與時俯仰, 以通其狂惑。今少卿乃敎以推賢進士, 無乃與仆私心剌謬乎? 今雖欲自雕琢, 曼辭[1]以自飾, 無益, 于欲不信(當作于俗不信), 適足取辱耳。要之, 死日然後是非乃定。書不能悉意, 略陳固陋, 謹再拜。

1) 曼辭 : 아름답게 꾸미는 말.

# 前出師表

諸葛亮

先帝創業未半而中道崩殂, 今天下三分, 益州疲敝, 此誠危急存亡之秋也![1] 然侍衛之臣不懈于內, 忠志之士忘身于外者, 蓋追先帝之殊遇, 欲報之于陛下也。[2] 誠宜開張聖聽, 以光先帝遺德, 恢弘志士之氣 ; 不宜妄自菲薄, 引喩失義, 以塞忠諫之路也。[3]

宮中府中[4], 俱爲壹體, 陟罰臧否, 不宜異同[5]。若有作奸犯科, 及爲忠善者, 宜付有司論其刑賞, 以昭陛下平明

---

1) 先帝 : 촉한(蜀漢)의 선주(先主)인 유비(劉備). 유비는 오(吳)와 이릉(夷陵)의 전쟁에서 패한 후, 장무(章武) 3년(223)에 병사함. 천자의 죽음을 崩, 殂, 혹은 殂落이라 함. 益州 : 한(漢) 무제(武帝)가 설치한 13척사부(刺史部). 촉한(蜀漢)의 영토였으며, 지금의 사천성(四川城), 운남성(雲南城), 귀주성(貴州城) 일대. 秋는 시기, 때.

2) 殊遇 : 특별한 대우.

3) 不宜 : ~해서는 안 된다. 菲, 薄은 얇다의 뜻. (재덕을 가볍게 여기다. 妄自菲薄은 함부로 자신을 낮추다. 引喩 : 인용과 비유. 失義 의리(義理)에 맞지 않음. 즉 말이 도리에 부합되지 않는다는 뜻.

4) 宮中府中 : 후주(後主) 건흥(建興) 원년(元年, 223), 제갈량에게 관청을 개설하여 일을 처리하도록 명령. 宮中 : 황제를 시봉하는 관원, 府中 : 재상의 집무실로 승상부에 속해 있는 관원.

5) 俱爲壹體 : 모두 하나의 정체이다. 즉, 한몸이다. 陟罰臧否은 陟臧罪否와 같음 (좋은 사람을 발탁하고 나쁜 사람을 처벌) 陟 승진. 臧 좋다. 否(발음 : 匹) : 나쁨. 異同 : 편의복사(偏義複詞 : 복음사(複音詞) 중에서 관련성이 있는 두 개의 뜻을 가진 형태소 혹은 서로 상반되는 형태소로 구성된 말. 그 중에서 하나의 형태소의 뜻만 선택. 同할 형식적인 형태소).

之理 ; 不宜偏私, 使內外異法也。[1] 侍中, 侍郎郭攸之, 費禕, 董允等, 此皆良實, 志慮忠純, 是以先帝簡拔以遺陛下。[2] 愚以爲宮中之事, 事無大小, 悉以咨之, 然後施行, 必能裨補闕漏, 有所廣益。[3] 將軍向寵, 性行淑均, 曉暢軍事, 試用于昔日, 先帝稱之曰能, 是以衆議擧寵爲督。[4] 愚以爲營中之事, 事無大小, 悉以咨之, 必能使行陣和睦, 優劣得所。[5] 親賢臣, 遠小人, 此先漢所以興隆也 ; 親小人, 遠賢臣, 此後漢所以傾頹也。[6] 先帝在時, 每與臣論此事, 未嘗不歎息痛恨于桓, 靈也。[7] 侍中, 尙書, 長史, 參軍, 此悉貞良死節之臣, 願陛下親之信之, 則漢室之隆, 可計日而待

---

1) 作奸犯科 : 나쁜 짓을 하여 법을 범하다. 爲忠善者는 충성스럽고 선을 행하는 자. 付 교부하다. 맡기다. 有司 사무를 맡아보는 관아. 昭 밝히다. 나타내다. 平明 공평하고 분명하다. 理 정치. 異 다르게 하다(사동법).

2) 시중(侍中), 시랑(侍郎)은 모두 천자를 모시는 시종관(侍從官). 郭攸之와 費禕 시중. 董允은 侍郎. 簡拔 선발하다. 遺 주다.

3) 愚 : 제갈량 자신. 咨 자문하다. 之 곽유지 등 대명사. 裨補闕漏 부족한 점을 보충하다. 裨補 도와서 보충함. 闕漏 빠지고 모자람.

4) 向寵 : 양양의성(襄陽宜城, 오늘날의 호북성에 속한다) 사람. 유비시절에 군영문을 지키는 장군. 性行淑均 성품과 품행이 선량하고 공정하다. 曉暢 통달. 督 중부독(中部督), 금위군(禁衛軍)을 관장함.

5) 營 : 군영. 行陣은 군대. 優劣得所 재능에 따라 병사를 배치하다.

6) 傾頹 : 쇠퇴해지다. 기울어 무너지다.

7) 桓은 후한(後漢) 환제(桓帝)인 유지(劉志, 재위 : 147~167년). 靈은 영제(靈帝) 유홍(劉宏, 재위 : 168~189), 환제는 외척인 양기(梁冀)를 신임하였고 후에는 환관을 총애하고 신뢰하여 환관을 반대했던 이응(李膺)등 200여 명을 잡아들이라는 조서를 내려 당고지화(黨錮之禍)가 발생함. 영제 즉위 후에도 환관들이 계속 정권을 장악하여 당고의 난이 다시 일어났으며, 조정은 부패하여 황건(黃巾)의 봉기를 초래함.

也。[1]

臣本布衣, 躬耕于南陽, 苟全性命于亂世, 不求聞達于諸侯。[2] 先帝不以臣卑鄙, 猥自枉屈, 三顧臣于草廬之中, 咨臣以當世之事。[3] 由是感激, 遂許先帝以驅馳。後値傾覆, 受任于敗軍之際, 奉命于危難之間, 爾來二十有一年矣[4]! 先帝知臣謹愼, 故臨崩寄臣以大事也[5]。受命以來, 夙夜憂歎, 恐托付不效, 以傷先帝之明 ; 故五月渡瀘, 深入不毛[6]。今南方已定, 兵甲已足, 當奬率三軍, 北定中原, 庶竭駑鈍, 攘除奸凶, 興復漢室, 還于舊都。[7] 此臣之所以報先帝而忠

1) 시중(侍中)은 곽유지(郭攸之), 비의(費褘). 상서(尙書)는 황제를 도와 정사를 처리하는 관원인 진진(陳震). 장사(長史)는 승상부의 문서, 장부를 주관하던 소속 관리인 장예(張裔). 참군(參軍)은 승상부에 소속된 관리 장완(蔣琬). 可計日而待 날짜를 세면서 기다리다. 멀지 않다는 뜻.

2) 布衣 : 평민. 躬耕于南陽 : 제갈량은 양양성(襄陽城) 서쪽 20리에 있는 융중(隆中)에서 몸소 농사를 지으면서 때를 기다렸다. 聞達 이름이 알려지다.

3) 卑鄙 : 신분이 비천하다. 猥自枉屈 외람되게 몸을 굽히다. 草廬 누추한 움막.

4) 傾覆 : 전복시키다. 건안 13년(208)에 유비가 당양(當陽) 장판(長坂)에서 조조에 의해 섬멸당하고 하구(夏口, 오늘날의 호북성 武漢)로 달아났다. 후에 제갈량을 동오(東吳)로 보내 손권(孫權)과 맹약을 맺어 함께 조조를 적벽에서 격퇴시킴.

5) 장무(章武) 3년 봄, 유비가 영안(永安, 白帝城, 오늘날의 사천성(四川城) 봉절(奉節)이다)에서 병이 위중해지자 제갈량을 성도(成都)로 불러 후사를 맡김.

6) 夙夜 : 밤낮. 五月渡瀘 5월 여수를 건너다. 瀘 노수(瀘水), 오늘날의 금사강(金沙江). 不毛 : 아직 개발되지 않은 땅. "毛"는 오곡과 기타 농작물을 가리킴. 남방은 매우 덥기 때문에 5월에 노수를 건너는 것은 이루 말할 수 없이 힘든 일이다.

7) 南方已定 : 촉의 후주 건흥 원년(元年)에 운남(雲南) 지역에 월수군(越嶲郡)의 고정원(高定元), 익주군(益州郡)의 옹개(雍闓, 뒤에 맹획(孟獲)이라고 함), 장가군(牂柯郡)의 주포(朱褒) 등이 변란을 일으켰지만 제갈량은 선왕의 승하로 인

陛下之職分也。至于斟酌損益, 進盡忠言, 則攸之, 祎, 允之任也。[1] 願陛下托臣以討賊興複之效, 不效, 則治臣之罪, 以告先帝之靈。若無興德之言, 則責攸之, 祎, 允等之慢, 以彰其咎。[2] 陛下亦宜自謀, 以咨諏善道, 察納雅言, 深追先帝遺詔, 臣不勝受恩感激![3]

今當遠離, 臨表涕零, 不知所言。

---

하여 병사를 움직이기에 곤란하다하여, 건흥 3년 봄에 제갈량은 군대를 이끌고 남벌에 나섰고 그 해 가을에 평정함. 獎率 독려하여 통솔하다. 三軍 左中右 즉 전군, 中原 조조(曹操)의 위(魏)를 말함. 庶 바라다, 竭 다하다, 駑鈍 노둔한 말, 攘除 물리치다, 奸凶 간악한 놈, 위의 조조를 말함, 舊都 양한의 수도 장안과 낙양.

1) 斟酌 : 사정을 미루어 살핌, 헤아리다.

2) 以彰其咎 : 직무에 게으른 죄를 널리 밝히다.

3) 咨諏 : 위 사람이 아래 사람에게 의견을 자문함. 察納雅言 옳은 말을 자세히 살펴서 받아들임. 遺詔 왕이 죽을 때 내리는 유서.

# 後出師表

諸葛亮

先帝慮漢[1], 賊不兩立, 王業不偏安[2], 故托臣以討賊也。以先帝之明, 量臣之才, 故知臣伐賊, 才弱敵强也。然不伐賊, 王業亦亡。惟坐而待亡, 孰與伐之? 是故托臣而弗疑也。臣受命之日, 寢不安席, 食不甘味 ; 思惟北征, 宜先入南[3] : 故五月渡瀘[4], 深入不毛, 並日而食。——臣非不自惜也 : 顧王業不可偏安于蜀都[5], 故冒危難以奉先帝之遺意。而議者謂爲非計。今賊適疲于西[6], 又務于東[7], 兵法乘勞[8] : 此進趨之時也。謹陳其事如左 :

1) 漢 촉한(蜀漢)의 자칭. 賊 위(魏)의 조조(曹操).

2) 偏安 : 제왕이 전국을 통치할 수 없어 한 지역을 점거한 것에 스스로 만족해 한다.

3) 入南 : 건흥 3년 (225)에 제갈량이 남방의 깊숙한 지역으로 들어가 4군(郡)을 평정한 일.

4) 瀘 : 노수(瀘水), 강의 옛 이름. 일명 노강(瀘江). 지금의 아롱강(雅礱江) 하류 및 금사강(金沙江)이 아롱강에서 합류.

5) 蜀都 : 성도(成都)

6) 賊適疲于西 : 건흥 6년(228) 봄 제갈량이 처음 기산(祁山, 지금의 감숙성(甘肅城) 예현(禮縣)의 동쪽)에서 나왔을 때, 위(魏) 서부의 남안(南安), 천수(天水), 안정(安定) 3군(郡)에서 위를 배반하고 촉을 따름.

7) 又務于東 : 건흥 6년 가을에 동오(東吳)의 육손(陸遜)이 석정(石亭, 지금의 안휘성 잠산(安徽城 潛山) 동부)에서 위(魏)의 대사마(大司馬) 조휴(曹休)를 격퇴시킨 일.

8) 乘勞 : 적이 지쳐있는 때를 이용하다.

高帝[1)]明並日月, 謀臣淵深, 然涉險被創[2)], 危然後安 ; 今陛下未及高帝, 謀臣不如良, 平[3)], 而欲以長策取勝, 坐定天下 : 此臣之未解壹也。劉繇, 王朗[4)], 各據州郡, 論安言計, 動引聖人, 群疑滿腹, 衆難塞胸 ; 今歲不戰, 明年不征, 使孫策[5)]坐大, 遂並江東 : 此臣之未解二也。曹操智計, 殊絶于人, 其用兵也, 仿佛孫, 吳[6)], 然困于南陽[7)], 險于烏巢[8)], 危于

---

1) 高帝 : 한(漢)나라 고조(高祖) 유방(劉邦)

2) 涉險被創 : 유방은 여러 번 친히 전쟁터에 나가 싸웠으며 수차례 포위되어 다치기도 하였다.

3) 良, 平 : 장량(張良)과 진평(陳平)은 유방의 모사(謀士)이며 중신이었다.

4) 劉繇 : 자(字)는 정례(正禮), 동한(東漢) 말년에 양주(揚州) 자사를 지냈으며 훗날 원소(袁紹)에 의해 곡아(曲阿, 오늘날의 강소성 단양(江蘇城 丹陽))까지 쫓겨 갔으며 흥평(興平) 2년(195), 손책(孫策)에게 패하였다. 王朗 자는 경흥(景興)이며 동한 말년에 회계(會稽, 지금의 절강성 소흥(浙江城 紹興))태수를 지냈으며 손책이 군대를 이끌고 강을 건넜을 때 손책에게 패하여 투항하였다.

5) 孫策 : 자는 백부(伯符), 손견(孫堅)의 아들이며 손권(孫權)의 큰 형이다. 손견이 죽은 후 손책은 남은 병력을 수습하여 원술(袁述)의 밑으로 들어갔다. 흥평 2년(195)에는 강을 건너 강동지역을 근거지로 삼아 손오(孫吳) 정권의 기틀을 마련하였다. 훗날 암살당하였다.

6) 孫, 吳 : 춘추전국시기의 군사가 손무(孫武)와 오기(吳起)다.

7) 困于南陽 : 건안 2년(197), 조조는 완성(宛城, 한나라 때 남양군(南陽郡)이 다스렸던 곳이며 지금의 하남성 남양이다)으로 진군하였으며 장수(張綉)가 조조의 진영을 습격하려는 계획을 세웠지만 조조진영 중에서 실패하였으며 그의 장자인 앙(昻)이 그 전쟁에서 죽었다.

8) 險于烏巢 : 건안 5년(200), 관도(官渡)의 전쟁에서 원소가 오소(烏巢, 지금의 하남성 연진(延津) 동남쪽)에 군량미를 쌓아두어 병사는 많은데 군량미가 부족해져 조조의 군대가 위기에 처하게 되자 야간에 오소를 습격하여 군량미와 마초를 태우고 주력부대를 섬멸함으로써 위기에서 벗어날 수 있었다.

祁連[1], 逼于黎陽[2], 幾敗北山[3], 殆死潼關[4], 然後僞定[5]壹時耳 ; 況臣才弱, 而欲以不危而定之 : 此臣之未解三也。曹操五攻昌霸[6]不下, 四越巢湖不成[7], 任用李服[8]而李服圖

---

1) 危于祁連 : 이 일에 관해서 상세하게 남아있지 않다. 호삼성(胡三省)이 주석을 단 《通鑒》에 따르면 기연은 업성(鄴城, 지금의 하북성 자현(磁縣) 동남쪽)부근의 기산일 수도 있다한다. 건안 9년 조조가 업성에서 포위당했다. 기산에서 업성으로 돌아오는 길에 원소의 장군 심배(審配)가 매복시켜 놓은 병사가 쏜 화살에 맞았다.

2) 逼于黎陽 : 건안 7년(202) 5월에 원소가 죽고 그의 아들 담(譚), 상(尙)이 여양(黎陽, 오늘날의 하남성 준현(浚縣) 동북쪽)을 지켰다. 9월에 조조가 여양을 공격하였고 연이은 공격으로도 격퇴할 수 없었다. 다음해 조조는 공격 대상을 바꿔 업성을 공격하였다. 담은 군대를 이끌고 그의 뒤를 공격하였다.

3) 幾敗北山 : 이 일에 관해서 상세하게 남아있지 않다. 아마 건안 24년(219), 조조와 유비가 한중(漢中)을 놓고 쟁탈전을 벌였던 일 일 것이다. 3월에 조조의 군대는 장안(長安)에서 사곡(斜谷)으로 나와 양평(陽平) 북산(北山, 지금의 섬서성 면현(沔縣) 서쪽)까지 이르렀고 유비는 위협을 느껴 방어하였다. 조조는 5월에 군사를 이끌고 장안으로 돌아왔다.

4) 殆死潼關 : 건안 16년(211)에 조조와 마초(馬超), 한수(韓遂)는 동관(潼關)에서 접전하였다. 북쪽에서 황하를 건너려는데 마초군을 만나 배에 갇혔다. 추격해 온 기마병들이 연안에서 활을 비처럼 쏟아 부었다. 위험에서 벗어난 후에 조조는 "오늘은 좀도둑들에게 포위당했구나!"라고 말하였다.

5) 僞定 : 조조가 북방을 통일하고 국호를 참칭(僭稱)하였다.

6) 昌霸 : 일명 창희(昌豨)라고도 함. 건안 4년(199)에 동해군(東海郡) 창패는 조조를 배반하고 수만의 군사와 유비에 투항.

7) 四越巢湖不成 : 조조가 합비(合肥)에 주둔한 병력을 주력부대로 하고, 남으로는 소호(巢湖)를 사이에 두고, 유수구(濡須口)의 손오의 군대와 대치하였다. 조조는 시종 소호를 넘지 못했다.

8) 李服 : 기록이 상세하지 않다. 호삼성(胡三省)이 주석을 단 《通鑒》에 따르면, "이복은 아마 왕복(王服)일지도 모른다." 건안 4년(199)에 차기(車騎)장군 동(董)이 헌제(獻帝)의 의대(衣帶) 속의 밀서를 받들어 장수교위(長水校尉) 종집(種輯), 장군 오자란(吳子蘭), 왕복, 유비들과 함께 조조를 주살할 계획을 세웠다. 그러나 일이 사전에 탈로나 동, 오자란, 왕복은 피살되었다.

之, 委任夏侯[1]而夏侯敗亡, 先帝每稱操爲能, 猶有此失 ; 況臣駑下, 何能必勝 : 此臣之未解四也。自臣到漢中[2], 中間期年耳, 然喪趙雲, 陽群, 馬玉, 閻芝, 丁立, 白壽, 劉合, 鄧銅等, 及驅長屯將十余人, 突將無前[3], 賨, 叟, 青羌[4], 散騎武騎壹千余人, 此皆數十年之內, 所糾合四方之精銳, 非壹州之所有 ; 若複數年, 則損三分之二也。——當何以圖敵 : 此臣之未解五也。今民窮兵疲, 而事不可息 ; 事不可息, 則住與行, 勞費正等 ; 而不及今圖之, 欲以壹州之地, 與賊持久 : 此臣之未解六也。

夫難平者, 事也。昔先帝敗軍于楚[5], 當此時, 曹操拊手, 謂天下已定。——然後先帝東連吳, 越[6], 西取巴, 蜀[7],

---

1) 夏侯 : 하후연(夏侯淵). 조조 수하의 대장(大將)이다. 건안 20년(215), 조조는 동쪽으로 장로(張魯)를 정벌하러 가면서 하후연을 시켜 한중(漢中)을 지키도록 하였다. 건안 24년(219) 유비는 한중으로 출병하였고 하후연은 촉(蜀)이 장군 황충(黃忠)의 공격을 받아 죽었다.

2) 漢中 : 郡의 이름이며 지금의 남정(南鄭).

3) 突將無前 : 선봉에서 적진을 뚫는 데 탁월한 맹장. 無前 무적.

4) 賨 : 叟, 青羌 촉(蜀)군 중의 소수민족 병사들.

5) 敗軍于楚 : 건안 13년(208)에 조조는 남으로 유표(劉表)를 정벌하였다. 유표가 죽고 아들 종(琮)은 투항하였다. 조조는 즉각 유비를 추격하여 당양(當陽) 장판(長坂) 언덕에서 유비를 대패시켰다. 당양은 옛날에는 촉(蜀) 땅에 속했으므로 이렇게 부른다.

6) 東連吳, 越 : 건안 13년(208), 적벽(赤壁)전 중에 유비가 제갈량을 강동(江東)에 보내 손권과 연합하여 조조를 막아내자고 한 일을 가리킨다.

7) 西取巴, 蜀 : 건안 16년(210)에 익주(益州) 목(牧) 유장(劉璋)은 조조가 자신을 공격할까봐 두려워 장송(張松)의 계책를 따라 유비가 촉땅에 입성하도록 맞아들였다. 후에 유비와 유장 사이에 틈이 생겨 유비는 가맹(葭萌, 지금의 사천성

擧兵北征, 夏侯授首[1] : 此操之失計, 而漢事將成也。——然後吳更違盟, 關羽毁敗[2], 秭歸蹉跌[3], 曹丕稱帝[4] : 凡事如是, 難可逆見。臣鞠躬盡力[5], 死而後已 ; 至于成敗利鈍, 非臣之明所能逆睹[6]也。

---

(四川城) 광원(廣元) 서남쪽)으로부터 익주를 공격하였으며 제갈량, 장비 등이 백제(白帝), 강주(江州), 강양(江陽) 등지를 평정하였다. 유비는 성도(成都)를 포위하고 왕장은 나와 항복하였다. 유비는 파촉(巴蜀)지역을 점차적으로 점거해 나갔다.

1) 授首 : 피살되다.

2) 적벽 전쟁 후에 유비는 형주목이 되었다. 건안 16년(210), 유비가 촉에 들어갈 때, 형주에 군대를 주둔시켜놓고 수비 임무는 관우에게 맡겼다. 유비는 익주를 이미 얻은 상태에서 손권이 형주를 다시 얻고자 하자 쌍방은 건안 20년(215)에 형주를 공동으로 점거하기로 의정하였다. 24년(219), 손권은 관우가 북으로 조조의 위를 공격하러 간 틈을 타서 관우의 후방을 공격하여 강릉(江陵)을 빼고 그의 가족을 포로로 삼았다. 관우가 군대를 돌려 남하하는 도중에 육손(陸遜)이 길목을 차단하고 공격해 왔으며 이 전쟁에서 관우와 아들 평(平)이 피살되었다. 손오(孫吳)는 형주를 점차 독점하였다.

3) 秭歸蹉跌 : 유비는 손오가 형주를 습격한 것에 분노하여 장무(章武) 원년(元年, 221)에 친히 보병을 이끌고 오를 토벌하기 위해 출정하였으며, 오의 군대를 자귀(秭歸)에서 격퇴시켰다. 이듬해에는 이도(夷道)가 출정하였는데 오나라 장군 육손이 사용한 화공(火攻)에 의해 효정(猇(발음 : 消)亭)에서 패하고 말았다. 유비는 자귀로 돌아와 잔병들을 수습하고 백제에 주둔하였다. 蹉跌 잃어버리다.

4) 曹丕稱帝 : B.C. 220년에 조조가 죽고 그의 아들 조비(曹丕)는 헌제(獻帝)를 폐위시키고 자신이 황제가 되었으며 국호를 위(魏)로 고쳤다.

5) 盡力 : 진췌(盡瘁)라고도 한다.

6) 逆睹 : 예측하다.

# 陳情表

李 密

臣密言[1) ]: 臣以險釁, 夙遭閔凶, 生孩六月, 慈父見背, 行年四歲, 舅奪母志。[2) ]祖母劉愍臣孤弱, 躬親撫養。[3) ]臣少多疾病, 九歲不行, 零丁孤苦, 至于成立。[4) ]既無叔伯, 終鮮兄弟, 門衰祚薄, 晚有兒息。[5) ]外無期功强近之親, 內無應門五尺之童, 煢煢孑立, 形影相吊。[6) ]而劉夙嬰疾病, 常在床蓐, 臣侍湯藥, 未曾廢離。[7)]

逮奉聖朝, 沐浴淸化。[8) ]前太守臣逵, 察臣孝廉 ; 後刺

1) 臣密言 : 신 이밀이 아룁니다. 상소를 작성할 때의 글의 첫머리 양식.

2) 險釁 : 운명이 사납다. 釁 피 바를 흔, 흠, 재난, 죄과 夙 : 어릴 적. 閔凶 : 우환과 불행. 行年 나이

3) 愍 : 비통함. 가엽게 여기다.

4) 零丁 : 의지할 곳 없이 외롭다. 孤苦 외롭게 고생하다.

5) 鮮 : 없다. 祚은 福과 같음, 복 조. 兒息 자식.

6) 外 : 자신의 일족외의 친족. 期 : 1년간 상복을 입는 사람. 功 : 대공복(大功服 : 상복명이며 9개월간 입었다)과 소공복(5개월간)을 입는 친족. 强近 : 가깝지는 않지만 말하자면 가깝다고 여기는 관계. 문에서 방문객을 응하는(應門) 어린 종. 五尺 : 한나라 도량형에 5척은 지금 단위로 3척. 煢煢 외로운 모양. 孑立 홀로 서다. 形影 몸과 그림자. 吊 위로하다.

7) 嬰 : 몸에 달고 있다, 시달리다. 부딪치다, 마주치다 영. 床蓐 침상, 자리. 풀로 엮은 요. 未曾 아직 ~한 적이 없다. 廢離 그만두고 떠나다.

8) 逮 : ~에 이르다. 이르다. 미치다 체. 聖朝 晋 왕조. 沐浴 은혜를 입다. 淸化 맑고 깨끗한 정치교화.

史臣榮, 擧臣秀才。[1] 臣以供養無主, 辭不赴命。詔書特下, 拜臣郎中, 尋蒙國恩, 除臣洗馬。[2] 猥以微賤, 當侍東宮, 非臣隕首所能上報。[3] 臣具以表聞, 辭不就職。詔書切峻, 責臣逋慢[4] ; 郡縣逼迫, 催臣上道 ; 州司臨門, 急于星火。[5] 臣欲奉詔奔馳, 則劉病日篤, 欲苟順私情, 則告訴不許。臣之進退, 實爲狼狽[6]。

伏惟聖朝以孝治天下[7], 凡在故老, 猶蒙矜育[8], 況臣孤苦, 特爲尤甚。且臣少仕僞朝, 曆職郎署, 本圖宦達, 不矜名節。[9] 今臣亡國賤俘, 至微至陋, 過蒙拔擢, 寵命優渥, 豈

---

1) 太守臣逵 : 태수인 신하 규(逵). 뒤의 刺史臣榮은 자사인 신하 영으로 구법이 같다. 孝廉 : 한대는 최초로 군현제를 시행하여 매년 고찰을 통해 효렴(효행을 하고 청렴한 선비)를 천거함. 주(主)에서는 수재(秀才)를 천거함. 위진(魏晋)은 이러한 인재 선발제도를 사용함.

2) 詔書 : 황제가 명령을 하달하는 문서. 拜 : 임관되다. 郎中 : 관명이며 후대의 모든 사(司)의 장에 해당. 尋 얼마 안되, 멀지 않아, 얼마 후에. 除 : 임관되다. 새로운 관직에 임명. 洗馬 : 한대에는 태자 휘하의 관리. 진(晋)대 이후에는 도서와 전적을 관리하는 직으로 바뀜.

3) 猥 : 외람되다. 微賤 미천하다. 東宮 태자가 거처하던 궁. 當侍 시봉을 맡다. 隕首 목숨을 바치다. 上報 보답하다.

4) 逋慢 : 황제의 명을 회피하고 소홀히 하다.

5) 郡縣逼迫 : 군현에서 핍박하다. 催臣上道 길에 오를 것을 재촉하다. 臨門 집에 찾아오다. 星火 매우 다급하게 조르는 모양. 州司 : 주의 관리인 지방관.

6) 狼狽 : 진퇴양난을 말한다.

7) 伏惟 : 머리 숙여 생각하옵니다. 하급관리가 상급관리에게 사용하는 경어.

8) 矜育 : 측은하게 여겨 양육하다.

9) 仕 : 벼슬을 하다. 僞朝는 진(晋) 왕조에 멸망당한 촉국(蜀國). 曆職郎署 : 랑관(郎官)까지 승진하여 관아에서 재직. 이밀은 과거 촉의 상서랑(尙書郎)을 역임. 圖 도모하다. 宦達 벼슬로 출세하다. 矜 : 자화자찬하다.

敢盤桓, 有所希冀! 但以劉日薄西山, 氣息奄奄, 人命危淺, 朝不慮夕。[1] 臣無祖母, 無以至今日, 祖母無臣, 無以終餘年, 母孫二人, 更相爲命, 是以區區不能廢遠[2]。

臣密今年四十有四, 祖母劉今年九十有六, 是臣盡節于陛下之日長, 報劉之日短也。烏鳥私情, 願乞終養。[3] 臣之辛苦, 非獨蜀之人士及二州牧伯所見明知, 皇天後土, 實所共鑒[4]。願陛下矜愍愚誠, 聽臣微志。[5] 庶劉僥幸, 保卒餘年[6]。臣生當隕首, 死當結草[7]。臣不勝犬馬怖懼之情[8], 謹拜表以聞。

---

1) 過蒙 : 과분하게 ~받다. 寵命 은총. 優渥 매우 두텁다. 豈敢 어찌~하겠는가? 盤桓 주저하다, 망설이다. 希冀 바라다. 氣息 기운, 숨결. 奄奄 기운이 쇠약한 모양. 危淺 위태롭다.

2) 更相 : 서로 상호간에. 區區 간절하고 애처로운 마음. 廢遠 조모를 봉양하지 않고 멀리 떠나다.

3) 烏鳥 : 까마귀. 願乞 간절히 원하다. 終養 마지막까지 봉양하다.

4) 辛苦 : 어려운 사정, 고충. 非獨 ~뿐만 아니라. 二州 양주(梁州)와 익주(益州). 牧伯은 州牧과 方伯으로 주의 수장으로 달(達)의 영(榮)을 말함. 鑒 보아 알다. 皇天後土 : 천지신령에 대한 존칭.

5) 矜愍 : 불쌍히 여기다.

6) 僥幸 : 요행히 保卒 : 편안하게 임종을 맞이하다.

7) 結草 : 《좌전 · 선공십오년(左傳 · 宣公十五年)》의 기록을 보면 진(晋)의 대부 위무자(魏武子) 임종 전에 아들 과(顆)에게 그의 애첩을 죽여 순장하도록 당부했다. 과(顆)는 그 첩을 죽이지 않고 개가시켰다. 후에 위과(魏顆)와 진(秦)의 장군 두회(杜回)가 전쟁을 할 때 과(顆)는 어느 한 노인이 풀을 엮어 두회의 몸을 휘감는 것을 보았으며 두회는 이 때문에 붙잡혔다. 과는 꿈에서 풀을 엮던 노인을 보았는데 그 노인이 말하기를, "나는 그 첩의 아비인데 군이 내 딸을 죽이지 않은 그 마음에 보답하려고 왔습니다"라고 했다. 이 이후로 "結草"는 사후에 보은한다는 의미가 되었다.

8) 犬馬怖懼之情 : 겸손의 말이다. 군주에 대해 마치 개나 말이 주인을 두려워하는 것과 같이 군주를 두려워한다는 말이다.

# 《蘭亭集》序

王羲之

永和九年, 歲在癸丑, 暮春之初, 會于會稽山陰之蘭亭, 修禊事也。[1] 群賢畢至, 少長咸集。[2] 此地有崇山峻嶺, 茂林修竹, 又有淸流激湍, 映帶左右, 引以爲流觴曲水, 列坐其次。[3] 雖無絲竹管弦之盛, 壹觴壹詠, 亦足以暢敘幽情。[4] 是日也, 天朗氣淸, 惠風和暢。仰觀宇宙之大, 俯察品類之盛, 所以遊目騁懷, 足以極視聽之娛, 信可樂也。[5]

夫人之相與, 俯仰壹世。或取諸懷抱, 悟言壹室之內 ; 或因寄所托, 放浪形骸之外。[6] 雖趣舍萬殊, 靜躁不同, 當其欣于所遇, 暫得于己, 快然自足, 不知老之將至 ; 及其

---

1) 永和 9年은 晋 穆帝 9년(서기 353년). 회계는 郡 이름, 산음은 縣이름(지금의 절강성 소흥현). 修禊 : 고대의 민속이다. 음력 3월 초순 사일(巳日)에 강가에 나가 목욕을 하고 등골나무를 꺾는 것으로서 재액을 없애달라고 비는 민속의식.

2) 畢 : 모두. 咸 모두, 다.

3) 崇山 : 높은 산, 峻嶺 험한 봉우리, 茂林 무성한 숲, 修竹 곧은 대나무, 淸流 맑은 냇물, 激湍 세차게 흐르는 개울, 映 비추다, 帶 띠를 두르다. 流觴曲水 곡수에 술잔을 띄우다.

4) 絲竹管弦 : 거문고, 비파, 등 현악기와 피리 등 관악기. 음악을 칭함. 暢敍 마음껏 이야기하다.

5) 品類 : 물건의 종류. 遊目 마음껏 구경하다. 騁懷 마음을 풀다. 足以 ~하기에 충분하다.

6) 相與 : 서로 함께하다. 俯仰 올려보고 내려보다. 살아가다. 諸 之於. 懷抱 생각. 悟言 서로 마주보고 이야기를 나누다. 因寄所托 대자연에 기탁하다. 放浪 떠돌다. 形骸 몸.

所之既倦, 情隨事遷, 感慨系之矣。[1] 向之所欣, 俯仰之間, 已爲陳迹, 猶不能不以之興懷, 況修短隨化, 終期于盡![2] 古人雲 : "死生亦大矣", 豈不痛哉![3] 每覽昔人興感之由, 若合壹契, 未嘗不臨文嗟悼, 不能喩之于懷。[4] 固知"壹死生"爲虛誕, "齊彭殤"爲妄作[5]。後之視今, 亦猶今之視昔, 悲夫! 故列敘時人, 錄其所述, 雖世殊事異, 所以興懷, 其致壹也。[6] 後之覽者, 亦將有感于斯文。

1) 趣舍 : 좇음과 버림, 즉 취향. 萬殊 매우 다르다. 靜躁 행동. 欣 ~를 기뻐하다. 所遇 처지, 처한 상황. 怏然 즐거워하는 모양. 所之 지향하는 바, 之는 가다. 遷 옮겨가다, 변화하다. 係(系)之 이와 연계된다, 감회가 이에 따라 일어난다.

2) 向 : 종전, 이전. 欣 즐겁다, 俯仰之間 짧은 시간, 순식간, 已爲 이미 ~으로 변하다, 陳迹 과거의 흔적, 興懷 감회를 일으키다, 修短 수명의 길고 짧음, 隨化 자연의 조화에 따르다, 期丁 ~에 기약되다. 盡 다함, 죽음.

3) 死生亦大矣 : 죽고 사는 일은 큰 일이다. 《莊子 · 德充符》에서 공자의 말씀을 인용함. 豈不痛哉어찌 비통하지 않으랴.

4) 合壹契 : 계를 하나로 합치다. 주역에 契는 書契, 즉 글로 새긴 계약을 말함. 未嘗不 일찍이 ~하지 않은 적이 없다. 嗟悼 탄식하며 슬퍼하다. 喩 알다, 이해하다. 之 그것, 그런 까닭. 懷 마음.

5) 壹(一) : 동일시하다, 하나로 보다. 虛誕 엉뚱한 말, 齊 동등하게 여기다. 彭은 상고시대 800살까지 산 팽조, 殤 어려서 요절함을 뜻함. 妄作 허튼 말. 壹死生, 齊彭殤는 장자는 사람이 태어나는 것이 먼저이고 죽는 것이 나중인 것이다. "대자연" 속에 이미 그렇게 존재하고 있는 것이므로 삶과 죽음은 실질적으로 똑 같다고 여겼다. 또한 요절한 자와 8백 살까지 산 팽조를 서로 비교한다면 양자도 동등하다고 여겼다. 《莊子》의 《大宗師》와 《齊物論》 편.

6) 列敘 : 차례대로 열거하다. 世殊事異 시대가 바뀌고 사정이 달라진다. 所以 까닭. 興懷 감회를 일으키다. 致 정서, 심리상태. 壹 같다, 일치하다.

# 桃花源記[1]

陶淵明

晉太元中, 武陵人捕魚爲業。[2] 緣溪行, 忘路之遠近。[3] 忽逢桃花林, 夾岸數百步, 中無雜樹, 芳草鮮美, 落英繽紛。[4] 漁人甚異之。復前行, 欲窮其林。

林盡水源, 便得壹山, 山有小口, 仿佛若有光。[5] 便舍船, 從口入。初極狹, 纔通人。復行數十步, 豁然開朗。[6] 土地平曠, 屋舍儼然[7], 有良田美池桑竹之屬。阡陌交通, 雞犬相聞。[8] 其中往來種作, 男女衣著, 悉如外人[9]。黃發垂髫,

---

1) 桃花源 : 지금의 호남성(湖南城) 도원현(桃源縣) 서남쪽 15km 지역에 위치. 《상덕부지(常德府志)》에 "현의 서남쪽으로 30리 지역이며 오두촌(烏頭村) 남쪽의 도원동굴이며 진(秦)나라사람들의 피난처였다." 대략 남조(南朝)의 제(齊)와 양(梁)시기에 이곳을 《桃花源記》에서 표현된 선경(仙境)이라 하였다. 양의 임안빈(任安貧)은 《무릉기(武陵記)》에서 언급했던 적이 있다.

2) 太元 : 동진(東晋) 효무제(孝武帝) 사마요(司馬曜)의 연호(376~396). 武陵 : 군(郡) 이름, 지금의 호남성 상덕(常德)에 소재. 捕魚 고기를 잡다.

3) 緣溪行 : 개울을 따라 나아가다. 緣 ~을 따라.

4) 忽 : 갑자기, 芳 향기롭다. 落英 떨어지는 꽃잎. 繽紛 가득하다, 흐트러지다.

5) 林盡水源 : 도화림의 끝, 즉 도화시내물의 근원이라는 뜻. 便 곧, 得 찾아내다, 발견하다, 小口 작은 동굴, 仿佛 마치 ~같다.

6) 豁然 : 광활한 모양. 開朗 탁 트이고 밝다.

7) 屋舍 : 집, 가옥. 儼然 : 우뚝 서있는 모습.

8) 阡陌 : 밭 사이의 작은 길(밭두렁). 남북으로 난 두렁 : 阡(천), 동서로 난 두렁 : 陌(맥)이라 한다.

9) 衣著 : 옷 차림새. 外人 : 도원 바깥 사람.

並怡然自樂。[1] 見漁人, 乃大驚, 問所從來。具答之。便要還家, 設酒殺雞作食。[2] 村中聞有此人, 咸來問訊。[3] 自云先世避秦時亂, 率妻子邑人來此絶境, 不復出焉, 遂與外人間隔。[4] 問今是何世, 乃不知有漢, 無論魏晉[5]。此人壹壹爲具言所聞, 皆歎惋。[6] 餘人各復延至其家, 皆出酒食。[7]停數日, 辭去。此中人[8]語云 : "不足[9]爲外人道也。"

旣出, 得其船, 便扶向路[10], 處處誌[11]之。及郡[12]下, 詣[13]太

---

1) 黃發垂髫 : 노인과 아이들, 黃發 노인의 두발, 垂髫 : 머리카락을 땋아 늘어뜨린 아이들의 미리 모양. 並 모두, 함께. 怡然 유쾌한 모양, 自樂 스스로 즐거워하다.

2) 便要 : 바로 초대하다, 要는 邀(초청하다)와 통함. 設酒 술상을 차리다, 作食 밥을 짓다.

3) 咸 : 모두, 전부. 訊 소식.

4) 自云 : 스스로 말하다. 率 거느리다. 妻子 아내와 자녀. 絶境 외딴 곳, 焉응 之於, 間隔 단절되다, 연락이 끊기다.

5) 漢 : 한왕조(서한 : B.C. 206~A.C. 8, 동한 : 25~220) 魏 : 삼국시대의 위나라(220~265) 晋 : 진대(晉代, 서진 : 265~319, 동진 : 317~420).

6) 어부가 도원에 사는 사람들을 위하여 세간의 역사변화를 아는 대로 상세히 이야기해주다. 歎惋 놀라고 탄식하다.

7) 延 : 자신들의 집으로 초대하다. 其 자기들(대명사).

8) 此中人 : 도화원에서 살고 있는 사람들.

9) 不足 : 불필요하다. 할 필요가 없다. 爲 ~에게. 道 말하다.

10) 扶 : 따라서, ~연(沿)해서, 向路 이전의 길.

11) 誌 : 표시를 하다.

12) 郡 : 무릉군.

13) 詣 : ~로 가다.

守, 說如此[1]。太守卽遣人隨其往, 尋向所誌[2], 遂迷, 不復得路。南陽劉子驥[3], 高尚士也, 聞之, 欣然規往。[4] 未果[5], 尋病終。後遂無問津者。[6]

1) 說如此 : 이러한 상황을 말했다.

2) 尋向所誌 : 돌아올 때 해둔 표시를 찾다.

3) 南陽 : 지금의 하남성 남양. 劉子驥 : 이름은 린(驎)이며, 산수로 유람 다니는 것을 좋아했다.

4) 規往 : 가려고 계획하다. 欣然 기뻐하는 모양.

5) 未果 : 실현하지 못했다.

6) 問津 : 나루터를 묻다.

# 五柳先生傳

陶淵明

先生不知何許人也, 亦不詳其姓字。[1] 宅邊有五柳樹, 因以爲號焉。閑靜少言, 不慕榮利。[2] 好讀書, 不求甚解, 每有會意, 便欣然忘食。[3] 性嗜酒, 家貧不能常得。親舊知其如此, 或置酒而招之。[4] 造飮輒盡, 期在必醉。[5] 旣醉而退, 曾不吝情去留。[6] 環堵蕭然, 不蔽風日 ; 短褐穿結, 簞瓢屢空, 晏如也。[7] 常著文章自娛, 頗示己志, 忘懷得失, 以此自終。[8]

---

1) 何許 : 어느 곳, 어디.

2) 閑靜少言 : 용하고 차분하여 말이 적다.

3) 甚解 : 매우 깊이 있는 이해. 會意 : 뜻에 맞다. 도연명은《與子儼等疏》에서 "책을 펴서 얻는 것이 있으니 너무 기뻐 먹는 것조차 잊다."라고 하였는데 이와 뜻이 같다. 欣然 기뻐하는 모양.

4) 嗜 : 즐기다. 不能常得언제나 얻을 수는 없다. 親舊 친척과 친구.

5) 造飮 : 와서 마시다. 輒 당장에. 盡 술을 모두 마시다. 期 술을 마시겠다는 뜻. 바라다.

6) 旣醉 : 취한 다음. 不吝情去留 떠나거나 머무르는데 마음 쓰지 않는다. 吝情 염두에 두다.

7) 環堵 : 사방의 벽. 작은 벽으로 돌린 좁은 집. 蕭然 아무 것도 없어 텅 빈 모양. 蔽 가리우다. 褐 거친 무명. 穿結 헤어진 옷을 꿰메 입다. 簞 대나무롤 만든 도시락. 瓢 바가지. 晏如 태연하다. 평온하다.

8) 自娛 : 자기를 즐겁게 하다. 頗示己志 자기 뜻을 잘 나타낸다. 忘懷得失 득실에 관심이 없다. 自終 자신의 한 평생을 보내다.

贊[1)]曰 : 黔婁之妻有言, 不戚戚于貧賤, 不汲汲于富貴。[2)] 其言茲若人之儔乎!銜觴賦詩, 以樂其志無懷氏之民歟? 葛天氏之民歟?[3)]

---

1) 贊 : 사관이 전기의 기록대상을 평론하는 끝맺음 말.

2) 黔婁之妻 : 黔婁는 전국시기 제(齊)나라의 고사(高士). 벼슬에 나아가지 않고 평생 은거하며 스스로의 덕을 닦음. 戚戚은 근심걱정하다. 汲汲은 안달하다. 전력을 다해 얻으려고 함.

3) 銜觴 : 입에 술잔을 물다. 음주를 말함. 無懷氏, 葛天氏 전설 속에 나오는 상고시대의 제왕이며 원시씨족 부락의 수령. 상고 원시의 순박한 사회상을 가리키며 작자가 생각하는 이상적인 사회.

# 《歸去來兮辭》幷序

陶淵明[1)]

## 序

余家貧, 耕植不足以自給。幼稚盈室, 缾無儲粟, 生生所資, 未見其術。[2)] 親故多勸余爲長吏, 脫然有懷, 求之靡途。[3)] 會有四方之事, 諸侯以惠愛爲德, 家叔以余貧苦, 遂見用于小邑。[4)] 于時風波未靜, 心憚遠役。[5)] 彭澤去家百裏, 公田之利, 足以爲酒, 故便求之。[6)] 及少日, 眷然有歸歟之情。[7)]

---

1) 陶淵明(도연명 365~427) : 이름은 잠(潛)이고 자는 원량(元亮) · 연명(淵明)이다. 중국 강소성(江蘇省) 심양(潯陽)에서 태어남. 육조(六朝) 동진(東晋)의 전원시인(田園詩人)으로 술을 매우 좋아 하였으며 문집으로『靖節先生集』10권이 있다.

2) 幼稚盈室 : 어린아이들이 방안에 가득하다. 缾은 甁과 같음. 토기항아리. 生生은 생계를 유지하다. 앞의 生은 동사, 뒤의 生은 명사. 資은 ~을 통하여, ~의지하여(기대어).

3) 長吏 : 관리의 장. 현령. 脫然은 마음이 시원한, 후련한 모습. 有懷은 관직을 맡을 생각. 靡途은 연줄이 없다.

4) 四方之事 : 지방 세력의 권세쟁탈. 諸侯以惠愛爲德은 당시 제후들은 선비를 우대하여 지방관에 임명함. 家叔은 작가의 증조부 陶侃(長沙君公)의 작위를 세습한 손자 弘을 가리킴.

5) 時風波未靜 : 시국이 어지러움. 心憚遠役은 멀리 나가 벼슬하는 것을 꺼림.

6) 公田之利, 足以爲酒 : 공전의 수입으로 족히 생계를 유지할 수 있다.

7) 眷然 : 생각이 떠오르는 모습. 歸歟은 집으로 돌아가자는 탄식.《논어》공야장에. 子在陳曰 : 歸歟, 歸歟!

何則? 質性自然, 非矯厲所得 ; 饑凍雖切, 違己交病。[1] 嘗從人事, 皆口腹自役 ; 于是悵然慷慨, 深愧平生之志。[2] 猶望壹稔, 當斂裳宵逝。[3] 尋程氏妹喪于武昌, 情在駿奔, 自免去職。[4] 仲秋至冬, 在官八十余日。因事順心, 命篇曰《歸去來兮》。乙巳歲十壹月也。[5]

## 正文

歸去來兮, 田園將蕪胡不歸! 旣自以心爲形役[6], 奚惆悵而獨悲? 悟已往之不諫, 知來者之可追。[7] 實迷途其未遠, 覺今是而昨非。[8] 舟遙遙以輕颺, 風飄飄而吹衣。[9] 問征

1) 非矯厲所得 ; 감정을 억누르고 행동을 가다듬어 고치지 못했다. 違己交病은 자기의 천성을 어기는 것이 고통스럽다.

2) 口腹自役 : 입에 풀칠하고 배불리 먹기 위해 자신을 노역에 부리다.

3) 稔 : 곡물이 익어가는 시기. 一稔는 일 년을 말함. 斂裳은 행장을 꾸리다. 宵逝은 밤새 길을 떠나다. 즉 고향에 돌아가다.

4) 尋 : 조금 있다가. 程氏妹喪于武昌은 정씨에게 출가한 누이의 초상을 핑계로 사직함. 駿奔은 급히 달려감.

5) 乙巳歲 : 진(晋)나라 안제(安帝)인 의희(義熙) 원년.

6) 蕪 : 황폐하다. 胡不歸 어찌 돌아가지 않겠는냐? 以心爲形役 정신을 육체의 노예로 만들다.

7) 奚 : 어찌. 惆悵 슬퍼하다. 諫은 責과 같음. 지난 일은 탓할 수 없고, 앞일을 쫓아야 함을 알았다.

8) 寔 : 참으로. 迷途 길을 잘못 듬. 覺今是而昨非 지금이 옳고 전에 잘못되었음을 깨닫다.

9) 遙遙는 搖搖 흔들거리다. 颺은 바람에 날리다. 恨晨光之熹微 새벽빛이 아직 희미하여 한스럽다.

夫以前路, 恨晨光之熹微。[1]

乃瞻衡宇, 載欣載奔。童仆歡迎, 稚子候門。[2] 三徑就荒, 松菊猶存。[3] 攜幼入室, 有酒盈樽。[4] 引壺觴以自酌, 眄庭柯以怡顏。[5] 倚南窗以寄傲, 審容膝之易安。[6] 園日涉以成趣, 門雖設而常關。[7] 策扶老以流憩, 時矯首而遐觀[8]。雲無心以出岫, 鳥倦飛而知還。[9] 景翳翳以將入, 撫孤松而盤桓。[10]

歸去來兮, 請息交以絶遊。世與我而相違, 複駕言兮焉求悅親戚之情話, 樂琴書以消憂。農人告余以春及, 將有事于西疇。[11] 或命巾車, 或棹孤舟。[12] 既窈窕以尋壑, 亦崎

---

1) 征夫 : 길 가는 사람.

2) 衡宇 : 누추한 집. 載欣載奔 기분이 좋아서 달림. 僮僕 머슴아이. 稚子 어린 아이.

3) 三徑 : 전한의 蔣詡가 정원에 세 길을 만들어 松, 竹, 菊을 심고 이름을 지은 고사. 작은 길, 은사 求仲과 羊仲 두 사람만 노닐고 휴식을 했다는 이야기를 빌려 사용함.

4) 攜幼 : 어린아이를 잡아 끌고. 罇은 술통.

5) 壺觴 : 壺는 술병, 觴은 잔. 眄庭柯 정원의 나무가지들을 보다. 怡 즐거워하다.

6) 倚南窗以寄傲 : 남창에 몸을 기대어 후련해 하다. 審容膝之易安 간신히 무릎을 넣는 집에서 편안함을 느끼다.

7) 日涉 : 하루하루 지날수록.

8) 策 : (지팡이를) 짚다. 扶老는 지팡이 鳩杖. 流憩 주유하며 쉬다. 矯首 고개를 들다.

9) 岫 : 山谷. 心은 본심, 일찍 부터 품은 뜻.

10) 景翳翳 : 햇빛이 흐리고 어두침침하다. 盤桓 서성대고 있다.

11) 有事 : 농사 일이 바쁘다. 西疇 밭.

12) 巾車 : 포장친 수레.

區而經丘。[1] 木欣欣以向榮, 泉涓涓而始流。善萬物之得時, 感吾生之行休。[2]

已矣乎! 寓形宇內復幾時, 曷不委心任去留?[3] 胡爲乎遑遑欲何之? 富貴非吾願, 帝鄕不可期。[4] 懷良辰以孤往, 或植杖而耘耔。[5] 登東皐以舒嘯, 臨淸流而賦詩。[6] 聊乘化以歸盡[7], 樂夫天命復奚疑![8]

---

1) 窈窕 : 아늑하고 깊은 품.

2) 涓涓 : 줄줄 흐르는 모양. 行休 삶과 죽음.

3) 去는 죽다. 留는 살다. 委心 뜻대로 하다. 曷不 어찌~하지 않겠는가?

4) 胡爲 어찌 ~하겠는가?

5) 植杖 : 손 지팡이를 밭가에 꼿다. 耘 풀을 베어내다. 耔 모종의 뿌리를 흙으로 덮다.

6) 舒嘯 : 천천히 읊조리다.

7) 聊 : 바야흐로, 잠시나마. 乘化 : 대자연의 변화에 순응하다.

8) 奚疑 : 어찌 의심할 것인가?

# 與韓荊州書

李 白

白聞天下談士相聚而言曰："生不用封萬戶侯, 但願壹識韓荊州。"[1) 何令人之景慕, 壹至于此耶! 豈不以有周公之風, 躬吐握之事, 使海內豪俊, 奔走而歸之。[2) 壹登龍門, 則聲譽十倍。所以龍盤鳳逸之士, 皆欲收名定價于君侯[3)。君侯不以富貴而驕之, 寒賤而忽之, 則三千賓中有毛遂, 使白得穎脫而出, 卽其人焉。[4)

白隴西布衣, 流落楚漢。[5) 十五好劍術, 遍幹諸侯。[6)

---

1) 萬戶侯 : 식읍(食邑) 만 호의 제후. 한나라 제후의 식읍이 크게는 만 호, 작게는 오백 호에 이름. 識은 직접 만나서 알고 지내다. 韓荊州는 당 현종시기 형주장사를 지낸 한조종(韓朝宗).

2) 躬 : 몸소 실천하다. 吐握은 토포(吐哺)와 악발(握髮). 주공이 천하의 인재를 놓칠까봐 한 번 목욕하는 데 세 번 머리를 잡고 나왔고, 한 끼 식사에 세 번 입안의 음식을 내뱉으며 나와 손님을 맞이했다는 일화.

3) 龍門 : 《예문류취(藝文類聚)》에서 《삼진기》(三秦記)의 "河津一名龍門, 大魚積龍門數千不得上, 上者爲龍, 不上者(魚)"라는 말을 인용. 지금의 섬서성(陝西省) 한성(韓城)과 산서성(山西省) 하진(河津) 사이에 위치. 龍蟠鳳逸는 용처럼 몸을 감고 봉황처럼 멀리 날다. 기회를 기다리는 비범한 인재에 비유. 收名定價은 명성을 얻고 몸값이 정해지다. 君侯는 한조종에 대한 경칭.

4) 驕 : 교만. 忽은 홀대하다. 毛遂는 전국시대 조나라 평원군의 빈객. 穎脫而出은 뾰족한 송곳이 자루를 뚫고 나옴. 뛰어난 인재는 기회가 오면 재주를 드러냄을 비유.

5) 隴西 : 군(郡)이름. 진(秦)의 소양왕(昭襄王) 때 설치되었다가 수(隋)초에 폐지. 당시 관할지역은 지금의 감소성(甘肅省) 농서(隴西) 일대. 布衣는 평민. 流落은 떠돌아 다니다. 楚漢은 초나라 한수 지역(지금의 호북성 일대).

6) 遍幹 : 두루 알현하다. 노여움을 사다.

三十成文章, 曆抵卿相。雖長不滿七尺, 而心雄萬夫。王公大人, 許與氣義。此疇曩心迹, 安敢不盡于君侯哉?[1)]

君侯制作侔神明, 德行動天地, 筆參造化, 學究天人。[2)] 幸願開張心顔, 不以長揖見拒。[3)] 必若接之以高宴, 縱之以淸談, 請日試萬言, 倚馬可待。[4)] 今天下以君侯爲文章之司命, 人物之權衡, 壹經品題, 便作佳士。[5)] 而君侯何惜階前盈尺之地, 不使白揚眉吐氣, 激昂靑雲耶?[6)]

昔王子師爲豫州, 未下車卽辟荀慈明, 旣下車又辟孔文擧。[7)] 山濤作冀州, 甄拔三十余人, 或爲侍中, 尙書, 先代所美。[8)] 而

---

1) 曆抵 : 두루 찾다. 心雄萬夫은 포부가 만 명의 사내보다 크다. 許與는 인정하다. 疇曩은 지난날, 옛날. 心迹은 포부와 행적.

2) 制作 : 저작. 공적. 侔는 동등하다. 筆參造化는 문장이 자연과 조화를 이룬다.

3) 開張心顔 : 마음과 얼굴을 활짝 펴다. 반갑게 맞이하다. 長揖은 두 손을 잡고 하는 인사. 見拒은 거절 당하다.

4) 高宴 : 성대한 잔치. 縱은 멋대로 하도록 내버려두다. 試은 시도하다. 倚馬可待는 글을 짓는 속도가 빠른 것을 비유.

5) 司命 : 문장의 수준을 품평하는 자. 權衡은 인물을 품평하는 표준. 品題은 품평. 칭찬의 뜻.

6) 揚眉吐氣 : 의기양양한 모습. 激昂靑雲은 발탁대어 포부를 펼치다.

7) 王子師 : 동한 말 사상가 왕충(王充 137-192). 豫州 : 옛날 주(州)의 이름. 동한(東漢)시기 각급 지방 관리의 소재지(안휘성(安徽省) 박주(亳州)시). 辟은 불러서 임용하다. 荀慈明은 동한 말 왕충과 여포가 동탁을 모살하려는 음모에 가담함. 孔文擧는 동한 말 공융(孔融 153-208) .

8) 山濤 : 위진시대 청담가. 甄拔은 발탁하다. 冀州 : 옛날 주(州)의 이름. 진(晋)시기에 각급 지방 관리의 소재지(지금의 하북성(河北省) 고읍(高邑) 서남지역). 侍中은 관직명, 위진(魏晋)시기의 고문. 청환(淸宦-지위와 봉록은 높지 않으나 뒷날에 높이 될 자리)과 요직에 해당. 尙書는 관명. 위진(魏晋)시기에 군신들의 상

君侯亦壹薦嚴協律, 入爲秘書郞 ; 中間崔宗之, 房習祖, 黎昕, 許瑩之徒, 或以才名見知, 或以淸白見賞。[1] 白每觀其銜恩撫躬, 忠義奮發, 以此感激, 知君侯推赤心于諸賢腹中, 所以不歸他人, 而願委身國士。儻急難有用, 敢效微軀。[2]

且人非堯舜, 誰能盡善? 白謨猷籌畫, 安能自矜。[3] 至于制作, 積成卷軸, 則欲塵穢視聽, 恐雕蟲小技, 不合大人。[4] 若賜觀芻蕘, 請給紙墨, 兼之書人。[5] 然後退掃閑軒, 繕寫呈上, 庶靑萍, 結綠, 長價于薛, 卞之門。[6] 幸推下流, 大開獎飾, 惟君侯圖之!

---

소문을 관장하던 관리. 美는 칭송하다.

1) 協律 : 協律郞이며 음악을 관장하던 관리, 태상사(太常寺)의 관리. 秘書郞는 도서의 수장(收藏)과 교정을 관장하던 관리, 비서성(秘書省)에 속함. 崔宗之는 두보의 음주팔선가의 한 명. 房習祖, 黎昕, 許瑩은 한조종이 발탁한 인물.

2) )銜恩撫躬 : 은폐를 잊지 않고 자신의 처지를 되돌아보다. 赤心은 진심. 委身國士는 나라에 몸을 맞긴 선비. 즉 한조종을 지칭. 微軀는 미천한 몸.

3) 盡善 : 두루 갖추다. 謨猷籌畫는 계획을 세우다. 謨猷는 책략의 뜻. 自矜은 자랑.

4) 制作 : 창작. 卷軸는 두루마기. 책을 말함. 塵穢視聽은 눈과 귀를 더럽히다. 雕蟲은 진나라의 서체 . 雕蟲小技는 보잘 것 없는 재주.

5) 芻蕘 : 이백 자신의 작품을 낮추어 이르는 말. 書人은 글을 베끼는 사람.

6) 閑軒 : 조용한 방. 繕寫는 장 베껴 적다. 呈上은 바치다. 庶는 바라다. 靑萍은 춘추시대 월나라 구천의 보검. 結綠은 춘추시대 송나라에 있던 보옥. 청평과 보옥은 이백의 작품에 비유. 長價은 가치가 높아지다. 薛은 춘추시대 월나라 보검의 감별사인 설촉. 卞은 춘추시대 초나라의 보옥 감별사인 변화.

# 春夜宴諸從弟桃李園序[1)]

李 白[2)]

夫天地者, 萬物之逆旅[3)]二也, 光陰者, 百代之過客也。[4)] 而浮生若夢[5)], 爲歡幾何? 古人秉燭夜遊, 良有以也,[6)] 況陽春召我以煙景, 大塊假我以文章。[7)] 會桃李之芳園, 序天倫之樂事。[8)] 群季伍俊秀, 皆爲惠連[9)]。吾人詠歌, 獨慚康樂[10)]。幽賞未已, 高談轉淸。[11)] 開瓊筵以坐花, 飛羽觴而醉月。[12)] 不有佳詠, 何伸雅懷? 如詩不成, 罰依金谷酒數[13)]。

---

1) 序(서) : 연회와 송별석상에서 지은 시를 모아 시집을 만들고 서문을 붙인 것.

2) 李白(701~762) : 자는 태백(太白)이며 시성(詩聖) 두보와 더불어 시선(詩仙)으로 불리우는 중국 최고의 시인. 호방한 성격의 자유분방한 시세계를 구축.

3) 逆旅 : 객사, 숙소.

4) 光陰 : 세월, 시간.

5) 浮生 : 덧없는 인생.

6) 秉燭夜遊 : 촛불을 켜고 밤에 논다. 郞有以也은 참으로 까닭이 있다 .

7) 況 : 하물며. 煙景은 안개가 낀 봄 경치. 大塊는 대자연. 조물주.

8) 序 : 쓰다. 天倫은 하늘이 정해준 관계로 여기서는 형제를 가리킴.

9) 群季 : 여러 아우. 惠連은 남조시대 송의 문학가 사혜련(謝惠連). 그의 형인 사령운(謝靈運)과 함께 大小謝라 부름.

10) 康樂 : 남조시대 송의 문학가인 사령운(謝靈運)의 자. 사현손(謝玄孫)이 강락공(康樂公)이라는 봉작을 계승받음.

11) 幽賞 : 조용히 자연을 깊이 감상함.

12) 瓊筵 : 옥같이 아름다운 자리. 여기에서는 호화로운 연회석을 말함. 羽觴은 날개 모양의 술잔.

13) 雅懷 : 고상하고 품위있는 생각. 金谷酒數는 진(晉)의 석숭(石崇)이 낙양(洛陽)

금곡원(金谷園)에서 연회를 베풀었을 때, 시를 짓지 못하는 사람에게 벌주(罰酒)로 술 석잔을 마시게 한 그 술잔 수. 금곡(金谷)은 현재 하남성(河南省) 낙양현(洛陽縣).

# 雜說(四)[1)]

韓 愈

世有伯樂[2)], 然後有千里馬。千里馬常有, 而伯樂不常有。故雖有名馬, 辱於奴隸人之手, 駢死於槽櫪之間, 不以千里稱也。[3)]

馬之千里者, 一食或盡粟一石。食馬者, 不知其能千里而食也。[4)] 是馬也, 雖有千里之能, 食不飽, 力不足, 才美不外見[5)]。且欲與常馬等不可得, 安求其能千里也。[6)]

策之不以其道, 食之不能盡其材, 鳴之而不能通其意, 執策而臨之曰 : "天下無馬。" 嗚呼! 其眞無馬邪? 其眞不知馬也?[7)]

---

1) 특정한 제명(題名)이 붙지 않은 수필을 말함. 여기에서 소개한 雜說(잡설)은 4首 가운데 네 번째에 해당함.

2) 伯樂 : 성은 손(孫), 이름은 양(陽). 춘추시기 진(秦) 목공 때의 사람, 준마를 잘 가려내기로 유명했다.

3) 千里馬 : 매우 훌륭한 말. 천리마를 가지고 뛰어난 재능을 갖춘 인재에 비유. 인물 발탁의 방법을 논함. 駢死 머리를 가즈런히 하고 죽다. 槽櫪 마굿간.

4) 一石 : 껍질있는 곡식의 총칭. 一石은 십두(十斗). 食馬 말을 먹여 키우다.

5) 才美 : 재능. 見 "現"과 상통한다.

6) 安求其能千里也 : 어찌 그가 천리의 길을 뛸 훌륭한 재능을 발휘할 수 있기를 바랄 것이냐?

7) 策之不以其道 : 올바른 도리가 아닌 나쁜 학대로써 채찍질만 한다. 邪 의문어기 조사.

# 師 說[1)]

韓 愈[2)]

古之學者必有師。師者, 所以傳道受業解惑也[3)]。人非生而知之者, 孰能無惑? 惑而不從師, 其爲惑也, 終不解矣。生乎吾前, 其聞道也固先乎吾, 吾從而師之 ; 生乎吾後, 其聞道也, 亦先乎吾, 吾從而師之。吾師道也, 夫庸知其年之先後生于吾乎?[4)] 是故無貴無賤, 無長無少, 道之所存, 師之所存也。

嗟乎! 師道之不傳也久矣! 欲人之無惑也難矣! 古之聖人, 其出人也遠矣, 猶且從師而問焉 ; 今之衆人, 其下聖人也亦遠矣, 而恥學于師。[5)] 是故聖益聖, 愚益愚。聖人之所以爲聖, 愚人之所以爲愚, 其皆出于此乎?

愛其子, 擇師而敎之 ; 于其身也, 則恥師焉, 惑矣。彼童子之師, 授之書而習其句讀[6)]者, 非吾所謂傳其道解其惑者也。句讀之不知, 惑之不解, 或師焉, 或不焉[7)], 小學而

---

1) 師說 : 설(說)은 어떤 문제에 대하여 자기의 의견을 말하는 논설문. 스승을 따르는 도리를 말함.

2) 韓愈(768~824) : 당송팔대가(唐宋八大家)의 한사람으로 자(字)는 퇴지(退之)이며 고문운동(古文運動)을 주장함.

3) 道 : 공자와 맹자의 도를 제자에게 도를 전함. 業은 유가경전의 지식. 惑은 도와 업의 의혹. 受은 授와 같음.

4) 夫庸 : 夫는 발어사. 庸은 어찌.

5) 出人 : 남들보다 뛰어나다. 下聖人 : 성인에 미치지 못하다.

6) 句讀 : 어의 끝난 곳을 句라하고, 어의가 끝나지 않았지만 잠깐 쉬어야 하는 곳이 讀라고 함.

7) 或…或 : …하기도 하고 …하기도 한다.

大遺, 吾未見其明也。[1)]

巫醫, 樂師, 百工之人, 不恥相師。[2)] 士大夫之族, 曰師曰弟子雲者, 則群聚而笑之。問之, 則曰 : "彼與彼年相若也, 道相似也。位卑則足羞, 官盛則近諛。" 嗚呼! 師道之不複可知矣。巫醫樂師百工之人, 君子不齒, 今其智乃反不能及, 其可怪也歟![3)]

聖人無常師。孔子師郯子[4)], 萇弘[5)], 師襄[6)], 老聃[7)]。郯子之徒, 其賢不及孔子。孔子曰 : "三人行, 則必有我師。" 是故弟子不必不如師, 師不必賢于弟子, 聞道有先後, 術業有專攻, 如是而已。[8)]

李氏子蟠, 年十七, 好古文, 六藝經傳,[9)] 皆通習之, 不拘于時, 學于余。余嘉其能行古道, 作《師說》以貽之。[10)]

---

1) 小學而大遺 : 小學은 句讀之不知, 大遣은 惑之不解를 가리킴. 明은 총명하다.

2) 巫醫 : 무당, 의사 또는 의술을 겸비한 사람. 相師은 서로 배우다.

3) 年相若은 나이가 서로 비슷하다. 反不能及은 도리어 미칠 수가 없다.

4) 郯子 : 춘추시기 담국(郯國)의 군주. 공자가 담자에게 소호씨(少皞氏)가 새의 이름을 관직명으로 한 일에 가르침을 구함.

5) 萇弘 : 周나라 敬王때의 大夫. 음악에 정통하여 공자가 그에게 음악을 물어 봄.

6) 師襄 : 노(魯)나라의 악관(樂官). 공자가 사양에게 고금(鼓琴)을 배움.

7) 老聃 : 도가(道家)의 시조인 노자(老子)에게 공자가 예(禮)를 배움.

8) 術業 : 도술(道術)과 학업.

9) 蟠 : 생평이 자세하지 않음. 정원(貞元) 19년에 진사(進士)가 됨. 六藝經傳은 육경(六經)의 경문과 주해. 經傳은 성인이 지은 것을 경(經), 현인(賢人)이 풀이한 것을 전(傳).

10) 時 : 세속. 余은 나. 1인칭. 嘉는 아름답게 여기다. 古道는 옛 도. 貽는 주다.

# 進學解

韓 愈

國子先生晨入太學, 招諸生立館下, 誨之曰 : "業精于勤, 荒于嬉 ; 行成于思, 毁于隨。[1] 方今聖賢相逢, 治具畢張。[2] 拔去凶邪, 登崇畯良。占小善者率以錄, 名壹藝者無不庸。[3] 爬羅剔抉, 刮垢磨光。[4] 蓋有幸而獲選, 孰云多而不揚?[5] 諸生業患不能精, 無患有司之不明 ; 行患不能成, 無患有司之不公。"[6]

言未既, 有笑于列者曰 : "先生欺余哉! 弟子事先生, 于茲有年矣。[7] 先生口不絶吟于六藝之文, 手不停披于百家之編。[8] 紀事者必提其要, 纂言者必鉤其玄。[9] 貪多務得,

---

1) 國子先生 : 한유 자신. 한유의 관직이 國子博士였음. 太學은 국자감의 통칭. 業은 학업. 嬉는 놀다. 行은 덕행.

2) 方今 : 지금. 聖賢은 성군과 현신. 治具는 법령과 제도. 畢은 완전하다. 張은 실현될 수 있다.

3) 占 : 가지다. 率은 대부분. 대체로. 錄은 임용되다. 庸은 쓰다. 등용되다.

4) 爬羅 : 발굴하고 긁어 모으다. 剔抉은 제거하다. 刮垢는 더러운 것을 긁어낸다.

5) 有幸而獲選 : 학문이 적은데 요행히 선발된 사람이 있다. 揚은 드날리다. 천거되다.

6) 患 : 근심하다. 有司는 사무를 맡는 관리.

7) 既 : 끝나다. 마치다. 笑于列는 대열중에 웃다. 于茲는 지금까지. 有年은 여러 해가 되다.

8) 六藝 : 육경이며, 즉 《詩》, 《書》, 《禮》, 《樂》, 《易》, 《春秋》이다. 披는 번지다.

9) 提 : 적다. 要는 요점. 纂言者은 고인들의 언론을 집록한 책. 鉤은 탐구하다.

細大不捐。焚膏油以繼晷，恒兀兀以窮年。[1] 先生之業，可謂勤矣。抵排異端，攘斥佛老。[2] 補苴罅漏，張皇幽眇。[3] 尋墜緒之茫茫，獨旁搜而遠紹。[4] 障百川而東之，回狂瀾于既倒。[5] 先生之于儒，可謂有勞矣。沈浸醲郁，含英咀華，作爲文章，其書滿家。[6] 上規姚，姒[7]，渾渾無涯；周《誥》殷《盤》[8]，佶屈聱牙；《春秋》謹嚴，《左氏》浮誇；《易》奇而法，《詩》正而葩；下逮《莊》，《騷》，太史所錄；子雲，相如，同工異曲。[9] 先生之于文，可謂閎其中而肆其外矣。[10]少始知學，勇于敢爲；長通于方，左右具宜。[11] 先生之于爲人，可

---

1) 焚膏油 : 등촉을 켜다. 晷는 햇빛. 낮. 兀兀은 근면한 모양.

2) 抵排 : 배척하다. 抵異=觝. 攘斥은 물리치다.

3) 補苴罅漏 : 틈과 새는 곳을 보완하다. 罅漏는 결함. 張皇는 넓혀 이해하다.

4) 尋墜緒之茫茫 : 희미하게 퇴색한 유가의 도를 찾는다. 墜緒는 쇠퇴한 사업. 茫茫은 희미한 모양, 旁搜는 널리 수집하다. 遠紹는 먼 선대를 잇다. 紹는 繼.

5) 障百川而東之 : 냇물을 막아 동쪽으로 흐르게 하다. 回狂瀾于既倒 이미 엎어진 데로 세찬 물결을 돌려 놓다.

6) 沈浸醲郁 : 문장이 뛰어남을 가리킴. 沈浸은 깊이 잠기다. 醲郁 짙고 문체가 있음. 含英咀華 꽃을 머금고 씹는다는 뜻.

7) 姚,姒 : 姚는 우(虞)의 성,姒는 하(夏)의 성이다. 虞와 夏의 책을 가리킨다.

8) 周《誥》殷《盤》: 周《誥》는《상서(尙書)》중의 주대(周代)의《대고(大誥)》등의 편(篇)을 가리키고, 殷《盤》은《상서》중의 은대(殷代)의《반경(盤庚)》등의 편을 가리킨다. 渾渾無涯는 심원하고 무궁하다.

9) 佶屈聱牙 : 佶屈은 이해하기 어렵다. 聱牙는 문구가 까다롭다. 謹嚴는 엄숙하다. 浮誇는 과장되다. 奇而法 기묘하면서 규칙적이다. 正而葩 바르고 화려하다. 逮는 이르다. 미치다. 子雲 서한 말기 양웅의 자. 相如 한무제 때 사마상여. 同工異曲음악을 연주하는 기량은 같으나 연주하는 곡이 다르다.

10) 閎其中 : 내용이 넓다. 肆其外 형식이 다양하다.

11) 少始知學, 勇于敢爲 : 어린시절 배움에 대해 알고 과감하게 실천하다. 長通于

謂成矣。[1] 然而公不見信于人, 私不見助于友。跋前躓後, 動輒得咎。[2] 暫爲禦史, 遂竄南夷。[3] 三爲[4] 博士, 冗不見治。[5] 命與仇謀, 取敗幾時。[6] 冬暖而兒號寒, 年豐而妻啼饑。[7] 頭童齒豁, 竟死何腗。[8] 不知慮此, 而反教人爲?"

先生曰 : 籲, 子來前! 夫大木爲宎[9], 細木爲桷[10], 欂櫨侏儒[11], 椳闑扂楔[12], 各得其宜, 施以成室者, 匠氏之工也。[13]

---

方, 左右具宜 어른이 되어서는 고금의 이치를 두루 통달하여 모든 것에 적합하였다.

1) 成 : 어른스럽다. 노련하다.

2) 跋前躓後 : 앞으로 나가기도 뒤로 물러서기도 어렵다는 뜻. 動輒得咎 자칫하면 남에게 욕을 먹다.

3) 暫爲禦史, 遂竄南夷 : 暫은 잠시. 禦史는 감찰어사. 南夷(광동성 陽山) 지역으로 좌천되어 감.

4) 三爲 : 원래는 "三年"으로 표기되어있고 《구당서·한유전(舊唐書·韓愈傳》을 근거로 고침.

5) 冗不見治 : 冗 쓸데없을 용. 見治는 누드러진 공적. 직위가 낮고 정치적 재능을 나타내지 못함.

6) 命與仇謀 : 운명이 원수와 도모하다.

7) 號 : 부르짖다. 啼는 소리내어 울다.

8) 頭童 : 머리가 다 빠지다. 齒豁는 이가 다 빠지다. 竟死何裨 죽을 때까지 무슨 이로움이 있겠는가? 裨는 益.

9) 宎 : 대들보. . 籲 탄식하는 소리. 吁와 같음.

10) 桷 : 사각 모양의 서까래.

11) 欂櫨 : 즉 두공(斗拱)이며 기둥위에서 대들보를 받치는 단목. 侏儒 : 대들보위의 짧은 기둥.

12) 椳 : 문 지도리, 문을 받치는 축. 闑 : 문 중앙에 세우는 단목. 문지방. 扂 : 빗장. 楔 : 문 양쪽의 나무기둥. 문설주.

13) 施 : 쓰다. 工은 기교. 재간.

玉札, 丹砂, 赤箭, 青芝, 牛溲, 馬勃[1], 敗鼓之皮, 俱收並蓄, 待用無遺者, 醫師之良也。[2] 登明選公, 雜進巧拙, 紆餘爲姸, 卓犖爲傑, 校短量長, 惟器是適者, 宰相之方也。[3] 昔者孟軻好辯, 孔道以明, 轍環天下, 卒老于行。[4] 荀卿守正, 大論是弘, 逃讒于楚, 廢死蘭陵。[5] 是二儒者, 吐辭爲經, 擧足爲法, 絶類離倫, 優入聖域, 其遇于世何如也?[6] 今先生學雖勤而不繇其統, 言雖多而不要其中, 文雖奇而不濟于用, 行雖修而不顯于衆。[7] 猶且月費俸錢, 歲靡廩粟 ; 子不知耕, 婦不知織 ; 乘馬從徒, 安坐而食。[8] 踵常途之促促,

---

1) 玉札丹砂 : 옥찰(玉札), 단사(丹砂), 적전(赤箭), 청지(青芝), 우수(牛溲), 마발(馬勃)은 모두 약재이다. 玉札, 丹砂는 광물, 赤箭, 青芝는 식물, 牛溲는 소의 오줌, 馬勃은 진균류에 속함.

2) 敗鼓之皮 : 해어진 북의 가죽을 태워 물에 타 마시면 해독작용이 있다고 함. 俱收並蓄 모두 거두어 모으다. 待用無遺者 필요할 때 다 있다. 良 좋은 계획.

3) 登明選公 : 인재 선발에 공평. 雜進巧拙는 다양한 인재를 등용. 紆餘爲姸는 재능이 넘쳐 의젓한 모습. 卓犖는 뛰어남. 校短量長는 장점과 단점을 가늠하다. 器는 역량. 方는 도.

4) 孟軻 : 맹자. 轍環天下는 천하를 주유하다. 卒老于行는 마침내 길에서 늙다.

5) 荀卿 : 순자. 守正는 공자의 도를 지키다. 弘는 널리 홍보하다. 逃讒于楚는 참언을 피해 초나라로 가다. 廢死蘭陵은 벼슬을 그만두고 난릉에서 죽다.

6) 二儒 : 공자와 맹자. 吐辭은 언론. 擧足은 행동. 絶類離倫, 優入聖域은 성인의 경지에 이르다. 遇于世何如也는 세상에서의 만남이 불우하였다는 뜻.

7) 先生 : 국자선생. 繇는 由. 계승하다. 統는 유가의 도통. 不要其中는 중심을 끌어잡지 못하다. 不濟于用는 세상에 통용되지 않는 것. 不顯于衆는 일반 백성보다 뛰어나지 못함.

8) 靡廩粟 : 창고 속의 곡식을 소비하다. 靡는 낭비하다. 從徒는 하인을 따르게 하다.

窺陳編以盜竊。[1] 然而聖主不加誅, 宰臣不見斥, 玆非其幸歟? 動而得謗, 名亦隨之。[2] 投閑置散, 乃分之宜。[3] 若夫商財賄之有亡, 計班資之崇庳, 忘己量之所稱, 指前人之瑕疵, 是所謂詰匠氏之不以杙[4]爲楹, 而訾醫師以昌陽[5]引年, 欲進其豨苓[6]也。

---

1) 踵 : 밟다. 常途는 평범한 길. 促促은 삼가는 모습. 窺은 엿보다. 陳編은 옛날 책.

2) 誅 : 책벌. 宰臣不見斥은 재상이 면직시키지 않다. 名亦隨之은 명예도 그에 따라 훼손된다.

3) 投閑置散 : 한산한 관직을 맡다. 乃分之宜는 본분에 맞는 분수의 마땅함.

4) 商 : 따지다. 財賄은 재물. 亡은 無와 같음. 計는 따지다. 班資은 지위와 봉록. 崇庳는 높낮이. 忘己量之所稱 자기 능력과 맞는가를 잊다. 稱은 等과 같음. 前人은 上司. 瑕疵은 결점. 詰은 꾸짖다. 杙은 작은 나무 말뚝.

5) 楹 : 기둥. 訾는 헐뜯다. 昌陽은 창포이다. 장생의 약.

6) 豨苓 : 단풍나무 뿌리에서 생기는 저령(猪苓). 진균류의 일종이고 소변장애 등을 치료함.

# 陋室銘

劉禹錫[1)]

山不在高, 有仙則名 ; 水不在深, 有龍則靈。斯是陋室, 惟吾德馨[2)]。苔痕上階綠, 草色入簾靑。談笑有鴻儒[3)], 往來無白丁[4)]。可以調素琴[5)], 閱金經[6)]。無絲竹之亂耳[7)], 無案牘之勞形[8)]。南陽諸葛廬[9)], 西蜀子雲亭[10)]。孔子云 : "何陋之有[11)]?"

---

1) 劉禹錫(772~842) : 자(字)는 몽득(夢得)으로 유종원(柳宗元)과 함께 왕숙문(王叔文)의 집정(執政)을 도와 혁신정치를 꾀하려다 실패하여 20년 동안이나 유배생활을 했다.

2) 馨 : 향기롭다. 덕행이 아름답다.

3) 苔痕 : 얼룩진 이끼. 上階綠 섬돌에 이끼가 푸르다. 鴻儒은 대유학자, 박학자.

4) 白丁 : 백의, 즉 평민이다.

5) 素琴 : 화려한 장식이 없는 흰나무로 만든 거문고.

6) 金經 : 옛날 금가루로 경문을 쓴 불경.

7) 絲竹 : 현악과 관악, 모두 음악을 가리킴.

8) 案牘 : 공문서. 案은 공문서 牘은 편지.

9) 南陽諸葛廬 : 제갈공명(諸葛孔明)이 살던 하남성(河南省) 남양현(南陽縣)에 있는 초가집.

10) 西蜀子雲亭 : 성도(成都) 소성(少城)의 서남쪽에 한(漢)의 사부가(辭賦家) 양웅(楊雄)의 집을 초현당(草玄堂)이라 함. 揚雄(號가 子雲)의 정자를 자운정이라 부름.

11) 何陋之有 : 《논어 · 자한(論語 · 子罕)》 편에 "子欲居九夷. 或曰 : '陋, 如之何?' 子曰 : '君子居之, 何陋之有?'"(공자가 멀리 외진 곳에서 살고자 했더니, 이에 혹자가 '그곳은 몹시 누추한데, 어찌 합니까?라고 했다. 공자가 말씀하시기를, 군자가 그 곳에 살진대, 누추할 것이 무에 있겠느냐?). 何陋之有는 (덕 있는 군자가 살면 집이나 방이 아무리 나빠도) 그 무슨 누추할 것이 있느냐?

# 種樹郭橐駝傳

柳宗元

郭橐駝, 不知始何名, 病僂, 隆然伏行, 有類橐駝者, 故鄕人號之“駝”[1]。駝聞之, 曰 : “甚善, 名我固當。” 因舍其名, 亦自謂橐駝雲。

其鄕曰豐樂鄕, 在長安西。駝業種樹, 凡長安豪富人爲觀遊[2], 及賣果者, 皆爭迎取養。視駝所種樹, 或遷徒, 無不活, 且碩茂, 早實以蕃。他植者雖窺伺效慕, 莫能如也。

有問之, 對曰 : “橐駝非能使木壽且孳[3]也, 能順木之天, 以致其性焉爾。凡植木之性, 其本欲舒[4], 其培欲平[5], 其土欲故[6], 其築欲密[7]。旣然已, 勿動勿慮, 去不複顧。

其蒔也若子[8], 其置也若棄, 則其天者全而其性得矣。故吾不害其長而已, 非有能碩茂之也 ; 不抑耗其實而已, 非有能早而蕃之也。

他植者則不然, 根拳而土易, 其培之也, 若不過焉則不

---

1) 病僂 : 구루병을 앓다. 隆然伏行 등이 튀어나와 머리를 숙이고 다니다.

2) 爲觀遊 : 관상하기 위해 유람하다.

3) 壽 : 오래 살다. 孳 성장이 빠르다.

4) 本 : 나무뿌리. 舒 활짝 펼쳐지다.

5) 培 : 흙을 북돋아주다. 平 평평하게 고르다.

6) 故 : 원래의 오래된 흙.

7) 築 : 흙을 찧다. 密 촘촘하다.

8) 其蒔也若子 : 옮겨 심을 때 자녀에게 대하듯이 정성을 다해 세심하게 돌보다.

及。苟有能反是者，則又愛之太恩[1)]，憂之太勤，旦視而暮撫，已去而復顧，甚者爪其膚以驗其生枯，搖其本以觀其疏密，而木之性日以離矣。雖曰愛之，其實害之；雖曰憂之，其實仇之。故不我若也。吾又何能爲哉!"

問者曰："以子之道，移之官理[2)]，可乎?" 駝曰："我知種樹而已，官理，非吾業也。然吾居鄕，見長人[3)]者好煩其令，若甚憐焉，而卒以禍。[4)]旦暮吏來而呼曰：'官命促爾耕，勖爾植，督爾獲，早繅而緖[5)]，早織而縷[6)]，字[7)]而幼孩，遂[8)]而雞豚.' 鳴鼓而聚之，擊木而召之[9)]。吾小人輟飧饔以勞吏者[10)]，且不得暇，又何以蕃吾生而安吾性耶? 故病且怠。若

1) 太恩 : 지나치게 사랑하다.

2) 移之官理 : 관리가 백성을 다스리는 일로 옮겨 적용하다. "理"는 본래 "治"였는데 당나라 사람들은 당의 고종 이치(李治)의 이름이 사용되는 것을 피하기 위해 바꿨다. 아래의 "理"자도 이와 같다.

3) 長人 : "長"자는 동사로 사용되었다. "人"은 본래 "民"이었는데 당나라 사람들은 당의 태종 이세민(李世民)의 이름이 사용되는 것을 피하기 위해 바꿨다. 長人은 즉 백성을 위하는 관리이다.

4) 백성들을 사랑하는 듯 하면서 끝내는 해를 끼치다.

5) 繅 : 누에를 삶아서 실을 뽑다. 緖 실의 끄트머리. 而는 爾와 상통하고 아래 세 구의 而자도 이와 같다.

6) 織而縷 : 縷는 실 가닥이다. 실로 천을 짜는 것을 말한다.

7) 字 : 양육하다.

8) 遂 : 성장하다.

9) 북을 쳐 백성을 모이게 하고, 딱따기(야경을 돌거나 군중을 소집할 때 쓰는 것)를 쳐 군중을 소집하다.

10) 小人輟飧饔以勞 : 小人은 평민이다. 輟飧饔 저녁과 아침밥을 끊다. 자신은 밥 먹을 겨를도 없다는 뜻이다. 勞 노고를 위로하다.

是, 則與吾業者其亦有類乎?”

問者嘻曰 : “不亦善夫! 吾問養樹, 得養人術。傳其事以爲官戒。”

# 捕蛇者說

柳宗元[1)]

永州之野産異蛇。[2)] 黑質而白章；觸草木盡死；以齧人, 無禦之者。[3)] 然得而腊之以爲餌, 可以已大風, 攣踠, 瘻, 癘, 去死肌, 殺三蟲。[4)] 其始, 太醫以王命聚之, 歲賦其二, 募有能捕之者, 當其租入。永之人爭奔走焉。[5)]

有蔣氏者, 專其利三世矣。[6)] 問之, 則曰：“吾祖死于是, 吾父死于是。今吾嗣爲之十二年, 幾死者數矣。” 言之, 貌若甚戚者。[7)]

余悲之, 且曰：“若毒之乎? 余將告于位事者, 更若役, 複若賦, 則何如?”[8)]

---

1) 柳宗元(유종원 773-819) : 당(唐)의 시인이자 당송팔대가. 한유와 고문운동을 선도하여 후세에 큰 영향을 끼침.

2) 永州 : 현재 호남성(湖南省) 영릉현(零陵縣). 産 나오다, 출몰하다.

3) 墨質而白章 : 검은 몸체에 흰 점이 있다. 質 바탕, 章 무늬, 齧 물다, 禦 막다, 치료하다.

4) 攣踠 : 손과 발이 구부러지는 병. 瘻癘 : 염병, 문둥병. 三蟲 : 회충, 적충, 요충 등 인체 내의 기생충. 已 치유하다. 멈추게 하다. 말려 포로 만들다.

5) 賦 : 세공(歲貢)으로 할당해 바치는 공납품.

6) 專 : 전담하다.

7) 幾死者數矣 : 거의 죽을 뻔 했던 일이 여러 차례였다. 數(삭) 자주, 누차. 慼 슬프고 근심하다.

8) 若毒之乎 : 너는 이 일을 고통스럽게 여기느냐? 若은 2인칭 대명사. 毒 미워하다, 원망하다. 莅事者 (뱀을 징수하는)일을 맡은 사람 莅(이)는 臨과 같은 의미. 更 변경하다.

蔣氏大戚, 汪然出涕曰 : "君將哀而生之乎? 則吾斯役之不幸, 未若複吾賦不幸之甚也。[1] 向吾不爲斯役, 則久已病矣。自吾氏三世居是鄕, 積于今六十歲矣, 而鄕鄰之生日蹙, 殫其地之出, 竭其廬之入, 號呼而轉徒, 饑渴而頓踣。[2] 觸風雨, 犯寒暑, 呼噓毒癘, 往往而死者相藉也。[3] 曩與吾祖居者, 今其室十無壹焉 ; 與吾父居者, 今其室十無二三焉 ; 與吾居十二年者, 今其室十無四五焉。[4] 非死則徒爾。而吾以捕蛇獨存。悍吏之來吾鄕, 叫囂乎東西, 隳突乎南北 ; 嘩然而駭者, 雖雞狗不得甯焉。[5] 吾恂恂而起, 視其缶, 而吾蛇尙存, 則弛然而臥。[6] 謹食之, 時而獻焉。[7] 退而甘食其土之有, 以盡吾齒。[8] 蓋壹歲之犯死者二焉 ; 其余, 則熙熙而樂。豈若吾鄕鄰之旦旦有是哉![9] 今雖死乎此, 比吾鄕鄰之死則已後矣, 又安敢毒耶?"

---

1) 汪然 : 눈물을 흘리는 모양.

2) 嚮 : 이전에. 鄕鄰之生日蹙 고향의 이웃 사람들의 생활은 날로 궁핍해진다. 號呼而轉徒 울부짖으며 딴 곳으로 이사하다. 饑竭而頓踣 기갈에 못이겨 쓰러져 엎드리다.

3) 觸風雨 : 비바람을 맞다. 犯寒暑 춥고 더위에 시달리다. 呼噓毒癘 심한 병에 걸려 독기를 내뿜다. 相藉 서로 깔고 눕다. 駭 놀라게 하다.

4) 曩 : 예전에, 앞서.

5) 悍吏 : 황폭(荒暴)한 관리. 叫囂(규효) 시끄럽게 떠들어대다. 隳突(휴돌) 마구 들이닥쳐 부수다. 譁然(화연) 왁자지껄하는 모양.

6) 弛然 : 마음을 놓고. 恂恂 조심하는 모양, 缶 항아리.

7) 食(사) : 먹이다.

8) 以盡吾齒 : 내 수명을 다 한다, 이가 빠지도록 산다.

9) 旦旦 : 매일같이, 날마다.

余聞而愈悲, 孔子曰 : "苛政猛于虎也[1]。" 吾嘗疑乎是, 今以蔣氏觀之, 猶信。嗚呼! 孰知賦斂之毒有甚是蛇者乎! 故爲之說, 以俟夫觀人風者得焉。[2]

---

1) 苛政猛于虎 : 가혹한 정치가 호랑이보다 무섭다, 출처《禮記》〈檀弓〉.

2) 賦斂 : 혹독하게 세금을 거둬들임. 俟 기다리다. 觀人風 민정을 시찰한다.

# 阿房宮賦

杜 牧

六王畢[1), 四海壹[2), 蜀山兀[3), 阿房出。覆壓三百餘里, 隔離天日。驪山[4)北構而西折, 直走鹹陽[5)。二川[6)溶溶, 流入宮牆。五步壹樓, 十步壹閣 ; 廊腰縵回, 檐牙高啄 ; 各抱地勢, 鉤心鬥角。盤盤焉, 囷囷[7)焉, 蜂房水渦, 矗不知其幾千萬落。長橋臥波, 未雲何龍[8)? 複道[9)行空, 不霽何虹? 高低冥迷, 不知西東。歌台暖響, 春光融融 ; 舞殿冷袖, 風雨淒淒。壹日之內, 壹宮之間, 而氣候不齊。

妃嬪媵嬙[10), 王子皇孫, 辭樓下殿, 輦來于秦。朝歌夜

---

1) 六王 : 제(齊), 촉(蜀), 연(燕), 조(趙), 한(韓), 위(魏) 6국의 국왕이다. 畢 : 끝나다.

2) 四海壹 : 전국통일을 이른다.

3) 兀 : 벌거숭이산을 묘사하였으며, 산의 목재가 남김없이 베어졌음을 이른다.

4) 驪山 : 지금의 섬서성(陝西省) 임동(臨潼) 동남쪽에 위치한다.

5) 鹹陽 : 진(秦)의 수도였다. 당시에는 지금의 섬서성(陝西省) 함양 동북쪽에 있었으며 진이 멸망하고 항우에 의해 불태워졌다.

6) 二川 : 위천(渭川)과 번천(樊川)이다.

7) 囷囷 : 구불구불 빙 돌아가는 모습이다.

8) 未雲何龍 : 구름도 없는데 어인 용인가? 《周易》 중에 "雲從龍, 風從虎(구름은 용을 좇고, 바람은 범을 좇는다)"란 구절이 있다.

9) 複道 : 목재 지지를 이용해 지은 공중으로 나 있는 누각의 통로, 궁중의 누각으로 통하고 상하 모두 통로가 있다.

10) 妃嬪媵嬙 : 모두 제왕의 시첩이었다. 각기 등급이 있었으며 비는 황후의 다음 서열이고 빈(嬪)과 장(嬙)보다 높았다. 빈과 장은 궁중의 여관(女官)이었고, 媵(잉)은 혼수로 따라가는 여인이었다. 여기서는 6국의 후궁을 이르 는 말이다.

弦, 爲秦宮人。明星熒熒, 開妝鏡也 ; 綠雲擾擾, 梳曉鬟也 ; 渭流漲膩, 棄脂水也 ; 煙斜霧橫, 焚椒蘭也。雷霆乍驚, 宮車過也 : 轆轆[1]遠聽, 杳不知其所之也。壹肌壹容, 盡態極硏, 縵立[2]遠視, 而望幸[3]焉 ; 有不得見者三十六年。燕趙之收藏, 韓魏之經營, 齊楚之精英, 幾世幾年, 剽掠其人, 倚疊[4]如山 ; 壹旦不能有, 輸來其間。鼎鐺玉石, 金塊珠礫, 棄擲邐迤, 秦人視之, 亦不甚惜。

嗟乎! 壹人之心, 千萬人之心也。秦愛紛奢, 人亦念其家。奈何取之盡錙銖[5], 用之如泥沙? 使負棟之柱, 多于南畝之農夫 ; 架梁之椽, 多于機上之工女 ; 釘頭磷磷, 多于在庾[6]之粟粒 ; 瓦縫參差, 多于周身之帛縷 ; 直欄橫檻, 多于九土之城郭 ; 管弦嘔啞, 多于市人之言語。使天下之人, 不敢言而敢怒。獨夫[7]之心, 日益驕固。戍卒叫[8], 函谷擧[9],

---

1) 轆轆 : 마차소리임.

2) 縵立 : 오랫동안 서 있었다.

3) 望幸 : 제왕이 오시기를 간절히 바라다.

4) 倚疊 : 쌓다.

5) 錙銖 : 여기서는 극히 적은 수량을 이른다. 한 냥(兩) 의 1/24이 銖(수)이고 6수가 치(錙)이다.

6) 庾 : 창고.

7) 獨夫 : 인심을 얻지 못하고 고립된 통치자. 여기서는 진시황을 이른다.

8) 戍卒叫 : 진섭(陳涉)과 오광(吳廣)의 봉기를 이른다. 戍卒 : 戍은 변경을 지키는 병사다.

9) 函谷擧 : 함곡관이 함락되다. B.C. 206년 유방은 무관(武關)에서 함양으로 진격하는 동시에 군사를 함곡관으로 보내 지키게 했다. 진나라 때의 함곡관은 지금의 하남성(河南省) 영보현(靈寶縣) 서남쪽에 있었다.

楚人壹炬[1], 可憐焦土!

鳴呼! 滅六國者六國也, 非秦也。族秦者秦也, 非天下也。嗟乎! 使六國各愛其人, 則足以拒秦 ; 使秦復愛六國之人, 則遞三世可至萬世而爲君, 誰得而族滅也? 秦人不暇自哀, 而後人哀之 ; 後人哀之而不鑒之, 亦使後人而復哀後人也。

1) 楚人壹炬 : B.C. 206년에 항우는 함양으로 입성한 후 진나라의 궁전을 불태워버렸는데 3개월 내내 불타올랐다. 항우는 초나라 장군 항연(項燕)의 후예였기 때문에 초인(楚人)이라고 칭했다.

# 嶽陽樓記

范仲淹

慶曆四年[1)]春, 滕子京謫守巴陵郡[2)]。越明年[3)], 政通人和, 百廢俱興。乃重修嶽陽樓, 增其舊制, 刻唐賢今人詩賦[4)]

---

1) 慶曆四年 : 기원전 1044년. 慶曆은 송대(宋代) 인종(仁宗) 때의 연호(年號)이다.

2) 滕子京謫守巴陵郡 : 등자경. 이름은 종량(宗諒)이며 하남(河南, 오늘날의 하남성(河南城) 악양(嶽陽)일대) 사람이었다. 범중엄(範仲淹)과 대중상부(大中祥符) 8년(1015)에 진사(進士)에 합격하였고, 태주(泰州)의 군사판관(軍事判官)이었을 때, 범중엄을 도와 방파제축조를 주재하였다. 경력(慶曆)2년에 그는 천장각(天章閣) 대제(待制)로서 환경로도부서(環慶路都部署)와 지경주(知慶州)를 지냈다. 서하(西夏) 방어에 공헌한 바 있었다. 이듬해에 무고를 당하였고 수많은 사람들이 연루되어 감금되는 자들로 감옥이 넘쳐났다. 범중엄과 구양수(歐陽修)는 그를 위해 결백을 주장했지만 폄직되어 봉상부(鳳翔府)의 지사(知事)가 되었으며, 그 이후에 다시 폄직되어 괵주(虢州)의 지사(知事)가 되었다. 경력4년에 왕진(王拱辰)이 "등자경은 공금을 횡령하였는데 관직을 한 자리 강등시키는 것으로는 너무 가벼운 처벌이다"고 제기하여 등자경은 악주(嶽州) 파릉군(巴陵郡, 오늘날의 하남성의 악양일대)으로 다시 폄직되었다.

3) 越明年 : 그 이듬해가 되다. 越 : 이르다. 미치다.

4) 唐賢今人詩賦 : 예로 이백(李白)의 《추등파릉망동정(秋登巴陵望洞庭)》, 두보(杜甫)의 《등악양루(登嶽陽樓)》, 맹호연(孟浩然)의 《임동정상장승상(臨洞庭上張丞相)》, 하후가정(夏侯嘉正)의 《동정부(洞庭賦)》 등이다. 모두 악양루 주변의 장관을 묘사한 작품들이다. 두보의 "吳楚東南坼, 乾坤日夜浮" 및 맹호연의 "氣蒸雲夢澤, 波撼岳陽城"의 련(聯)은 특히 유명하다. -吳楚東南坼, 乾坤日夜浮 : 오와 촉은 여기에서 그 경계가 나뉘고, 호수는 천지를 담아 일월도 물결 따라 흔들린다. -氣蒸雲夢澤, 波撼岳陽城 : 운몽호의 수면위로는 물안개가 짙게 드리우고, 일렁이는 물결 따라 악양성도 흔들린다.

于其上。屬[1]予作文以記之。

予觀夫巴陵勝狀, 在洞庭壹湖。銜遠山, 呑長江, 浩浩湯湯[2], 橫無際涯。朝暉夕陰, 氣象萬千。此則嶽陽樓之大觀也, 前人之述備矣。然則北通巫峽, 南極瀟, 湘, 遷客騷人[3], 多會于此, 覽物之情, 得無異乎?

若夫淫雨霏霏[4], 連月不開, 陰雨怒號, 濁浪排空。日星隱曜, 山嶽潛形。商旅不行, 檣傾楫摧, 薄暮冥冥, 虎嘯猿啼。登斯樓也, 則有去國[5]懷鄕, 憂讒畏譏, 滿目蕭然, 感極而悲者矣。

至若春和景明, 波瀾不驚, 上下天光, 壹碧萬頃, 沙鷗翔集, 錦鱗[6]遊泳, 岸芝汀蘭, 郁郁靑靑。而或長煙壹空, 皓月千裏, 浮光躍金, 靜影沈璧 ; 漁歌互答, 此樂何極! 登斯樓也, 則有心曠神怡, 寵辱皆忘, 把酒臨風[7], 其喜洋洋者矣。

嗟夫, 予嘗求古仁人之心, 或異二者之爲, 何哉? 不以物喜, 不以己悲。居廟堂[8]之高, 則憂其民, 處江湖之遠[9],

---

1) 屬 : "囑"와 같음.

2) 湯湯 : 물살이 세차고 빠르게 흐르는 모습.

3) 遷客 : 좌천당한 사람. 騷人 : 시인

4) 淫雨 : 끊이지 않고 내리는 비. 霏霏 : 비가 흩뿌리는 모습.

5) 去國 : 수도를 떠나다.

6) 錦鱗 : 물고기.

7) 把酒臨風 : 술잔을 들고 바람을 맞으며 술을 마시다.

8) 廟堂 : 조정.

9) 處江湖之遠 : 조정에서 벼슬을 하지 않다.

則憂其君。是進亦憂，退亦憂。然則何時而樂耶？其必曰"先天下之憂而憂，後天下之樂而樂"乎！噫！微[1]斯人，吾誰與歸[2]？時六年[3]九月十五日。

1) 微 : 만약에 없다면.

2) 吾誰與歸 : 나는 누구를 따라야 하는가? 與는 "歟"와 동일하며 의문을 나타낸다. 歸 ~을 따르다.

3) 六年 : 경력(慶曆) 6년.

# 醉翁亭記

歐陽修

環滁皆山也。其西南諸峰, 林壑尤美。望之蔚然而深秀者, 琅琊也。山行六七裏, 漸聞水聲潺潺而瀉出于兩峰之間者, 釀泉也。峰回路轉, 有亭翼然臨于泉上者, 醉翁亭也。作亭者誰? 山之僧智仙也。名之者誰? 太守自謂也。太守與客來飮于此, 飮少輒醉, 而年又最高, 故自號曰醉翁也。醉翁之意不在酒, 在乎山水之間也。山水之樂, 得之心而寓之酒也。

若夫日出而林霏[1]開, 雲歸而岩穴暝, 晦明變化者, 山間之朝暮也。野芳發而幽香, 佳木秀而繁陰, 風霜高潔, 水落而石出者, 山間之四時也。朝而往, 暮而歸, 四時之景不同, 而樂亦無窮也。

至于負者歌于途, 行者休于樹, 前者呼, 後者應, 傴僂提攜[2], 往來而不絶者, 滁人遊也。臨溪而漁, 溪深而魚肥。釀泉爲酒, 泉香而酒洌 ; 山肴野蔌, 雜然而前陳者, 太守宴也。宴酣之樂, 非絲非竹, 射者中[3], 弈者勝, 觥籌交錯, 起坐而喧嘩者, 衆賓歡也。蒼顔白發, 頹然乎其間者, 太守

1) 林霏 : 숲속의 안개.

2) 傴僂 : 노인. 提攜 : 어린 아이.

3) 射者中 : "射"는 투구항아리를 가리킴. 화살을 투구항아리 속에 던져 들어가는 사람이 이긴다.

醉也。

已而夕陽在山, 人影散亂, 太守歸而賓客從也。樹林陰翳, 鳴聲上下, 遊人去而禽鳥樂也。然而禽鳥知山林之樂, 而不知人之樂 ; 人知從太守遊而樂, 而不知太守之樂其樂也。醉能同其樂, 醒能述以文者, 太守也。太守謂誰? 廬陵歐陽修也。

# 秋聲賦[1)]

歐陽修[2)]

歐陽子方夜讀書, 聞有聲自西南來者, 悚然而聽之, 曰:"異哉!"初淅瀝以蕭颯, 忽奔騰而砰湃, 如波濤夜驚, 風雨驟至。[3)]其觸于物也, 鏦鏦錚錚, 金鐵皆鳴 ; 又如赴敵之兵, 銜枚[4)]疾走, 不聞號令, 但聞人馬之行聲。予謂童子 : "此何聲也? 汝出視之。" 童子曰 : "星月皎潔, 明河在天, 四無人聲, 聲在樹間。"[5)]

予曰 : "噫嘻悲哉! 此秋聲也。胡爲而來哉? 蓋夫秋之爲狀也 : 其色慘淡, 煙霏雲斂[6)] ; 其容淸明, 天高日晶 ; 其氣栗冽,[7)] 砭人肌骨 ; 其意蕭條, 山川寂寥[8)]。故其爲聲也,

---

1) 賦(부) : 대구 · 압운 · 전고 등의 구속에서 벗어나, 비교적 자유롭게 고문에 가까운 형식으로 쓴 부인데 이러한 부를 문부(文賦)라 한다. 이러한 문부체는 구양수가 대표적이다.

2) 歐陽修(구양수 1007~1072) : 자(字)는 영숙(永叔) 호(號)는 취옹(醉翁) 혹은 육일거사(六一巨士)로 당송팔대가(唐宋八大家)의 한 사람이다. 당대 한유에 이어 송대의 고문을 부흥시키는데 큰 역할을 하였다

3) 悚然 : 선뜻 무서운 마음이 든다. 淅瀝(석력) : 비나 낙엽떨어지는 소리. 蕭颯(소삽) 바람부는 소리. 砰湃(팽배) 물이 콸콸 소리를 내며 돌에 부딪치며 흘러내리는 소리.

4) 銜枚 : 고대에 사병들에게 막대기로 입에 재갈을 물어 조용히 행군하게 함.

5) 明河 : 은하수.

6) 煙霏雲斂 : 봄안개와 여름의 구름도 걷히고 없어진다.

7) 慄冽 : 매섭고 차다.

8) 砭人肌骨 : 사람의 피부와 뼈를 아프게 찌른다.

淒淒切切, 呼號憤發。[1] 豐草綠縟而爭茂, 佳木葱蘢而可悅。[2] 草拂之而色變, 木遭之而葉脫。其所以摧敗零落者, 乃其一氣之餘烈。[3] 夫秋, 刑官也, 于時爲陰[4] ; 又兵象也, 于行用金[5]。是謂天地之義氣[6], 常以肅殺而爲心。天之于物, 春生秋實。故其在樂也, 商聲主西方之音[7], 夷則爲七月之律[8]。商, 傷也, 物旣老而悲傷 ; 夷, 戮也, 物過盛而當殺。

"嗟乎!草木無情, 有時飄零。人爲動物, 惟物之靈, 百憂感其心, 萬事勞其形, 有動于中, 必搖其精[9]。而況思其力之所不及, 憂其智之所不能, 宜其渥然丹者爲槁木[10], 黟然黑者爲星星[11]。奈何以非金石之質, 欲與草木而爭榮? 念

---

1) 呼號 : 소리질러 외치다.

2) 縟 : 푸르름이 마냥 번지고 엉키다. 葱蘢 : 푸르고 무성하다.

3) 摧敗零落 : 꺽이어 부서지고 시들다.

4) 주나라의 제도에 형법과 소송사건을 주관하는 관청이 추관. 또한 옛 사람들은 음양의 4계절을 분배하여 봄과 여름은 양, 가을과 겨울은 음으로 나눔.

5) 又兵象也, 于行用金 : 중국 고대 출정을 가을에 함. 또한 오행을 사계절로 나누어 가을을 금(金)이라 함. 兵象 : 무력, 군사.

6) 義氣 : 곧은 절개와 강직함의 기운.

7) 商聲主西方之音 : 商聲은 중국 오음(五音) 중의 하나. 고대에 오성(五聲)을 4계로 나누어 상성(商聲)이 가을. 오성과 오행은 짝이 맞음으로 상성은 금에 속하는 서방의 소리.

8) 夷則爲七月之律 : 옛날에는 12율(律)을 열두 개의 달과 짝을 맞추었는데 7월이 이측(夷則)에 해당.

9) 必搖其精 : 정기를 손상시키다.

10) 渥然丹者爲槁木 : 渥然은 젊고 윤택이 나다. 젊고 윤기가 흐르던 용모가 늙고 비쩍 마르다.

11) 黟然黑者爲星星 : 까맣던 수염과 머리카락이 희게 변하다. 黟然은 검다. 星星은 머리가 희끗희끗한 모양.

誰爲之戕賊, 亦何恨乎秋聲!”

童子莫對, 垂頭而睡。但聞四壁蟲聲喞喞, 如助予之歎息。[1)]

1) 喞喞 : 벌레소리, 찍찍.

# 愛蓮說

周敦頤

水六草木之花, 可愛者甚蕃。晉陶淵明獨愛菊[1] ; 自李唐來[2], 世人盛愛牡丹 ; 予獨愛蓮之出淤泥而不染, 濯淸漣而不妖, 中通外直, 不蔓不枝, 香遠益淸, 亭亭靜植, 可遠觀而不可褻玩焉。[3]

予謂菊, 花之隱逸者也 ; 牡丹, 花之富貴者也 ; 蓮, 花之君子者也。噫! 菊之愛, 陶後鮮有聞 ; 蓮之愛, 同予者何人 ; 牡丹之愛, 宜乎衆矣![4]

---

1) 甚蕃 : 매우 많음. 陶淵明(365-427)은 동진(東晋)의 시인이며, 다른 이름으로 잠(潛)이라고도 함. 字는 원량(元亮)이며, 심양시상(尋陽柴桑 : 지금의 江西省 九江)사람. 동진의 전원시인으로 술과 국화를 매우 좋아하였다.

2) 自李唐來 : 황제의 성인 이씨의 당나라 이래로. 당은 이연(李淵)이 나라를 건국하였다.

3) 漣 : 출렁이다. 中通外直 속은 비었고 밖은 곧다. 益 ~할수록. 亭亭 우뚝 솟은 모양. 褻翫 가까이 두고 감상함.

4) 陶後 : 도연명 이후.

# 傷仲永

王安石

金溪民方仲永, 世隷耕。[1] 仲永生五年, 未嘗識書具, 忽啼求之 ; 父異焉, 借旁近與之。[2] 卽書詩四句, 並自爲其名, 其詩以養父母, 收族爲意, 傳壹鄕秀才觀之。[3] 自是指物作詩立就, 其文理皆有可觀者。[4] 邑人奇之, 稍稍賓客其父 ; 或以錢幣乞之。[5] 父利其然也, 日扳仲永環丐于邑人, 不使學。[6]

予聞之也久。明道中, 從先人還家, 于舅家見之, 十二三矣。[7]

---

1) 金溪 : 현(縣) 이름. 왕안석의 고향인 강서성 임천현(臨川縣) 동쪽에 위치. 世 대대로. 隷耕 농사를 짓다. 隷 붙다. 붙을 예.

2) 未嘗 : ~한 적이 없다. 書具 필기 도구. 忽 갑자기. 啼 울다. 之 필기 도구. 焉는 於之의 합음. 旁近 이웃.

3) 卽 : 곧. 書 쓰다. 並 동시에. 自爲其名 스스로 자기 이름을 쓰다. 收族 동족끼리 단결하다. 《예기·대전(禮記·大傳)》에서 "親親故尊祖, 尊祖故敬宗, 敬宗故收族(자신의 친속을 아끼기 것이 고로 조상에 대한 존숭이며, 선조를 존숭하는 것이 고로 가문에 대한 존숭이며 가문을 존숭하는 것이 고로 동족끼리 단결하는 것이다)."라고 했다.

4) 自是 : 이로부터. 立就 즉시 완성하다. 文理 문사와 내용.

5) 奇之 : 以之爲奇의 구조와 같음. 稍稍 점차. 賓客는 빈객으로 청하다의 뜻. 빈객을 대하는 예절로 그의 부친을 대하다. 명사를 동사로 활용. 錢幣 돈. 乞 간곡히 요구하다.

6) 利 : 잇속으로 생각하다. 其然 그러한 상황. 扳 잡아 끌어당기다. 環丐 사방으로 찾아뵙다. 丐는 "謁"로도 쓴다. 不使學 공부할 수 없도록 만든다.

7) 송 인종(仁宗)의 연호. 명도 2년(1032), 왕안석은 13세의 나이로 그의 아버지인 왕익(王益)을 따라 고향으로 돌아가 조부의 3년 상을 지냈다. 舅家 : 왕안석의 모친의 성은 오(吳)씨였고 대대로 금계 오석강(金溪烏石岡)에 살았다. 舅 외삼촌.

令作詩, 不能稱前時之聞。[1] 又七年, 還自揚州, 復到舅家問焉。[2] 曰 : "泯然衆人矣!"[3]

王子曰 : "仲永之通悟, 受之天也。其受之天也, 賢于材人遠矣。[4] 卒之爲衆人, 則其受于人者不至也。[5] 彼其受之天也, 如此其賢也, 不受之人, 且爲衆人 ; 今夫不受之天, 固衆人, 又不受之人, 得爲衆人而已耶?"[6]

---

1) 令 : 하게 하다. 시키다. 稱 ~와 어울리다. 前時之聞 이전에 듣던 바.

2) 還自揚州 : 還自 ~부터 돌아오다. 인종 경력 3년(1043), 왕안석은 회남(淮南)에서 판관(임지는 양주(揚州)에 있었다) 재임기간에 친지 방문차 휴가를 청해 고향으로 갔고, 또 금계의 외숙부도 방문했다. 《억작시시제외제(憶昨詩示諸外弟)》에 이 일이 기록되어 있다. 問焉는 問於之. 그에 대해 묻다.

3) 泯然 : 소멸된 모양. 재능이 없어지다의 뜻. 衆人 보통 사람.

4) 王子는 왕안석. 通悟 통달하고 총명함. 受之天는 受之於天. 천부적이다. 賢 현명하다. 于는 비교급. 材人 교육받은 인재. 遠 월등하다.

5) 卒之 : 마침내. 결국. 爲 ~이 되다. 則 곧. 受于人 후천적인 육성교육. 不至 부족하다.

6) 彼其 : 그것들(대명사). 且 또한. 固 본래. 得爲 될 수 있다. 而已 ~뿐. 耶 의문. 반문.

# 日喩

蘇軾

生而眇者不識日，問之有目者[1]。或告之曰："日之狀如銅盤。[2]" 扣盤而得其聲。[3] 他日聞鍾，以爲日也。[4] 或告之曰："日之光如燭。" 捫燭而得其形。[5] 他日揣籥[6]，以爲日也。日之與鍾，籥亦遠矣，而眇者不知其異：以其未嘗見而求之人也。[7]

道之難見也甚於日，而人之未達也，無異於眇。[8] 達者告之，雖有巧譬善導，亦無以過於盤與燭也。[9] 自盤而之鍾，自燭而之籥，轉而相之，豈有旣乎![10] 故世之言道者，或卽

---

1) 眇者 : 맹인. 眇 애꾸눈 묘. 不識日 해의 모양을 알지 못하다. 之 대명사(해).

2) 狀 : 모양. 형상. 銅盤 구리 쟁반. 盤은 槃과 같음.

3) 扣 : 두드리다 구. 得其聲 그 소리를 기억하다.

4) 以爲 : ~라고 여기다.

5) 燭 : 촛불. 捫 만지게 하다 문. 得其形 그 형태를 기억하다.

6) 揣籥 : 피리를 만지작거리다. 籥 : 모양이 피리와 비슷한 관악기.

7) 以 : 전치사로 ~때문이다. 之 대명사로 해를 가리킴.

8) 見 : 이해하다. 깨닫다. 甚於 於는 비교형 전치사로 ~보다 심하다. 達 도리를 통달하다. 無異於眇 장님과 다른 것이 없다.

9) 巧譬善導 : 교묘하게 비유하고 잘 이끌다. 無以過於盤與燭 過於는 ~보다 지나치다. 쟁반과 촛불보다 지나친 것이 없다. 즉 다를 바가 없다.

10) 自盤而之鍾에서 之는 이르다(往, 到)의 뜻. 다음 문장의 "之籥"의 "之"도 같은 뜻. 轉而相之 옮겨가며 서로 생김새를 비교하다. 구리 쟁반에서 종으로, 초에서 피리로 바뀌어가면서 같은 것으로 생각하다. 豈有旣乎 어찌 다함이 있겠는가? 豈는 의문대명사. 旣 : 멈추다. 다하다. 끝.

其所見而名之, 或莫之見而意之, 皆求道之過也。[1)]

然則道卒不可求歟? 蘇子曰 : 道可致而不可求。[2)] 何謂"致"? 孫武曰 : "善戰者致人, 不致於人。"[3)] 子夏曰 : "百工居肆以成其事, 君子學以致其道。[4)]" 莫之求而自至, 斯以爲"致"也歟?[5)]

南方多沒人, 日與水居也, 七歲而能涉, 十歲而能浮, 十五而能沒矣。[6)] 夫沒者, 豈苟然哉? 必將有得于水之道者。[7)] 日與水居, 則十五而得其道 ; 生不識水, 則雖壯, 見舟而畏之。[8)] 故北方之勇者, 問於沒人, 而求其所以沒, 以其言試之河, 未有不溺者也。[9)] 故凡不學而務求道, 皆北方

---

1) 卽其所見而名之 : 그가 본 것에 따라 이름을 붙이다. 莫之見而意之 도를 이해하지 못하고 추측한다. 意 자기 뜻대로 추측하다. 求道之過 도를 구하는데 잘못된 것이다.

2) 道卒不可求歟 : 도는 끝내 구할 수 없단 말인가? 歟는 반어형 어조사. 道可致而不可求 도는 도달할 수 있지만, 구할 수 없다는 뜻. 致 : 남을 유도하여 자연스럽게 도달하도록 한다.

3) 孫武曰 : "善戰者致人, 不致於人 손무는 춘추시대 제나라의 군사전략가로 손자병법을 지음. 전쟁을 잘하는 사람은 남을 유인해야지, 유인을 당해서는 안 된다는 뜻. 즉 상대에게 끌려가지 않는다.

4) 百工居肆以成其事, 君子學以致其道 : 공인은 공방에서 일을 성공시키고, 지식인은 학문으로 진리를 얻는다는 뜻.

5) 莫之求而自至 : 도를 억지로 구하지 않고, 스스로 이르다. 之 대명사. 也歟 단정, 추측의 어기조사.

6) 沒 : 잠수. 물 속에 들어갈 수 있는 사람. 日與水居也 날마다 물과 살다.

7) 夫沒者, 豈苟然哉? : 잠수하는 것이 어찌 그렇게 쉽게 될 수 있겠는가? 必將有得于水之道者 물의 성질에 대해 체득한 것이 있기 때문이다.

8) 壯 : 장성하다. 見舟而畏之 배만 보아도 그것을 무서워하다.

9) 求其所以沒 : 그에게 잠수하는 방법을 구하다. 所以는 방법. 이치. 以其言試之

之學沒者也。

昔者以聲律取士, 士雜學而不志于道 ; 今也以經術取士, 士知求道而不務學。[1] 渤海吳君彥律有, 有志于學者也, 方求舉於禮部,[2] 作《日喩》以告之。

---

河 그가 말한 방법으로 강에서 시험하다.

1) 聲律取士 : 성율 즉 詩賦로 선비를 뽑다. 經術取士 오경으로 선비를 뽑다. 士知求道而不務學 선비가 도를 구할 줄은 알지만, 학문에 힘쓰지 않는다.

2) 渤海 : 옛 군(郡)의 이름.《구당서 · 지리지(舊唐書 · 地理志)》에 "滄州上, 漢渤海郡, 隋因之, 武德元年改爲滄州(창주 한나라 때에는 발해군이었고, 수나라 때도 이 명칭을 따랐다. 무덕원년에 창주로 이름을 고쳤다)."라는 말이 있다. 지금은 하북성에 속한다. 당과 송대의 사람들은 "~군(郡)의 명문귀족"이라고 칭하는 습관이 있었다.《송사 · 지리지(宋史 · 地理志)》에 따르면, 하북성의 노빈주(路濱州)에 휘종(徽宗) 대관(大觀) 2년에 발해군이라는 이름을 하사했고 이미 소식 사후의 일이므로, 본문 중의 "발해"는 이곳을 가리키는 것이 아니다. 禮部 : 송대의 상서성의 관서명이다. 진사과 시험을 주관하는 일은 그 곳 임무중의 하나였다. 시험은 북경에서 실시 되었고 예부시험 혹은 성시(省試)라고 불렀다.

# 石鐘山記

蘇 軾

“《水經》雲：‘彭蠡之口有石鍾山焉。[1]’ 酈元以爲‘下臨深潭, 微風鼓浪, 水石相搏, 聲如洪鍾’。”[2] 是說也, 人常疑之。今以鍾磬置水中, 雖大風浪不能鳴也, 而況石乎! 至唐李渤始“訪其遺蹤”, 得雙石于潭上, “扣而聆之, 南聲函胡, 北音淸越[3], 枹止響騰, 余韻徐歇”, 自以爲得之矣。[4] 然是說也, 余尤疑之。石之鏗然有聲者, 所在皆是也, 而此獨以“鍾”名, 何哉?[5]

元豐七年六月丁醜, 余自齊安舟行適臨汝, 而長子邁將赴饒之德興尉, 送之至湖口, 因得觀所謂石鍾者。[6] 寺僧使小童持斧, 于亂石間擇其壹二扣之, 硿硿焉。[7] 余固笑而

---

1) 彭蠡 : 파양호. 지금의 강서성 북쪽. 石鍾山 지금의 강서성 湖口縣. 上鍾山과 下鍾山으로 나뉨.

2) 酈元 : 《수경지》의 작자 酈道元. 洪鍾 큰 종.

3) 李渤 : 낙양 사람. 嵩山에 은거하였으며, 당 헌종 때 江州刺史 역임. 遺蹤 옛터 소재지. 聆 듣다. 南聲函胡 남쪽에 있는 돌의 소리는 낮고 우렁차고 중탁하다. 北音淸越 북쪽에 있는 돌의 소리는 낭랑하게 커졌다 작아졌다하면서 울린다.

4) 枹 : 桴와 같다. 목제 북채다.

5) 鏗然 : 쇠로 돌을 두드려 나는 소리를 형용.

6) 元豐 : 북송 신종 연호. 齊安 옛 군(郡)의 이름이며 즉 황주(지금의 호북성 황강(黃岡)). 臨汝 지금의 하남성 臨汝縣. 饒는 饒州(지금의 강서성 심陽). 德興 饒州의 속현. 湖口 강서성 湖口縣.

7) 硿硿 : 상성어이며 돌 치는 소리이다.

不信也。至莫夜月明, 獨與邁乘小舟至絶壁下。大石側立千尺, 如猛獸奇鬼, 森然欲搏人 ; 而山上棲鶻, 聞人聲亦驚起, 磔磔雲霄間 ; 又有若老人咳且笑于山谷中者, 或曰此鸛鶴也。[1] 余方心動欲還, 而大聲發于水上, 噌吰如鍾鼓不絶。舟人大恐。[2] 徐而察之, 則山下皆石穴罅, 不知其淺深, 微波入焉, 涵淡澎湃而爲此也。[3] 舟回至兩山間, 將入港口, 有大石當中流, 可坐百人, 空中而多竅, 與風水相呑吐, 有款坎鏜鞳之聲, 與向之噌吰者相應, 如樂作焉。[4] 因笑謂邁曰 : "汝識之乎? 噌吰者, 周景王之無射[5]也 ; 窾坎鏜鞳者, 魏莊子之歌鍾也。[6] 古之人不余欺也!"

事不目見耳聞, 而臆斷其有無, 可乎? 酈元之所見聞, 殆與余同, 而言之不詳 ; 士大夫終不肯以小舟夜泊絶壁之下, 故莫能知 ; 而漁工水師雖知而不能言。此世所以不傳也。而陋者乃以斧斤考擊而求之, 自以爲得其實。余是以記之, 蓋歎酈元之簡, 而笑李渤之陋也。

---

1) 磔磔 : 매미 울음소리. 咳 기침. 鸛鶴 학과 비슷함.

2) 噌吰 : 무겁고 낮은 묵직한 종소리.

3) 罅 : 돌 틈. 涵淡澎湃 : 파도가 세차게 부딪치는 모습.

4) 兩山間 : 남석종산과 북석종산의 사이. 窾坎은 물건을 두드리는 소리. 鏜鞳은 종 치는 소리.

5) 無射 : 중국 고대의 율관(律管)의 이름이며 육율의 하나. 여기서는 종을 뜻함. 《左傳 · 昭公十一年》에 올봄에 주(周)의 경왕(景王)이 종을 만드셨으며 율(律) 중의 무사(無射)였다란 기록이 있음.

6) 魏莊子 : 즉 위강(魏絳)이다. 시호가 장자(莊子)이며 진(晋)의 대부(大夫). 《左傳 · 襄公十一年》에 정나라에서 가종(歌鐘) 등의 악기를 진(晋)의 도공(悼公)에게 바쳤다. 도공은 반을 나누어 위강에게 하사했다란 기록이 있음.

# 前赤壁賦[1)]

蘇 軾[2)]

壬戌之秋, 七月旣望, 蘇子與客泛舟遊于赤壁之下。[3)] 淸風徐來, 水波不興。擧酒屬客, 誦明月之詩, 歌窈窕之章[4)]。少焉, 月出于東山之上, 徘徊于斗牛之間[5)]。白露橫江, 水光接天。[6)] 縱一葦之所如, 淩萬頃之茫然。[7)] 浩浩乎如馮

1) 赤壁(적벽) : 삼국(三國)시대 위(魏) 조조(曹操)의 백만대군이 제갈량(諸葛亮)이 결성한 촉(蜀) · 오(吳) 연합군에게 참패한 곳. 본래 적벽은 호북성(湖北省) 강어현(嘉魚縣) 양자강 남쪽 해안에 있으나, 소식이 노래한 적벽은 황주(黃州)로 지금의 호북성(湖北省) 황강현(黃岡縣) 적비기(赤鼻磯)로서 상당히 하류에 위치.

2) 蘇軾(소식 1036~1101) : 자(字)는 자첨(子瞻). 호(號)는 동파거사(東坡居士)로 송대 최고의 문학가. 아버지 순(洵)과 아우 철(轍)과 함께 삼소(三蘇)라 불림. 신법(新法)을 주장한 왕안석(王安石)과 대립하여 좌천되었으나 후에 철종(哲宗)에게 중용되어 구법파(舊法派)의 대표가 됨.

3) 壬戌 : 송 신종 원풍 5년(1082). 旣望 음력 16일. 旣는 이미. 望은 음력 15일. 蘇子 소식 자신. 泛舟 배를 젓다.

4) 屬 : 囑과 같음. 권하다. 窈窕之章 위의 "明月之詩" 중의 시구. 시는 즉《詩 · 陳風 · 月出》에 따르면 제1장에서 "月出皎兮, 佼人僚兮, 舒 窈糾兮."라고 하였는데 窈糾가 바로 窈窕.

5) 少焉 : 잠시 후. 斗牛之間에서 斗와 牛는 하늘의 북두칠성과 황소별자리. 고대에는 별자리로 지상의 방위를 정함. 북두칠성자리와 황소자리 사이가 아래서는 오(吳)와 월(越)의 분계선이 합쳐지는 곳. 오와 월의 분계선이 황주(黃州)의 동쪽에 있었으므로 실제로는 동쪽의 하늘가를 말함.

6) 白鷺橫江 : 강물 위에 달이 발게 비쳐 하얀 이슬이 자욱히 강을 가로지른 듯하다는 표현. 橫江 강 위에 가득하다. 水光 강물의 푸른빛. 接天 하늘에 접하다.

7) 縱 : 내맡기다. 一葦 작은 배. 如은 往과 같음. 淩 떠돌다. 茫然 매우 넓은 모양.

虛禦風, 而不知其所止, 飄飄乎如遺世獨立, 羽化而登仙。[1)]

于是飮酒樂甚, 扣舷而歌之。[2)] 歌曰 : "桂棹兮蘭槳, 擊空明兮溯流光[3)]。渺渺兮予懷, 望美人兮天一方[4)]。" 客有吹洞簫者[5)], 倚歌而和之。其聲嗚嗚然, 如怨如慕, 如泣如訴, 余音嫋嫋, 不絶如縷。[6)] 舞幽壑之潛蛟, 泣孤舟之嫠婦[7)]。

---

一葦는《詩 · 衛風 · 河廣》의 "誰謂河廣, 一葦杭(航)之"로부터 나왔다.

1) 浩浩 : 끝없이 넓은 모양. 馮은 憑과 같음. 기대다. 虛 허공. 하늘. 禦風 바람을 타다. 飄飄 가뿐한 모양. 遺世 속세를 버리다. 羽化 날개를 달다. 登仙 신선이 되어 하늘에 오르다. 馮虛禦風은 배의 움직임이 마치 하늘높이 올라 바람을 타는 것 같다는 뜻.

2) 扣舷 : 배전을 치다.

3) 泝流光 : 배의 노로 맑고 투명한 강물을 치면서 달빛아래에서 강물을 거슬러 올라간다는 뜻. 空明과 流光은 서로 바꿔 쓸 수 있으며 모습은 강물 같기도 하고 달 같기도 하다. 溯는 역으로 거슬러 올라가다.

4) 渺渺 : 아득함.《楚辭 · 九歌》의 "目眇眇兮愁予"의 구와《九章 · 思美人》제목의 뜻을 운용함. 황주로 폄적당한 후 군주를 그리워하지만 만나 뵐 수 없는 정을 토로. 옛 사람들은 미인이란 말로 군왕이나 좋은 벗을 상징적으로 표현

5) 客有吹洞簫者 : 객은 도사(道士) 양세창(楊世昌)을 가리키며, 송(宋)의 시원지(施元之)와 고희(顧禧)가 주해한 소식의 시《次韻孔毅父久旱已而甚雨三首》의 주해 참고. 청(淸)의 조익(趙翼)의《陔餘叢考》卷24《〈赤壁賦〉洞簫客》條에서 "동파는《赤壁賦》에서 '통소를 부는 객이 있었는데 이름은 알리지 않음. 오의 포암의 시에서 이르기를 서쪽으로 날아간 학 한 마리 어디로 가는 것일까? 퉁소를 부는 객이 있었는데 양세창이라' 하였다. ……이에 근거하여 객이란 바로 양세창이다. (東坡《赤壁賦》'客有吹洞簫者, 不著姓字. 吳匏庵(按系明人, 名寬, 字原博, 吳匏庵, 卒謚文定)有詩云 : '西飛一鶴去何祥? 有客吹簫楊世昌. ……'据此則客乃楊世昌也)" 양세창은 면죽(綿竹, 오늘날의 사천에 속함) 사람으로 소식의 시《次韻孔毅父》에서는 그를 "사천의 양도사", "퉁소가 그의 손에 들어가면 그 소리는 슬퍼진다"고 하였는데 바로 퉁소부는 이 사람이다.

6) 嫋嫋 : 끊이지 않고 가늘게 이어지는 모양.

7) 슬픈 퉁소소리를 형용. 퉁소소리가 너무 슬퍼 깊은 계곡 속에 엎드려 있던 교룡

蘇子愀然, 正襟危坐而問客曰[1) ]: "何爲其然也?" 客曰: "'月明星稀, 烏鵲南飛[2)]', 此非曹孟德之詩乎? 西望夏口[3)], 東望武昌[4)], 山川相繆, 郁乎蒼蒼, 此非孟德之困于周郞者乎[5)]? 方其破荊州[6)], 下江陵[7)], 順流而東也, 舳艫[8)]千裏, 旌旗蔽空, 釃酒臨江, 橫槊賦詩[9)], 固壹世之雄也, 而今安在哉? 況吾與子漁樵于江渚之上, 侶魚蝦而友麋鹿; 駕壹葉之扁舟, 擧匏樽以相屬。寄蜉蝣于天地, 渺滄海之壹粟。哀吾生之須臾, 羨長江之無窮。挾飛仙以遨遊, 抱明月而長

---

을 춤추게 하고 고독한 배에서 과부가 흐느껴 울게 하였다. 蛟 용 嫠(발음 : 黎) 婦 과부.

1) 愀然 : 슬픔을 느껴 안색이 변함. 危坐 단정하게 앉음.

2) 달은 밝고 별은 드문데, 까마귀와 까치는 남쪽으로 날아가네. 조조의 《短歌行》 중의 한 구절.

3) 曹孟德 : 위(魏) 조조(曹操)의 자(字). 夏口 지금의 호북성(湖北省) 무한시(武漢市) 한구(漢口).

4) 武昌 : 지금의 호북성(湖北省)의 악성(鄂城).

5) 한 말 건안 13년(208)에 조조가 적벽에서 주유에게 패한 것을 가리킴. 此는 황주의 강. 周郞 오(吳)의 장군 주유(周瑜)로 조조(曹操)의 80만대군을 적벽에서 무찌름. "此非孟德之困于周郞者乎"는 존의법(存疑法)으로 이곳이 과거 적벽 전쟁터였다고 확실하게 단정할 수 없다는 표현. 맹덕은 조조의 자. 繆 휘감다. 郁 울창하다. 蒼蒼 짙푸르다.

6) 荊州 : 한대의 형주. 호북, 호남 및 하남성 남부의 일부지역을 포함. 한 말의 형주성의 관청은 양주(襄州)에 위치.

7) 江陵 : 지금의 호북성에 속하며 여러 번 형주의 관청 소재지.

8) 舳艫 : 전함. 舳는 배 뒤에 있는 조타 처(處). 艫는 배 머리의 노 젓는 곳.

9) 橫槊賦詩 : 기개가 호탕하고 인품이 뛰어난 것을 형용. 당의 원적(元積)이 지은 두보의 묘지명에서 나온 말. "曹氏父子鞍馬間爲文, 往往橫槊賦詩." 槊는 긴 창.

終。知不可乎驟得, 托遺響于悲風[1]。"

蘇子曰 : "客亦知夫水與月乎? 逝者如斯, 而未嘗往也[2] ; 盈虛者如彼, 而卒莫消長也[3]。蓋將自其變者而觀之, 則天地曾不能以壹瞬 ; 自其不變者而觀之, 則物與我皆無盡也[4]。而又何羨乎? 且夫天地之間, 物各有主 ; 苟非吾之所有, 雖壹毫而莫取。惟江上之淸風, 與山間之明月, 耳得之而爲聲, 目遇之而成色, 取之無禁, 用之不竭, 是造物者之無盡藏也, 而吾與子之所共適[5]。"

客喜而笑, 洗盞更酌。肴核旣盡, 杯盤狼籍。相與枕藉乎舟中, 不知東方之旣白。

---

1) 등선과 달처럼 영원히 존재하는 것은 이룰 수 없는 일이므로 그 슬픔을 퉁소소리를 통해 가을바람에게 털어놓을 수밖에 없다는 뜻.

2) 《論語 · 子罕》: "子在川上曰 : '逝者如斯夫, 不舍晝夜'" 강은 낮밤을 가리지 않고 이렇게 흘러만 간다는 뜻. 소식은 공자의 말을 인용하고 다시 "未嘗往也"란 말로 보충함. 강물은 비록 흘러가 버렸지만 강이 흐른다는 것은 그대로란 뜻.

3) 如斯는 배가의 긴 강으로 비교하여 가까운 곳은 "斯"를 사용함. 이 문장은 달을 이용하여 비교하였는데 먼 곳에 있으면 "彼"를 사용. 盈虛는 달의 차고 기움을 가리키며 뜻은 달이 둥글게 찼다가 기울기도 하지만 결과적으로는 손실이나 증대는 없다는 뜻.

4) 뜻은 만약에 변동이라는 것에서 본다면 천지만물은 매 순간 모두 변화하고 있으며 불변이라는 것에서 본다면 우주와 인류 모두는 오랫동안 존재하는 것이란 말.

5) 共適 : 오늘날 소식이 수기한 《赤壁賦》가 남아있는데 共適은 共食으로를 쓰기도 한다. 食의 뜻은 누리는 것이다. 그러나 명대 이후의 판본에서는 대부분 共適으로 표기. 두 글자는 통용됨.

# 後赤壁賦

蘇軾

是歲十月之望, 步自雪堂[1], 將歸于臨皐[2]。二客從予, 過黃泥之坂[3]。霜露旣降, 木葉盡脫。人影在地, 仰見明月, 顧而樂之, 行歌相答。

已而歎曰 : "有客無酒, 有酒無肴, 月白風淸, 如此良夜何?" 客曰 : "今者薄暮, 擧網得魚, 巨口細鱗, 狀似松江之鱸[4]。顧安所得酒乎?" 歸而謀諸婦。婦曰 : "我有斗酒, 藏之久矣, 以待子不時之須。"

于是攜酒與魚, 複遊于赤壁之下。江流有聲, 斷岸[5] 千尺。山高月小, 水落石出。曾日月之幾何[6], 而江山不可複識矣。予乃攝衣[7]而上, 履巉岩[8], 披蒙茸[9], 踞虎

---

1) 雪堂 : 소식이 황주(黃州)로 귀양살이 갔을 때, 동파(同派)에다 집을 짓고 설당이라함.

2) 臨皐 : 황주성 남쪽에 있고 장강에 인접. 소식은 황주에서 처음에는 정혜원(定惠院)에서 살다가 얼마 후에 임고로 옮김. 그 후에 동파에 설당을 지었고 가족들은 그대로 임고에 거주.

3) 黃泥之坂 : 설당에서 임고로 가기위해 반드시 거쳐야 하는 길.

4) 松江之鱸 : 송강은 즉 오송강(吳淞江). 이 강에는 아가미가 네 개인 농어가 사는데 맛이 매우 좋았다는 고대의 기록이 있음. 당대(唐代) 이후로는 특별히 지금의 상해시 송강현에서 나는 농어를 송강농어라고 부름.

5) 斷岸 : 가파른 낭떠러지, 즉 적벽을 가리킴.

6) 幾何 : 얼마 안 돼서, 즉 지난 번 7월 16일 날 유람한 뒤로 얼마 안 돼서이다.

7) 攝衣 : 소매를 걷어 올리다.

豹[1], 登虬龍[2], 攀棲鶻之危巢[3], 俯馮夷之幽宮[4]。蓋二客不能從焉。劃然長嘯, 草木震動, 山鳴谷應, 風起水湧。余亦悄然而悲, 肅然而恐, 凜乎其不可留也。返而登舟, 放乎中流, 聽其所止而休焉。時夜將半, 四顧寂寥。適有孤鶴, 橫江東來。翅如車輪, 玄裳縞衣[5], 戛然長鳴, 掠予舟而西也。

須臾客去, 予亦就睡。夢一道士, 羽衣蹁躚[6], 過臨皐之下, 揖予而言曰 : "赤壁之遊樂乎?" 問其姓名, 俛而不答。"嗚呼噫嘻! 我知之矣。疇昔[7]之夜, 飛鳴而過我者, 非子也耶?" 道士顧笑, 予亦驚悟[8]。開戶視之, 不見其處。

---

8) 履巉岩 : 높고 험준한 산의 바위를 밟고서.

9) 披蒙茸 : 무성하게 어지러이 자란 풀들을 뽑다.

1) 踞虎豹 : 모양이 호랑이나 표범 같이 생긴 바위위에 쪼그리고 앉다.

2) 登虬龍 : 규룡 모양의 고목을 뛰어넘다. 虬龍은 전설 속의 뿔 달린 작은 용이다. 구불구불한 나무줄기가 이와 닮았으므로 이 이름으로 대신 부름.

3) 危巢 : 높은 곳에 자리 잡은 둥지. 이 구절의 뜻은 높은 곳에 자리 잡은 둥지가 있는 나무를 타고 올라가다.

4) 俯馮夷 : 馮夷는 수신(水神)의 이름. 그가 강물에 빠져 죽어 하백(河伯)이 되었다고 전함. 구절의 의미는 고개를 숙여 장강을 보다.

5) 玄裳縞衣 : 흑색 치마와 백색 상의. 학의 깃털은 새하얗고 날개와 꼬리부분은 흑색을 띤다. 여기서는 사람의 옷 색깔을 빌어 학의 깃털 색을 묘사.

6) 蹁躚 : 편선(蹁仙) 혹은 편~(翩~)으로 표기한 책도 있음. 여기서는 도사(道士)의 사뿐하게 빠르게 걷는 걸음걸이를 형용. 또한 학이 춤추는 듯한 자태를 묘사한 것이기도 하다. 마치 두보의 시《서각폭일(西閣曝日)》중의 "편~은 산정상의 학이다. 翩~山巓鶴"와 같다. 도사와 학의 걸음걸이 자태 모두를 뜻함.

7) 疇昔 : 지난 날. 예전. 疇자는 글자 첫머리에 두는 뜻이 없는 조사. 疇昔之夜 어제 밤을 말함.

8) 悟 : 寤라고 표기하기도 하고 뜻은 같은데 모두 "각성"으로 해석.

# 滿井遊記

袁宏道

燕地寒, 花朝節後, 余寒猶厲。凍風時作, 作則飛砂走礫。局促壹室之內, 欲出不得。[1] 每冒風馳行, 未百步輒返。

廿二日天稍和, 偕數友出東直, 至滿井。[2] 高柳夾堤, 土膏微潤, 壹望空闊, 若脫籠之鵠。[3] 于時冰皮始解, 波色乍明, 鱗浪層層, 淸澈見底, 晶晶然如鏡之新開而冷光之乍出于匣也。[4] 山巒爲晴雪所洗, 娟然如拭, 鮮妍明媚, 如倩女之靧面而髻鬟之始掠也。[5] 柳條將舒未舒, 柔梢披風。麥田淺鬣寸許。[6] 遊人雖未盛, 泉而茗者, 罍而歌者, 紅裝而

---

1) 燕 : 북경 지방. 花朝節 옛 풍속에 음력 2월 15일을 말함. 余寒 남은 한파. 凍風 찬바람. 時 때때로. 作 일다, 불다. 礫 잔 돌맹이. 조약돌 력. 局促 갇히다.

2) 稍 : 조금. 和 따뜻하다. 偕 ~함께. 東直 북경의 동직문.

3) 土膏 : 기름진 토양. 微 조금. 潤 촉촉하다. 壹望 한 눈에 바라보다. 空闊 광활하다. 若 ~같다. 脫 벗어나다. 籠 바구니. 여기서는 우리를 말함. 鵠 백조. 고니.

4) 于時 : 이때. 冰皮 수면 위의 얼음. 乍 막. 방금. 鱗浪 물고기 비늘 모양의 파도. 淸澈 맑다. 底 밑바닥. 晶晶然 맑게 반짝이는 모양. 匣 화장도구 상자.

5) 巒 : 산봉우리. 晴雪 깨끗한 눈. 娟然 자태가 아름다운 모양. 拭 닦다. 鮮妍 산뜻하고 아름답다. 明媚 경치가 아름답다. 倩女 예쁜 여자. 靧面 세수하다. 靧 세수할 회. 髻鬟 쪽진 머리. 髻 상투 계. 鬟 쪽진머리 환. 始 막, 방금. 掠 빗다. 노략질할 략.

6) 柳條 : 버들가지. 將 ~하려 하다. 舒 피어나오다. 柔 부드럽다. 梢 버들가지의 끝부분. 披風 바람에 나부끼다. 披 나누다. 열다 피. 淺鬣 보리싹을 비유. 淺 얕을 천. 鬣 말갈기 엽. 寸許 한 치 남짓.

蹇者, 亦時時有。[1]風力雖尙勁, 然徒步則汗出浹背。[2]凡曝沙之鳥, 呷浪之鱗, 悠然自得, 毛羽鱗鬣之間皆有喜氣。[3]始知郊田之外未始無春, 而城居者未之知也。[4]

夫不能以遊墮事, 瀟然于山石草木之間者, 惟此官也。[5]而此地適與余近, 余之遊將自始, 惡能無紀? 己亥之二月也[6]。

---

1) 盛 : 많다. 茗 차싹 명. 차를 끓여 마시다의 동사 활용. 罍 술잔. 술잔을 잡다의 동사 활용. 蹇 당나귀. 당나귀를 타다의 동사 활용. 時時 때때로.

2) 勁 : 세차다. 徒 걷다. 浹背 등을 흠뻑 적시다.

3) 曝 : 햇볕을 쪼이다. 呷 마시다 합. 浪 물결. 悠然自得 유유히 즐기다. 毛羽 새를 가리킴. 鱗鬣 물고기를 가리킴. 喜氣 즐거운 기운.

4) 郊田 : 교외 들녘. 未始 ~한 적이 없다.

5) 墮事 : 墮는 惰와 같음. 공무를 게을리 하다. 瀟然 아무 구속이 없는 모양. 官 관직.

6) 惡 : 어찌. 紀는 記와 같음. 기록하다.

# 芙蕖

李漁

芙蕖與草本諸花似覺稍異, 然有根無樹, 一歲一生, 其性同也。[1]譜云 : "產於水者曰草芙蓉, 產於陸者曰旱蓮。" 則謂非草本不得矣。予夏季倚此爲命者[2], 非故效顰於茂叔[3]而襲成說於前人也。以芙蕖之可人, 其事不一而足, 請備述之。[4]

群葩當令時, 只在花開之數日, 前此後此皆屬過而不問之秋矣。[5] 芙蕖則不然 : 自荷錢出水之日, 便爲點綴綠波。[6] 及其莖葉既生, 則又日高日上, 日上日妍。[7] 有風既作

---

1) 芙蕖 : 연꽃. 似覺 마치 ~처럼 느끼다. 稍 조금. 樹 목질의 줄기. 一歲一生 1년생.

2) 非草本不得 : 초본식물이 아니라면 연이라 할 수 없다. 倚此爲命者 연에 의지하여 살아가다. 倚 의지하다 의.

3) 故 : 고의로. 效顰 무턱대고 흉내내다. 茂叔는 송나라 주돈이(周敦頤)의 자가 무숙(茂叔)이다.

4) 成說 : 기존의 설. 以 ~때문에. 可人 사람의 마음에 들다. 其事 연이 사람의 마음을 끄는 일. 不一而足 하나로 만족하지 않다. 備述之 : 그것을 상세히 설명하다.

5) 葩 : 꽃 파. 當令 권력을 잡다. 여기서는 가장 보기 좋은 때. 前此後此 꽃이 피기 전후. 屬 ~이다. 過而不問 지나치며 묻지 않다. 관심이 없다는 뜻. 秋 때, 시기.

6) 自 : ~로부터. 荷錢 작은 연잎. 연잎이 막 돋아날 때 모양이 동전 같다. 出水 물우로 나오다. 便 곧. 點綴 장식하다. 綠波 녹색 물결.

7) 及 : 이르다. 莖葉 줄기와 잎. 旣 이미(부사). 生 돋아나다. 日高日上 날마다 자라다. 妍 곱다.

飄搖之態, 無風亦呈裊娜之姿, 是我于花之未開, 先享無窮逸致矣。[1] 迨至菡萏成花, 嬌姿欲滴, 後先相繼, 自夏徂秋, 此則在花爲分內之事, 在人爲應得之資者也。[2] 及花之既謝, 亦可告無罪于主人矣 ; 乃複蒂下生蓬, 蓬中結實, 亭亭獨立, 猶似未開之花, 與翠葉幷擎, 不至白露爲霜而能事不已。[3] 此皆言其可目者也。

可鼻, 則有荷葉之淸香, 荷花之異馥 ; 避暑而暑爲之退, 納涼而涼逐之生。[4]

至其可人之口者, 則蓮實與藕皆並列盤餐而互芬齒頰者也。[5]

只有霜中敗葉, 零落難堪, 似成棄物矣 ; 乃摘而藏之, 又備經年裹物之用。[6]

是芙蕖也者, 無一時一刻不適耳目之觀, 無一物一絲

---

1) 飄搖 : 하늘거리다. 裊娜 부드럽고 아리따운 모습. 是 지시사. 逸致 우아한 정취.

2) 迨至 : ~에 이르다. 菡萏 연꽃 봉오리. 嬌姿 요염한 자태. 欲滴 마치 물방울이 떨어지는 듯. 後先相繼 계속 이어지다. 徂 ~까지 가다. 갈 조. 在花 꽃에 있어서는. 分內之事 본분에 속하는 일. 應得之資 마땅히 누려야 하는 즐거움.

3) 謝 : 물러나다. 즉 시들다. 乃 그러나. 蒂 꽃꼭지. 蓬 연봉. 연밥. 亭亭 우뚝 솟은 모양. 翠葉 푸른 잎. 擎 들다. 떠 받들다. 들 경. 能事 자신의 재능. 不已 멈추지 않다.

4) 可鼻 : 냄새가 좋다. 淸香 맑은 향기. 異馥 특이한 향기.

5) 蓮實 : 연밥. 藕 연뿌리. 盤餐 접시에 올리는 요리. 芬 향기롭게 하다. 頰 뺨. 입언저리.

6) 敗 : 쇠잔하다. 零落 시들다. 難堪 참기 어렵다. 棄物 폐기물. 乃 그러나. 摘 따다. 備 비축하다. 經年 일 년 내내. 裹 싸다. 포장하다.

不備家常之用者也。[1] 有五谷之實而不有其名, 兼百花之長而各去其短, 種植之利有大于此者乎?[2]

予四命之中, 此命爲最。無如酷好一生, 竟不得半畝方塘爲安身立命之地。[3] 僅鑿鬥大一池, 植數莖以塞責, 又時病其漏[4], 望天乞水以救之, 殆所謂不善養生而草椁其命者哉。

---

1) 是 : 이처럼. 一時一刻 한 순간. 適 적합하다. 一物一絲 물건 하나하나. 家常之用 가정 상비용.

2) 實 : 실질적 가치. 而 그러나. 其名 오곡의 이름. 長 장점. 各去 모두 제거. 種植之利 심어서 얻는 이익.

3) 無如 : 無可奈何와 같음. 어찌할 방법이 없다. 酷好 몹시 좋아하다. 方塘 모난 연못. 安身立命之地 편안히 생활하는 장소.

4) 僅 : 다만. 鑿 파다. 鬥大 됫박만한 작은. 數莖 몇 그루. 塞責 책임을 피하다. 時 항상. 病其漏 연못의 물이 새는 것을 걱정하다. 乞水 물을 애걸하다. 救之 연꽃을 살리다. 殆 아마도. 草椁 잡초처럼 여기다.

# 馬伶傳

侯方域

馬伶者, 金陵梨園部也[1]。金陵爲明之留都[2], 社稷百官皆在四；而又當太平盛時, 人易爲樂, 其士女之問桃葉渡[3], 遊雨華臺者[4], 趾相錯也。梨園以技鳴者, 無論數十輩七, 而其最著者二：曰興化部, 曰華林部。

壹日, 新安賈合兩部爲大會, 遍征金陵之貴客文人, 與夫妖姬靜女, 莫不畢集。[5]列興化于東肆, 華林于西肆, 兩肆皆奏《鳴鳳》-所謂椒山先生者。[6]迨半奏, 引商刻羽, 抗墜疾

---

1) 金陵 : 옛 지명. 지금의 강소성(江蘇省) 남경(南京). 梨園部은 극단. 梨園(이원)은 당(唐) 현종(玄宗) 때 궁중 내에 춤과 노래를 선보이는 예인(藝人)을 배양하던 곳. 당대 궁중의 악무(樂舞)에는 크게 좌부기(坐部伎)와 입부기(立部伎)의 두 종류가 있었음. 이원에서는 좌부기를 추는 예인을 배양함. 후대에 극단을 "이원부(梨園部)" 또는 "이원"으로도 부름.

2) 留都 : 고대에는 왕조가 천도한 후에 종종 옛 도읍에 관리를 두어 그곳을 방위하도록 했으므로 유도(留都)라 함.

3) 桃葉渡 : 남경의 명승지.

4) 雨華台 : 남경의 명승지.

5) 新安 : 수(隋)와 당(唐)대의 군(郡)의 이름. 관할지는 휘주(徽州 지금의 안휘흡현(安徽歙縣) 등의 지역)에 해당. 신안가(新安賈)란 휘주의 상인을 뜻함. 賈 장사 고. 遍征 널리 소집하다.

6) 《鳴鳳》 : 명대의 희곡 《명봉기(鳴鳳記)》 극명. 내용은 양계성(楊繼盛)이란 사람이 명(明)대의 간악한 재상인 엄숭(嚴嵩)과 투쟁하다 피해를 입기도하고 또 설욕하는 과정을 그린 이야기. 肆 극장. 방자할 사.

徐, 並稱善也。[1] 當兩相國論河套, 而西肆之爲嚴嵩相國者曰李伶, 東肆則馬伶。[2] 坐客乃西顧而歎, 或大呼命酒, 或移座更近之, 首不複東。未幾更進, 則東肆不複能終曲。[3] 詢其故, 蓋馬伶恥出李伶下, 已易衣遁矣。[4]

馬伶者, 金陵之善歌者也。旣去, 而興化部又不肯輒以易之, 乃竟輟其技不奏, 而華林部獨著。[5] 去後且三年, 而馬伶歸, 遍告其故侶, 請于新安賈曰 : "今日幸爲開宴, 招前日賓客, 願與華林部更奏《鳴鳳》, 奉壹日歡。"[6] 旣奏, 已而論河套, 馬伶複爲嚴嵩相國以出, 李伶忽失聲, 匍匐前, 稱弟子。[7] 興化部是日遂淩出華林部遠甚。[8] 其夜, 華林部

1) 迨 : 이르다. 미칠 때. 引商刻羽 수준 높은 음악을 연주하다. 상과 우의 가락을 늘리고 새기듯이 연주하다. 抗墜疾徐 소리의 고저완급. 稱善 훌륭한 공연이라 할만하다.

2) 兩相國論河套 : 《명봉기(鳴鳳記)》에 간악한 재상인 엄숭(嚴嵩)과 또 한명의 재상인 하언(夏言)이 하투(河套)의 수복 여부를 두고 논쟁을 벌이는 장면. 하투(河套)는 지금의 내몽고자치구와 영하(寧夏)의 회족자치구의 하란산(賀蘭山)의 동쪽지역과 랑산(狼山), 대청산(大青山)의 남쪽과 황하연안지역.

3) 歎 : 찬탄을 보내다. 命酒 술을 주문하다. 首不複東 머리를 동편으로 돌리지 않다. 未幾 오래지 않아. 更進 계속 더 연주하다.

4) 詢 : 물을 순. 易衣 복장을 풀다. 遁 달아날 둔.

5) 旣去 : 이미 떠나다. 輒以易之 즉시 그 자리를 대체하다. 輟 (공연을)중지시키다. 그칠 철.

6) 故侶 : 옛날 동료 배우. 奉壹日歡 하루의 즐거움을 드리다.

7) 已而 : 오래되지 않아. 失聲 자신도 모르게 소리를 내다. 匍匐前, 稱弟子 : 땅에 엎드리다. 무릎을 꿇고 나아가 제자되기를 청하다는 뜻.

8) 淩出 : 뛰어나다. 淩 달릴 능.

過馬伶曰："子, 天下之善技也, 然無以易李伶[1]。李伶之爲嚴相國至矣, 子又安從授之而掩其上哉?" 馬伶曰："固然, 天下無以易李伶；李伶卽又不肯授我。[2] 我聞今相國昆山顧秉謙[3]者, 嚴相國儔也。我走京師, 求爲其門卒三年, 日侍昆山相國于朝房, 察其擧止, 聆其語言, 久乃得之。[4] 此吾之所爲師也。" 華林部相與羅拜而去。

馬伶名錦, 字雲將, 其先西域人, 當時猶稱馬回回雲。

侯方域曰：異哉! 馬伶之自得師也。夫其以李伶爲絕技, 無所于求, 乃走事昆山, 見昆山猶之見分宜[5]也；以分宜教分宜, 安得不工哉! 嗚乎! 恥其技之不若, 而去數千裏爲卒三年, 倘三年猶不得, 卽猶不歸爾。其志如此, 技之工又須問耶?[6]

---

1) 過 : 예방하다. 子는 2인칭대명사. 易 경시하다.

2) 掩 : 가리다 엄.

3) 顧秉謙 : 곤산(昆山-지금의 강소성)사람이었으며 만력(萬曆) 23년(1544)에 진사가 되었고 문연각 대학사(文淵閣大學士), 건극전 대학사(建極殿大學士)를 역임했으며 후에 소사(少師)로 승급함. 위충현(魏忠賢)에게 아부하느라 양련(楊漣)과 좌광두(左光斗) 등을 모함.《명사(明史)》에서는《엄당전(閹党傳)》안에 그 내용을 실음.

4) 儔 : 같은 부류. 짝 주. 朝房 조정의 신하들이 조회 시간을 대기하던 방. 聆 들을 령.

5) 分宜 : 엄숭(嚴嵩)을 이르는 말. 엄숭은 강서성(江西省)의 분의(分宜) 사람.

6) 工 : 정묘하다.

# 口技

林嗣環

京中有善口技者。會賓客大宴，于廳事之東北角施八尺屛障，口技人坐屛障中，一桌，一椅，一扇，一撫尺而已。[1] 衆賓團坐。少頃，但聞屛障中撫尺二下，滿堂寂然，無敢嘩者。[2]

遙聞深巷犬吠聲，便有婦人驚覺欠伸，其夫囈語[3]。既而兒醒，大啼。夫亦醒，令婦撫兒乳，兒含乳啼，婦拍而嗚之[4]。夫起溺，婦亦抱兒起溺。[5] 床上又一大兒醒，狺狺不止。[6] 當是時，婦手拍兒聲，口中嗚聲，兒含乳啼聲，大兒初醒聲，床聲，夫叱大兒聲，溺甁中聲，溺桶中聲，一齊湊發，

---

1) 廳事 : 사택의 응접실. 施 설치하다. 屛障 병풍 障 가로막을 장. 口技 잡기의 일종. 성대모사. 撫尺은 성목(醒木)"이다. 설창 문예인들이 공연을 할 때 사용하는 나무토막 도구. 이것으로 책상을 쳐 소리를 내어 청중의 주의를 끈다.

2) 少頃 : 곧. 但 다만(只聞). 下는 두드리다의 뜻. 滿堂寂然 공연장이 조용한 모양. 嘩 떠들다. 큰 소리로 말하다. 시끄러울 화.

3) 深巷 : 깊숙한 골목. 吠 개가 짖다. 짖을 폐. 驚覺 놀래서 깨다. 欠伸 하품하며 기지개를 펴다. 囈語 잠꼬대를 하다.

4) 令 : ~로 하여금 ~하게 하다. 시키다. 부릴 령. 撫 어루만지다. 어루만질 무. 乳 젖을 먹이다. 젖 유. 含 머금다 함. 啼 울다 제. 拍 : 손으로 두드리다. 칠 박. 嗚 가볍게 콧노래를 부르며 아이를 달래 재우다. 탄식소리 오.

5) 溺 : "尿"와 같음. 尿 오줌 뇨. 溺 빠질 익(닉).

6) 狺狺不止 : 쉬지 않도 왕왕거리다. 狺 으르렁거릴 은.

衆妙畢備。[1] 滿座賓客無不伸頸側目, 微笑默歎, 以爲妙絶也。[2]

旣而夫上床寢。婦又呼大兒溺, 畢, 都上床寢。小兒亦漸欲睡。夫齁聲起, 婦拍兒亦漸拍漸止。[3] 微聞有鼠作作索索, 盆器傾側, 婦夢中咳嗽之聲。[4] 賓客意少舒, 稍稍正坐。

忽一人大呼"火起", 夫起大呼, 婦亦起大呼, 兩兒齊哭。俄而百千人大呼, 百千兒哭, 百千狗吠, 中間力拉崩倒之聲, 火爆聲, 呼呼風聲, 百千齊作 ; 又夾百千求救聲, 曳屋許許聲, 搶奪聲, 潑水聲。[5] 凡所應有, 無所不有。雖人有百手, 手有百指, 不能指其一端 ; 人有百口, 口有百舌, 不能名其壹處也。于是賓客無不變色離席, 奮袖出臂, 兩股戰戰, 幾欲先走。[6]

而忽然撫尺一下, 衆響畢絶。撤屛視之, 一人, 一桌, 一椅, 一扇, 一撫尺而已。

---

1) 叱 : 꾸짖을 질. 甁 병, 항아리 병. 桶 통 통. 一齊 동시에. 湊 모일 주, 衆妙畢備 절묘한 효과음이 다 들어있다.

2) 無不伸頸側目 : 목을 쭉 빼고 눈을 옆으로 보지 않은 사람이 없다. 微笑默歎 살짝 웃으며 탄식하다. 以爲妙絶 절묘하다고 생각하다.

3) 齁 : 코 고는 소리 후.

4) 微聞 : 조금 들리다. 作作索索 쥐가 사각사각 내는 소리, 盆器傾側 그릇이 엎어지는 소리. 咳嗽 기침하다.

5) 俄而 : 잠시 후. 力拉 의성어. 崩倒 붕괴되다. 許許 의성어.

6) 손님들은 너나없이 얼굴색이 변하며 자리를 뜨려고 했다. 손님들은 팔이 드러나게 옷소매를 걷어 부치고는 두 다리를 덜덜 떨면서, 하마터면 누가 먼저라고도 할 것 없이 모두 뛰쳐나갈 뻔 했다.

# 爲學一首示子侄

彭端淑

天下事有難易乎? 爲之, 則難者亦易矣 ; 不爲, 則易者亦難矣。人之爲學有難易乎? 學之, 則難者亦易矣 ; 不學, 則易者亦難矣。吾資之昏, 不逮人也 ; 吾才之庸, 不逮人也 ; 旦旦而學之, 久而不怠焉, 迄乎成, 而亦不知其昏與庸也。[1] 吾資之聰, 倍人也 ; 吾才之敏, 倍人也 ; 屛棄而不用, 其與昏與庸無以異也。[2] 聖人之道, 卒于魯也傳之[3]。然則昏庸聰敏之用, 豈有常哉?[4]

蜀之鄙有二僧, 其一貧, 其一富。[5] 貧者語于富者曰 : "吾欲之南海[6], 何如?" 富者曰 : "子何恃而往?" 曰 : "吾一瓶一缽足矣。[7]" 富者曰 : "吾數年來欲買舟而下, 猶未能

1) 資 : 타고난 자질. 昏 우둔하다. 어두울 혼. 逮 미치다. 따라잡다 체. 庸 평범하다. 범상할 용. 旦旦 매일. 怠 게으르다. 게으를 태. 迄 이르다. 도달하다. 이를 흘.

2) 倍人 : 倍於人과 같음. 屛 가리다. 막다. 병풍 병. 摒과 같음, 제거할 병.

3) 聖人之道 : 성인, 공자를 가리킴. 魯는 느리고 우하다. 공자의 학생 증삼(曾參)을 가리킴.《논어 · 선진(論語 · 先進)》에서 이르기를 "삼(參)은 느리고 둔하기도 하다"고 함.

4) 豈有常哉 : 어찌 항상 그대로이겠는가? (고정불변)

5) 蜀 : 사천. 鄙는 외진 곳.

6) 南海 : 불교성지 보타산(普陀山)을 가리킴. 절강성 동북부의 연화양(蓮花洋)에 위치해 있고, 오대산(五臺山), 구화산(九華山), 아미산(峨眉山)과 함께 중국 불교의 4대 명산.

7) 何恃而往에서 恃何의 도치. 무엇을 믿고 가실 겁니까? 恃는 의지하다의 뜻. 믿

也。子何恃而往?" 越明年, 貧者自南海還, 以告富者, 富者有慚色。西蜀之去南海, 不知幾千裏也, 僧富者不能至, 而貧者至焉。人之立志, 顧不如蜀鄙之僧哉?[1)]

是故聰與敏, 可恃而不可恃也；自恃其聰與敏而不學者, 自敗者也。昏與庸, 可限而不可限也；不自限其昏與庸而力學不倦者, 自力者也。

---

다 시? 缽 바리 발.

1) 顧不如 : 설마 ~만 못하단 것인가?

# 黃生借書說

袁 枚[1)]

黃生允修借書。[2)] 隨園主人授以書而告之曰[3)] : 書非借不能讀也。子不聞藏書者乎? 七略, 四庫[4)], 天子之書, 然天子讀書者有幾? 汗牛塞屋[5)], 富貴家之書, 然富貴人讀書

1) 전당(錢塘) 사람. 자는 자재(子才). 호는 간재(簡齋). 창산거사(倉山居士), 수원주인(隨園主人), 수원노인(隨園老人)이다. 청(淸)나라 때의 관리이자 시인, 산문가. 건륭(乾隆) 4년(1739)의 진사(進士) 출신으로 벼슬은 서길사(庶吉士), 율수현령(溧水縣令) 강녕현령(江寧縣令), 강포현령(江浦縣令), 술양(沭陽縣令) 등을 역임. 1749년에 사직하고 남경(南京) 소창산(小倉山) 수원(隨園)에서 은거.

2) 生 : 독서인에 대한 명칭.

3) 隨園主人 : 작자의 자칭이다. 작자는 건륭 13년(1752) 강녕(江寧)의 옛 "수직조원(隨織造園)"이었던 직조수혁덕(織造隨赫德)을 사들여 隨園으로 고쳤으며, 같은 해 관직에서 물러난 후에 계속 이곳에서 은거. 隨園은 강녕(지금의 강소성 남경) 소창산(小倉山)에 위치. 授 책을 빌려주다.

4) 七略 : 서명(書名). 한의 성제(成帝)가 유향(劉向)과 유흠(劉歆)에게 명하여 군서(群書)들을 교정하고 궁정의 장서들을 편집하게 했다. 집략(輯略), 육예략(六藝略), 제자략(諸子略), 시부략(詩賦略), 병서략(兵書略), 술수략(術數略), 방지략(方枝略) 이렇게 7부로 나뉘는데 이를 총칭하여 "칠략"이라고 한다. 지금은 유실되고 없음. 반고(班固)가 저술한《한서 · 예문지(漢書 · 藝文志)》의 도서 분류는 기본적으로 칠략에 의거함. 四庫 경(經), 사(史), 자(子), 집(集) 4부는 황궁서고의 장서(藏書)임을 이르는 말. 당의 현종은 개원(開元)년에 도서와 전적을 수집했고 갑, 을, 병, 정의 순서로 경(經), 사(史), 자(子), 집(集)의 사고에 끼워 넣었다.《신당서 · 예문지(新唐書 · 藝文志)》참고.

5) 汗牛塞屋 : 짐으로 실으면 소가 땀을 흘리고, 쌓으면 들보에까지 찬다. 즉 서적이 매우 많다는 뜻. 유종원의《육문통선생묘지(陸文通先生墓志)》에서 "其爲書, 處則充棟宇, 出則汗牛馬."라고 기록되었다. 의미는 서적이 방안을 꽉 채웠고 우

者有幾? 其他祖父積, 子孫棄者無論焉。

非獨書爲然, 天下物皆然。非夫人之物[1]而强假焉, 必慮人逼取, 而惴惴焉摩玩之不已, 曰 : "今日存, 明日去, 吾不得而見之矣。[2]" 若業爲吾所有, 必高束焉, 庋藏焉, 曰"姑俟異日觀"雲爾。[3]

余幼好書, 家貧難致。[4] 有張氏藏書甚富。往借不與, 歸而形諸夢。[5] 其切如是。故有所覽輒省記。通籍[6]後, 俸去書來, 落落[7]大滿, 素蟫[8]灰絲時蒙卷軸[9], 然後歎借者之用心專, 而少時之歲月爲可惜也。

今黃生貧類予, 其借書亦類予。惟予之公書與張氏之

---

마가 실어 나를 때면 땀을 흘릴 정도로 힘들어 한다는 뜻.

1) 非夫人之物 : 자신의 물건이 아니다. 夫는 어조사.

2) 惴惴 : 걱정하는 모양. 摩玩 만지작거리다.

3) 業 : 이미. 高束 묶어서 높은 곳에 두다. 庋 갈무리해 두다. 방치하다. 보존하다. 藏 보관하다. 지장히다. 姑 또, 俟 기다리다 사.

4) 難致 : 얻기가 어려웠다.

5) 與 : 주다, 形諸夢은 形之於夢의 구조와 같음. 形 나타나다(동사).

6) 通籍 : 벼슬을 하다. 작자는 건륭 4년(1739)에 진사에 합격하여 한림원(翰林院)에 들어갔다. 籍은 2척 길이의 죽편으로 위에 이름, 나이, 신분 등을 기재했고 이를 궁의 입구에 걸어 궁문을 출입할 때 대조하기 쉽게 했다. 通籍은 죽편위에 이름을 기재하여 궁문을 출입할 수 있다란 말이다. 후에는 첫 등용을 가리키는 말로 사용.

7) 落落 : 많은 모습.《후한서 · 풍연전 · 자론(後漢書 · 馮衍傳 · 自論)》중에 "풍자(馮子)는 부인의 덕이란 모자라야 옥과 같이 귀한 것이고, 많으면 돌과 같이 천한 것이 된다(不碌碌如玉, 落落如石……)라고 여겼다"란 구절이 있다.

8) 素蟫 : 서적에 기생하는 좀벌레. 책을 좀 먹어 은백색을 띄었으므로 "素"가 이름에 붙음.

9) 卷軸 : 서적. 옛날에는 책을 축에 말아서 보관함.

吝書若不相類。然則予固不幸而遇張乎? 生固幸而遇予乎? 知幸與不幸, 則其讀書也必專, 而其歸書也必速。爲一說, 使與書俱。

# 弈喩

錢大昕

予觀弈于友人所。[1] 一客數敗, 嗤其失算, 輒欲易置之, 以爲不逮己也。[2] 頃之, 客請與予對局, 予頗易之[3]。甫下數子, 客已得先手。[4] 局將半, 予思益苦, 而客之智尙有余。[5] 竟局數之, 客勝予十三子。[6] 予赧甚, 不能出壹言。[7] 後有招予觀弈者, 終日默坐而已。

今之學者讀古人書, 多訾古人之失 ; 與今人居, 亦樂稱人失。[8] 人固不能無失, 然試易地以處, 平心而度之, 吾果無一失乎?[9] 吾能知人之失而不能見吾之失, 吾能指人之小失而不能見吾之大失, 吾求吾失且不暇, 何暇論人

---

1) 弈 : 바둑 혁. 所 처소, 사는 곳.

2) 數 : 누차. 자주 삭(부사). 嗤 비웃다. 웃을 치. 輒 번번이. 문득 첩. 易置之 대신해서 바둑을 두다. 易 바꾸다. 대신하다. 易 바꾸다 역. 以爲 ~라고 생각하다. 逮 따라잡다. 붙잡다. 미칠 체.

3) 頃 : 잠시. 잠깐. 잠시 경. 予 나(1인칭). 易之 그는 상대하기 쉬우므로 시시하게 여기다. 易 쉽다 이.

4) 甫 : 겨우. 막. 겨우 보. 先手 바둑을 둘 때 선수를 잡다.

5) 益苦 : 더욱 고심하다. 尙 오히려. 有余 여유가 있다.

6) 대국을 마치고 계산하다.

7) 赧 : 부끄러워하다. 얼굴 붉힐 난.

8) 訾 : 지적하다. 생각하다. 헐뜯을 자.

9) 平心而度 : 마음을 가라앉히고 냉정히 생각하다. 度 헤아리다 탁

哉![1] 弈之優劣, 有定也, 一著之失, 人皆見之, 雖護前者不能諱也。[2] 理之所在, 各是其所是, 各非其所非, 世無孔子, 誰能定是非之眞? 然則人之失者未必非得也, 吾之無失者未必非大失也, 而彼此相嗤, 無有已時, 曾[3]觀弈者之不若已。

1) 不暇 : 겨를이 없다. 暇 틈이 없다. 겨를 가.

2) 一著之失 : 한 번이라도 바둑을 잘못 두다. 護前 한 일을 두둔하고 절대 잘못을 인정하지 않다. 諱 피하다. 숨기다. 꺼릴 휘.

3) 曾 : 바로 ~이다. 정말로 ~이다.

# 嶽飛

畢沅[1)]

飛事親至孝, 家無姬侍。[2)] 吳玠[3)]素服飛, "願與交歡, 飾名姝遺之, 飛曰 : "主上宵旰[4)], 寧大將安樂時耶!" 卻不受。[5)] 玠大歎服。或問 : "天下何時太平?" 飛曰 : "文臣不愛錢, 武臣不惜死, 天下太平矣!" 師每休舍, 課將士注坡跳壕, 皆重鎧以習之。[6)] 卒有取民麻一縷以束芻者, 立斬以徇。[7)] 卒夜宿, 民開門願納, 無敢入者。軍號"凍死不拆屋, 餓死不擄掠"。[8)] 卒有疾, 親爲調藥。諸將遠戍, 飛妻問

---

1) 청나라 강소(江蘇) 진양(鎭洋) 사람. 자는 양형(纕蘅) 또는 추범(秋帆). 호는 영암산인(靈巖山人). 건륭(乾隆) 25년(1760) 진사(進士)가 되고, 섬서순무(陜西巡撫)와 호광총독(湖廣總督) 등을 지냄. 심덕잠(沈德潛)과 혜동(惠棟)에게 수학. 경학에 있어서는 한유(漢儒)를, 문자학에 있어서는 허신(許愼)을 종주로 함.

2) 事 : 부모를 모시다. 姬侍 시녀.

3) 吳玠(1093~1139) : 남송(南宋)의 명장. 북송(北宋)말년에 종군하여 금군(金軍)을 여러 차례 물리침. 관직은 사천선무사(四川宣撫使)를 지냄.

4) 宵旰 : "소의산식(宵衣旰食)"의 줄임말. 宵 밤 소, 旰 해질 간. 날이 새기 전에 옷을 입고, 해가 진 뒤에 밥을 먹는다. 제왕이 정사에 열중하는 것을 칭송하는 말.

5) 寧 ~耶 : 어찌 ~이겠는가?

6) 休舍 : 쉬다, 課 공부하다, 훈련하다. 注坡 경사진 비탈을 쏜살같이 달려 내려가다. 跳壕 엄호를 뛰어 넘어가다. 重鎧 무거운 갑옷을 입게 하다. 鎧 갑옷 개.

7) 麻一縷 : 노끈 한 가닥. 芻 꼴, 건초 추, 斬 벨 참, 徇 대중에게 보이다. 호령하다 순.

8) 拆 : 부수다, 갈라지다 탁. 擄 사로잡을 노 掠 노략질할 략.

勞其家；死事者, 哭之而育其孤。[1] 有頒犒, 均給軍吏, 秋毫無犯。[2] 善以少擊衆。凡有所擧, 盡召諸統制[3], 謀定而後戰, 故所向克捷。[4] 猝遇敵不動。[5] 故改爲之語日 : “撼山易, 撼嶽家軍難。[6]” 張俊嘗問用兵之術, 飛曰 : “仁, 信, 智, 勇, 嚴, 闕一不可。” 每調軍食, 必蹙額曰 : “東南民力竭 矣!” 好賢禮士, 雅歌投壺, 恂恂如儒生。每辭官, 必曰 : “將士效力, 飛何功之有!”

---

1) 戍 : 국경을 수비하다. 지킬 수.

2) 頒 : 나누어 주다. 犒 상을 보내 군사를 위로하다.

3) 統制 : 남송의 군관명. 도통제(都統制)에 예속되었다.

4) 所向 : 향하는 곳. 克 이길 극. 捷 이길 첩.

5) 猝 : 갑자기 졸. 遇敵不動 적을 만나도 당황하지 않다.

6) 撼 : 흔들다. 요동시키다 감.

# 登泰山記

姚鼐

泰山之陽, 汶水[1)]西流 ; 其陰, 濟水[2)]東流。陽谷皆入汶, 陰谷皆入濟。[3)] 當其南北分者, 古長城也。[4)] 最高日觀峰[5)], 在長城南十五裏。

余以乾隆三十九年十二月, 自京師乘風雪, 歷齊河, 長清[6)], 穿泰山西北谷, 越長城之限, 至于泰安[7)]。是月丁未, 與知府朱孝純子潁由南麓登。[8)] 四十五裏, 道皆砌石爲磴,

---

1) 汶水 : 문하(汶河)라고도 함. 산동성(山東省) 래무(萊蕪)의 동북 원산(原山)에서 발원하여 서남쪽으로 흐르며 태안(泰安)을 지난다. 陽은 태산의 남쪽, 陰은 태산의 북쪽.

2) 濟水 : 하남성 제원현(濟源縣)의 서쪽 왕옥산(王屋山)에서 발원하여 산동을 지나 황하로 들어감. 지금은 강의 물길이 사라졌음.

3) 陽谷 산 남쪽 계곡.

4) 古長城 : 춘추시기의 제(齊)나라가 축조한 장성.《管子 · 經重丁》에서 이르기를 "長城之陽, 魯也;長城之陰, 齊也(장성의 동쪽은 노나라이고 장성의 왼쪽은 제나라이다)"라고 함. 고장성은 제와 노나라의 분계지점.

5) 日觀峰 : 태산의 산봉우리중 하나. 태산에서 일출을 볼 수 있는 곳.

6) 乾隆三十九年 : 1775년(청 고종 시기). 乘 무릅쓰다. 歷 지나다. 齊河, 長清 : 현(縣)의 이름. 지금의 산동에 속함.

7) 泰安 : 지금의 산동에 속하고 청대(淸代) 태안부(泰安府)에서 통치함. 穿 뚫고 지나가다.

8) 朱孝純 : 자는 子潁. 호는 해우(海愚)이고 산동성(山東省)의 역성(歷城)사람. 건륭(乾隆) 때에 태안부의 진사가 되어 수 차례 회염(회남(淮南)과 회북(淮北)유역에서 나는 소금)을 운반하는 일을 담당하는 일에 임관됨. 麓 산기슭 록.

其級七千有余。[1)]

泰山正南面有三谷, 中谷繞泰安城下, 酈道元所謂環水[2)]也。余始循以入, 道少半, 越中嶺[3)], 復循西谷, 遂至其巓。古時登山, 循東谷入, 道有天門。東谷者, 古謂之天門溪水[4)], 余所不至也。今所經中嶺及山巓崖限當道者, 世皆謂之天門雲。道中迷霧冰滑, 磴幾不可登。及既上, 蒼山負雪, 明燭天南, 望晩日照城郭, 汶水, 徂徠[5)]如畫, 而半山居霧若帶然。[6)]

戊申晦, 五鼓, 與子潁坐日觀亭待日出。[7)] 大風揚積雪擊面, 亭東自足下皆雲漫。稍見雲中白若樗蒱數[8)]十立者,

---

1) 砌石爲磴 돌을 깍아 계단을 만들다. 砌 섬돌 체. 磴 돌계단 등. 級 계단, 층.

2) 酈道元所謂環水 : 역도원의 자는 선장(善長). 범양(지금의 하북성 탁현(涿縣) 탁주진(涿州鎭)사람. 북위(北魏)의 지리학자였고 저술로는 《수경주(水經注)》 40권이 있음. 24권인 《문수(汶水)》에 "《산해경(山海經)》에서 이르기를 '環水出泰山, 東流注於汶(환수는 태산에서 발원하여 동으로 흘러 문수에 이르렀다)' 즉 바로 이 문수이다."라고 함. 繞 돌다. 두르다 요.

3) 中嶺 : 중계산(中溪山)이라고도 함. 중계는 여기에서 발원. 循 따라가다. 少半 절반을 못 가다.

4) 天門溪水 : 《수경주 · 문수(水經注 · 汶水)》에서 이르기를 "東南流經泰山東, 右合天文下溪水, 水出泰山天門下谷, 東流. 古者帝王升封, 咸憩此水(동남쪽으로 흘러 태사의 동쪽을 지나고 오른쪽으로는 천문계수와 합류하여 태산천문아래 계곡에서 시작하여 동으로 흐른다. 옛 제왕들이 봉제사에 오를 때할 때 모두 이 물에 와서 쉬었다)"고 함.

5) 徂徠 : 산 이름. 태안성(泰安城)의 동남쪽 40리에 위치.

6) 居 : (안개가)잠시 머무르다. 걸쳐 있다. 半山 산허리. 산중턱. 帶然 띠를 두른 모양.

7) 五鼓은 오경. 새벽 4시. 更은 바뀔 때마다 북을 쳐서 시간을 알림. 日觀亭은 일관봉 위에 위치.

8) 樗蒱(저포) : 樗蒲라고도 하고 고대의 도박도구. 당나라 이고(李翺)의 《오묵경

山也。極天, 雲壹線異色, 須臾成五采。日上, 正赤如丹, 下有紅光, 動搖承之。或曰 : 此東海[1]也。回視日觀以西峰, 或得日, 或否, 絳皜駁色, 而皆若僂。[2]

亭西有岱祠[3], 又有碧霞元君祠[4], 皇帝行宮[5]在碧霞元君祠東。是日, 觀道中石刻, 自唐顯慶[6]以來, 其遠古刻盡漫失。僻不當道者, 皆不及往。

山多石, 少土, 石蒼黑色, 多平方, 少圜。少雜樹, 多松, 生石罅, 皆平頂。冰雪, 無瀑水, 無鳥獸音迹。至日觀, 數裏內無樹, 而雪與人膝齊。

桐城姚鼐記。

---

(五木經)》에서 이르기를 "樗蒲五木(저포는 오목이다)."고 하였음. 원혁(元革)《오묵경(五木經)》에서 이르기를 "樗蒲古戱, 其投有五(저포는 고대의 놀이며 던져서 노는 주사위가 5개 있다)"라고 함. "投"는 "骰(주사위)"와 같음. 여기서의 樗蒲는 당연히 오목을 가리키며 또한 5개의 주사위이기도 하며 주사위를 던져 말을 맞히는 놀이. 오목의 모양은 길며 양 끝이 뾰족하고 중간이 넓고 평평하며 위는 검고 아래는 흰색. 세웠을 때 모양이 흡사 산봉우리 같음.《수경주 · 수(水經水)》에서 이르기를 "累石山在北, 亦謂之五木山, 山方尖如五木狀, 故俗人借以名之(북쪽으로 겹겹이 쌓인 석산이 있는데 오목산이라고도 불렀다. 산은 중간이 평평하고 양끝이 뾰족하였는데 오목모양을 닮았다 하여 속인들은 오목산이라 불렀다)." 요내가 말한 것은 이 뜻임.

1) 東海 : 일반적으로 동쪽의 대해를 가리킴.

2) 絳皜駁色 : 붉은 빛과 흰 빛이 뒤섞인 빛깔. 僂 등이 굽다.

3) 岱祠 : 태산의 신인 동악대제(東岳大帝)의 사묘(祠廟).

4) 碧霞元君祠 : 전설에는 동악대제의 딸인 벽하원군을 모신 사당.

5) 皇帝行宮 : 황제가 멀리 행차할 때 묵는 거처. 청나라 강희제(康熙帝)와 건륭제(乾隆帝)는 모두 태안에 머무르며 태산에 오르고 동악묘에 제를 올렸음.

6) 顯慶 : 당(唐) 고종(高宗)의 연호(656~661).

# 病梅館記

龔自珍

江寧之龍蟠[1], 蘇州之鄧尉[2], 杭州之西溪[3], 皆産梅。或曰 : "梅以曲爲美, 直則無姿 ; 以欹[4]爲美, 正則無景 ; 以疏爲美, 密則無態。" 固也[5], 此文人畫士, 心知其意, 未可明詔大號以繩天下之梅也[6] ; 又不可以使天下之民斫直, 删密, 鋤正, 以夭梅病梅爲業以求錢也[7]。梅之欹之疏之曲, 又非蠢蠢求錢之民能以其智力爲也[8]。有以文人畫士孤癖

1) 江寧 : 부(府)의 이름. 지금의 남경시. 龍蟠 지명. 지금의 남경시 청량산 아래의 용반리(龍蟠里).

2) 鄧尉 : 산명, 지금의 소주시 서남쪽의 오현(吳縣) 광복(光福). 앞이 태호(太湖). 동한(東漢)의 태위 등우(鄧禹)를 기념하여 얻어진 이름.

3) 西溪 : 지명. 지금의 항주시 영은산(靈隱山) 서북부에 위치.

4) 欹 : 비뚤다. 곧지 않다.

5) 固 : 반드시 ~해야 한다. 전혀 의심할 여지가 없다.

6) 문인 화가들이 말하지 않아도 마음으로 그 뜻을 알고 있어, 공개적으로 큰소리로 외쳐 천하의 자연적인 다양한 자태의 매화를 속박할 수는 없는 그들의 고심을 말하는 것이다. 繩은 목공이 선을 긋는데 사용하는 먹줄. 여기서는 동사로서 도량의 의미로 사용되었고, 속박으로 뜻을 확대시킴.

7) 문인 화가들은 매화를 키우는 모든 사람들이 그 뜻을 따라 자연적인 매화를 훼손시켜 이익을 꾀하게 할 수는 없다. 斫直은 곧은 가지를 베다. 删密은 빽빽한 가지를 잘라내다, 鋤正은 반듯한 줄기를 쳐내다. 夭은 어릴 때 훼손당해 죽다. 여기서는 어린 때를 이용해 손상시킨다는 의미.

8) 무지하고 아둔한 사람은 재물이 탐나 돈을 벌고 싶은 욕구가 있지만, 안타깝게 문인 화가의 의도에 따라 매화 가지를 정리하는 지력을 갖추지 못함. 蠢蠢 사리에 어둡다. 智力 지혜와 역량.

之隱[1], 明告鬻[2]梅者, 斫其正, 養其旁條, 刪其密, 夭其稚枝, 鋤其直, 遏其生氣, 以求重價, 而江浙之梅皆病。[3] 文人畫士之禍之烈至此哉![4]

予購三百盆, 皆病者, 無壹完者。既泣之三日, 乃誓療之 : 縱之順之, 毁其盆, 悉埋于地, 解其棕縛[5] ; 以五年爲期, 必複之全之。[6] 予本非文人畫士, 甘受詬厲[7], 辟病梅之館以貯之。

嗚呼! 安得使予多暇日, 又多閑田, 以廣貯江甯, 杭州, 蘇州之病梅, 窮予生之光陰以療梅也哉![8]

---

1) 孤癖之隱 : 괴팍한 기호. 유별난 취미.

2) 鬻 : 팔다 육.

3) 斫其正 반듯한 것을 잘라내다. 旁條 곁가지. 稚枝 어린 가지. 遏 억제하다. 막다. 重價 비싼 값. 江浙 강소성과 절강성.

4) 烈 : 심각성.

5) 泣之 : 그것 때문에 슬피울다. 縱之 풀어놓다. 順之 타고난 본성에 따라 자라도록 하다. 悉 모두 埋 묻다. 棕縛 묶여 있는 종려승.

6) 複 : 회복시키다. 全 원래 모습을 보전하게 하다.

7) 詬 : 모욕하고 욕하다. 厲 : 화내다. 辟 열다.

8) 安得 : 어떻게 ~할 수 있는지? 暇日한가한 날, 貯 거두다. 모으다. 窮 다하다.

## 참고문헌

사광휘 주편, 상용한자도해, 북경, 북경대학출판사, 1997.
홍 희 역, 중국고대사회, 동문선, 1993.
김언종 외, 한자의 역사, 학민사, 2001.
고인덕 역, 한자의 세계, 솔출판사, 2008.
김언종 역, 한자의 역사, 학민사, 1999.
심경호 역, 한자 백가지 이야기, 황소자리, 2005.
김경일, 갑골문이야기, 바다출판사, 1999.
하영삼, 한자의 세계, 신아사, 2013.
강창구, 한문의 세계, 한울아카데미, 2001.
심경호, 한학입문, 황소자리, 2007.
심재동, 한문해석법, 운주사, 1999.
이종한 역, 한문문법의 분석적 이해. 계명대학출판부, 2001.
김도련 외, 한문이란 무엇인가, 전통문화연구회, 1996.
윤화중, 중국문언문법, 청년사, 1989.
김해수, 교양한문특강, 신원문화사, 1998.
홍순석, 한문의 이해, 한국문화사, 1996.
최상익, 한문해석강화, 한울아카데미, 1997.
이종한, 당송산문선, 계명대학교 출판사, 2003.
지영재 역, 중국시가선, 을유문화사, 1973.
한자교육활성화추진회 편, 한자교육신강, 전통문화연구회, 1998.
이장우 주석, 중국역대산문, 신아사, 1975.
장창호 편저, 중국고전산문선독, 학고방, 2009.
최봉원 역주, 중국고전산문, 다락원, 2007.
藩允中, 한어어법사개요, 중주서화사출판, 1982.
廖序東, 문언문법분석, 상해교육출판사, 1981.
이임, 고대한어어법분석, 중국사회과학출판사, 1995.

**오길룡**

전북대학교 중어중문학과 졸업
전남대학교 대학원 문학석 박사
현 군산대학교 중어중문학과 교수


저서
『새로운 한문의 세계』, 『중국어와 문화』
『한문의 즐거움』, 『레벨업 중국어』
『중국고전소설 강독』, 『영화로 이해하는 중국 근현대』
『기초한자와 한문 익히기』, 『현대중국어 문법』
『현대중국어의 기초』, 『중국 현대화의 길』
『한중일 기초입문1.2』

# 漢文講讀


초판 1쇄 발행 _ 2016년 8월 30일

저 자 · 오 길 용
발행인 · 정 현 걸
발 행 · 신 아 사
인 쇄 · 예지인쇄
주 소 · 서울특별시 은평구 통일로 59길 4 2층(122-826)
전 화 · (02) 382-6411 팩 스 · (02) 382-6401
홈페이지 · www.shinasa.co.kr
E-mail · shinasa@daum.net
출판등록 · 1956년 1월 5일(제9-52호)

ISBN: 978-89-8396-946-0(93720)

**정가 *13,000* 원**